杭州市第三届重大教育科研成果

丛书主编 | 沈建平

严中样本：
农村高中育人新视界

吴志芳 李祝勤 / 编著

中国出版集团

现代出版社

序

　　这是一所在城市化进程中坚守农村的百年老校。虽然有些许沧桑,但校园里留存着自强不息的基因,一旦天时、地利、人和,它便会喷涌出一股创新与奋进的动能,给人以枯树抽芽的惊喜。

　　浙江省严州中学始创于20世纪初,前身是双峰书院,在清末"西学东渐""兴办学堂"的背景下改为学堂,开启新学百年之旅。进入21世纪后,严州中学衍生出新安江校区(新校区),留守的校区便成为严州中学梅城校区,并面临着一系列新挑战:师资稀罕、生源下降、设施陈旧等凡此种种。令人欣慰的是,在困境中,具有"严实"精神的严中人勇于自我修复、自我革新。

　　改革,当然会经历"阵痛",但也意味着新的生命在孕育。学校抓住了世纪之交国家推进普通高中课程改革这一难得的历史性机遇,矢志于教育内涵的变革,努力改革传统的育人方式。严中人从2004年开始进行艰难的探索,虽然不能称为修成正果,但委实改革成果累累,为农村高中如何走出困境、走向新生提供了一个样本。

　　两年前,学校的"新时代农村普通高中人才培养的范式研究"被确立为杭州市重大课题进行培育,是县区唯一入选的高中项目。我也有幸被聘为首席指导专家,因而有机会全面深入地了解这所学校,同时也被学校敏于创新、勇于改革的精神所折服。

　　呈现在读者面前的这本书,是学校十数载探索的结晶。此书全方位总结了一所农村高中的办学愿景、改革举措、操作要义和实际成效,很值得学界借鉴。尤其是学校独辟蹊径,厚植地处农村的实际,深耕"大课堂"观,逐步形成并不断完善令人耳目一新的两大课程群:"乡村志愿者"特色课程群和"新劳动实践"特色课程群。相比许多"惜时如金"、沉湎于满堂灌、热衷于刷题应试的高中而言,这一改革成果更具有振聋发聩的意蕴。

倘若进一步体悟,特色课程群的研发已产生综合性效应,浸入并改变着教育的理念。建议读者细细阅读本书第四章、第五章和第六章,这三章其实是一个整体,教师理念的转变、乡村服务站的创建、导师组合制度的建立、学生"小导师"的引进,都深深印刻着"成长赋能"的指向,牵引着学情研究、学教变革、"做中学"尝试,甚或"作业革命"。在当下高考考纲取消、倡导"结构不良"题型、淡化知识死记硬背的高中育人方式改革大趋势下,严州中学(梅城校区)的探索就显示出超前性和革命性。

其实,人们都知道,严州中学吴志芳校长的决断力和视野决定着学校的成长方向与发展空间。他看似沉默惜言,但内心定力强大,可以想象这些年学校改革必然直面的诸多困惑、迷茫、曲折、异议,没有一种咬定青山的诉求和矢志不渝的决然,学校是断然走不到今天的。岁月静好,不是改革者的向往,诗和远方首先需要艰难困苦地付出。

是为序,也是为感触。

于杭州翠峰居

2020年岁末

目 录
CONTENTS

第一章
绪　论

　　2019年6月,国务院办公厅印发《国务院办公厅关于新时代推进普通高中育人方式改革的指导意见》,这是中国进入新时代以来国家层面出台的首个关于普通高中教学改革的纲领性文件,是习近平新时代中国特色社会主义思想和全国教育大会部署针对普通高中阶段发展要求的具体化,更是国家对进入新时代以来普通高中发展所处的特殊历史时期、面临的特殊历史任务、必须采取的特殊改革方式进行的一次全面深入说明。要准确把握新时代我国普通高中育人方式改革的趋势和动态,就需要回溯21世纪以来育人方式改革历程,梳理和明晰严州中学育人发展方向,结合新时代育人改革的新挑战,在长时段的历史中才能对普通高中育人方式改革有更深层次的理解。

　　回顾严州中学育人方式改革历程可以发现,严州中学紧跟国家课程改革步伐,在十几年的探索中,不断反思、总结,尝试构建具有严州中学特色的育人样本研究。严州中学以问题导向、生本导向、服务导向和发展导向为育人定位,以课程、载体、教学、教师四个组合为严中样本的实施核心,以新评价和新合作作为实施的驱动力,改革取得了丰硕成果。

第一节　普通高中育人方式改革的历程

普通高中教育是国民教育体系的重要组成部分，在人才培养中起着承上启下的关键作用。要让普通高中育人方式改革的目标落地、落细、落实，关键在于课程的优化与实施以及高考制度的改革。

一、课程改革

课程是学校教育育人方式的核心，直接影响着教师与学生学习互动的整个过程，课程改革是育人方式改革得以实现的基础路径。2001年6月8日教育部印发的《基础教育课程改革纲要（试行）》提出基础教育第八次课程改革（通常称为"新课程改革"），以调整与改革基础教育的课程体系、结构和内容，构建符合素质教育要求的新的基础教育课程体系为目标，秉持"一切为了学生"的理念，更新教与学的观念，转变教与学的方式，重建学校管理与教育评价制度，本次课程改革以2010年为界又分为实验阶段和深化阶段。

（一）课程改革的实验阶段（世纪之交至2010年）

21世纪初，知识经济已见端倪，世界范围内的科技竞争、经济竞争尤其是人才的竞争日趋激烈，国力的强弱越来越取决于劳动者素质的高低，取决于各类人才的质量和数量，教育在综合国力形成中处于基础地位，承担着培养高素质人才的重任。为适应时代发展的需要，教育部要求全面推行素质教育，这就促使课程必须调整和改革，构建符合素质教育要求的新的基础教育课程体系。

1. 新课程实验阶段改革重点

(1)"一纲多本"取代"一纲一本"

"一纲一本",即统一的大纲和统一的并且是唯一的课本。全国上下一套教材,整齐划一,忽视了地域的差异性、学生学习环境和能力差异。同时在"一纲一本"的背景下,教师的任务是钻研大纲和教材并给学生教教材。教师教什么、学生学什么完全看课本上写的是什么,教师不知道为什么要教,学生不知道为什么要学。至于怎么教、怎么学和怎么考,完全依赖专家和教研机构编写的教学参考书与考试指南,教师是教材的机械执行者,学生是教材的被动接受者。"一纲多本"政策指的是由教育部制定、颁发统一的课程标准,然后遵照课程标准,开发经审定的多样化的教材。以新课程改革为契机,使"一纲多本"政策成为现实。"一纲多本"政策是我国基础教育从"应试教育"转型为"素质教育"之必需。从我国"教育人口众多、教育(学力)悬殊"的国情看,唯有"一纲多本"教科书政策,才能因应地区差异、因应多元学生的特质、因应学科知识的发展。"一纲多本"教科书政策,打破教科书独家垄断局面,促进教科书质量的提升,"一纲多本"是教育民主诉求的体现,标志着我国基础教育课程发展进步。[①]"一纲多本"的提出,改变千校一面的情况,地方选择性增强,校本课程正式提出有利于调动学校和教师的积极性,培养和发展学生的个性,使学校办学有特色、教师教学有特点、学生发展有特长。

(2)"三维目标"替代"双基"

改革开放初期,我国开启了以"双基"为中心的教学改革,其特点有:重视基础知识的传授(讲授)、基本技能的训练(练习),讲究精讲多练,主张"练中学",相信"熟能生巧",追求基础知识的记忆和掌握、基本技能的操演和熟练,以使学生获得扎实的基础知识、熟练的基本技能和较高的解题能力为主要的教学目标。"双基"教学是知识本位的反映,背离了"人的全面发展"的主题和方向,严重滞后于时代的发展。

---

① 钟启泉. 一纲多本:教育民主的诉求——我国教科书政策述评[J]. 教育发展研究,2019(4).

以2001年6月教育部印发的《基础教育课程改革纲要(试行)》为标志，关键词为"三维目标"的新课程改革登场。之后，教育部分别于2001年7月和2003年4月颁布了义务教育各学科课程标准(实验)和普通高中各学科课程标准(实验稿)，并依据课程标准陆续审查通过了多套可供地方选用的实验教科书。新课程的各学科课程标准在结构上，都是由前言、课程目标、内容标准、实施建议、附录等部分组成；在目标的阐述上，都包括知识与技能、过程与方法以及情感态度与价值观三个方面，从而与过去的教学大纲有显著性的区别。"三维目标"与"双基"相比，在教学内容上注重突破传统的"双基"导向和学科中心，积极关注学生的生活经验和现代社会、科技发展，从而改变课程内容繁、难、偏、旧的局面；在育人方面更注重学生学习能力的培养、学生态度养成和人格发展，更符合学生发展的规律。可以说"三维目标"的提出，是将学生置于整个学习活动的中心。"三维目标"的出现也促进了评价方式的改变，相较于传统评价方式，涌现出了以档案袋为典型的过程性评价、形成性评价和发展性评价。

(3)注重综合实践类课程

《基础教育课程改革纲要(试行)》明确规定，从小学至高中设置综合实践活动并作为必修课程，其内容主要包括：信息技术教育、研究性学习、社区服务与社会实践以及劳动与技术教育。强调学生通过实践，增强探究和创新意识，学习科学研究的方法，发展综合运用知识的能力。增进学校与社会的密切联系，培养学生的社会责任感。在课程的实施过程中，加强信息技术教育，培养学生利用信息技术的意识和能力，了解必要的通用技术和职业分工，形成初步的技术能力。

农村中学课程要为当地社会经济发展服务，在达到国家课程基本要求的同时，可根据现代农业发展和农村产业结构的调整因地制宜地设置符合当地需要的课程，深化"农科教相结合"和"三教统筹"等项改革，试行通过"绿色证书"教育及其他技术培训获得"双证"的做法。

2. 新课程实验阶段改革成就

历经10年新课程改革，基本确立了"以人为本，实施素质教育"的价值核心和目标核心；初步构建起符合素质教育要求的新的基础教育课程体系，学科课程—活动课程、分科课程—综合课程、必修课程—选修课程、国家课程—地方课程—校本课程等课程结构初步形成;学科与课程持续对话,进一步促进了课程教学领域的自立与自觉;"自下而上"与"自上而下"互动互补的课程建设的运行机制和生态环境逐渐形成;教学方法与学习方式发生深刻变革;教师专业发展业已形成长效机制并取得显著成效。[①]新课程改革促使育人方式发生了变化:教师向学习的促进者、引导者转变,学生的主体地位得到发挥;学与教方式的转变,学生的智力与非智力双提升、人格得到完善。

3. 新课程实验阶段改革问题

(1)教师理念亟待更新

在新课程实施的过程中,教师虽然在形式上采用了新的教学方法,运用了新的教学技术和教学模式,但实际上并没有很好地将新课程的理念传达出来。如很多老教师原有的受课方式和理念早已根深蒂固,对于新课程理念处于一种被动接受的状态。为了保证教学质量,平时上课还是采取传统的教育方式,只有在公开课时采取新理念,新课程改革成为一种"表演"形式。人们形象地称之为"素质教育轰轰烈烈,应试教育扎扎实实",由此我们不难看出,在改革的困境中"轰轰烈烈"是虚,"扎扎实实"才是实,新课程改革中的"两张皮"现象十分严重。

(2)高考制度亟须改革

相较于2001年开始的新课程改革的实验,我国教育评价体系建设至少要滞后9年时间,备受瞩目的高考制度止步于以高考成绩录取学生,应试倾向没有改变。原有的高考制度不能完全衡量教学水平,不利于学生的身心健康,更不利于人才培养。高考作为主要的教学评价方式,不仅束缚了新课程改革的步伐,也制约了素质育人的发展。在高考指挥棒的引导下,教育的传统壁垒没有打破,课内与课外,校内与校外,学习生活与社会活动,泾渭分明。

---

① 杨九诠.1978—2008年:中国课程改革当代史[M].中国教育改革大系·学科教学卷.武汉:湖北教育出版社,2016:11-19.

（二）课程改革的深化阶段（2010年至今）

自2010年以来，新课程改革从实验阶段走向深化阶段。其标志是全国基础教育课程改革经验交流会的召开，新修订的义务教育阶段各科课程标准（2011年版）及普通高中各科课程标准（2017年版）的颁发。其明显的表现在于实验期的课程方案均标有"实验"一词，义务教育阶段课程标准标有"实验"一词，普通高中阶段课程标准则标有"实验稿"一词，相应的教科书均标为"课程标准实验教科书"。而新的课程标准和教科书均不再标注"实验"一词。课程标准和教科书的嬗变是课程改革从实验期走向深化期的里程碑。今天我们正处于新课程改革深化的关键期，同时也是育人改革的新阶段，领悟新课程改革的深化阶段的任务，抓住新课程改革深化阶段的特点十分重要。

1. 新课程深化阶段改革任务

（1）进一步完善基础教育课程体系

以"三个面向"为指导，构建体现先进教育思想理念的、开放兼容的基础教育课程体系，全面提升学生的科学、人文素养。进一步精选对学生终身发展有重要价值的课程内容，更加强化课程教材与社会发展、科技进步和学生经验的紧密联系，更加突出时代性，增强适宜性，提升课程教材的现代化水平，突出对学生社会责任感、创新精神和实践能力的培养。

（2）大力推进教学改革

把教学改革作为深化课程改革的核心环节，使新课程的理念和要求落实到课堂教学中。要以各学科课程标准为依据组织教学。要遵循学生认知规律和教学规律，根据学生的个性差异因材施教。创设有利于学生积极参与的教学环境，保护学生的好奇心和求知欲，鼓励学生独立思考、主动学习。积极推进现代信息技术在教学中的科学应用，提高学生在信息技术环境中的学习能力。鼓励教师积极探索和实验，形成不同的教学风格和特色。

（3）大力推进农村地区课程改革

要把农村地区课程改革作为深化基础教育课程改革的重中之重，加强组织领导和统筹规划。要加大对农村地区课程改革的经费投入，提供必要的办学条件保障，保证农村学校开齐开足国家课程，达到国家规定的基本质量要求。促进农村学校建立多种形式的教研共同体和教学合作组织。积极支持开发符合农村实际的地方课程和学校课程。

2. 新课程深化阶段改革特点

新课程改革深化阶段的特点表现在核心素养的提出、普通高中各科课程标准(2017年版)的颁布以及高考制度的改革。高考制度的改革在下文中有详细论述,故此处不做叙述。

(1)核心素养课程理念的提出

从1994年第一次正式在中央文件中提出"素质教育"概念,到2001年《基础教育课程改革纲要(试行)》中首次提出"三维目标"的课程理念,再到2004年第一次使用"综合素质评价"的概念,"核心素养"乃是新课程改革的发展阶段和深化形态。核心素养以及学科核心素养的课程理念,既是理论和实践的重要突破,也是理论和实践的逻辑必然。学科核心素养的课程理念承继新课程改革的三维目标的课程思想而来,又比较好地解决了三维目标因为表述上的三维"分列"而容易导致的理解和实践中三维"分裂"的窘境。同时兼容了教育目标、课程目标、教学目标,聚焦作为学习主体的学生成长与发展的内在性和内生性,将会进一步深化教学方法和学习方式的变革,深化学校内部的组织变革和文化变革,具有强劲的理论力量与实践力量。2014年,《教育部关于全面深化课程改革 落实立德树人根本任务的意见》第一次在国家正式文件中将核心素养放到全面深化课程改革的关键位置。正如张华[①]所论,核心素养是新课程改革的"再出发"。

(2)修订普通高中各科课程标准

中华人民共和国成立之后,中国最先采用了苏联的"教学大纲",直到1992年,上海发布《全日制九年制义务教育课程标准(草案)》,将教学计划与教学大纲合二为一,编订了"综合式格局的课程标准",作为教改试点,课程标准回到大众视野。2003年3月教育部公布普通高中各科课程标准(实验稿),课程标准在课程内容上转变了课程知识难、繁、偏、旧和过于重视教材知识的情况,增强了课程内容和现代社会与生活、科技发展的联系。强调培

---

① 张华,教育学博士,杭州师范大学教育科学研究院院长、教授、博士生导师。

养学生形成主动学习的态度，使学生在获得生活所需基本知识和基本技能的过程中，同时也获得个性发展和终身学习的本领。2017 年发布了普通高中各科课程标准（2017 年版），"学科核心素养""学业质量标准"是新的高中课程标准的两大突破性成果，强化了高中课程的育人目标和学业要求，进而引发了课程结构、课程内容以及教学的一系列变化。杨向东[①]在给教育部官网的撰文中指出："核心素养导向的学业质量标准明确界定了学生核心素养的发展阶段及其具体特征，有助于突破现有考试过于注重碎片化知识和标准答案的窠臼，引导命题和评价人员构建指向核心素养的评价框架，为我国中高考命题的内涵变革提供理论框架和水平依据。学业质量标准将促进学校重视不确定性的（跨）学科探究主题和基于现实社会实践的日常评价活动，通过多种途径或方式收集学生多方面证据，实现对核心素养发展水平的合理评价。"实验版的课程方案和课程标准包括 2011 年版义务教育各科课程标准，关于类似"学业质量标准"方面内容的表述十分简单，不具有操作性，而 2017 年版新课程标准中"学业质量标准"内容翔实，填补了此前课程方案和课程标准在这一方面的空白。

中华人民共和国成立 70 多年来，我国学科教学大纲、课程标准经历了向苏联学习、向欧美发达国家学习再到合作改革等阶段，实现了从向外到向内自主建构的过程，虽具有时代局限性，但也为时代发展提供了巨大助力。人们开始关注"学习者如何学习"的问题，并对课程目标、教学方法、教学过程进行了全方位检视，进一步坚定了"学生主体"的基本价值立场，释放了教师教学的专业自主权，也令"自主学习、合作学习、探究学习"的概念深入人心。

二、高考制度改革

如果说课程是实现育人方式变革的核心，那么考试与招生制度则是实现育人方式改革的重要保障，它关系到育人方式改革的目标能否落地、育人方式改革能走多远，可以说高考制度改革是我国教育领域"牵牛鼻子"的改革，对形成高中新的育人局面有着十分重要的作用。2001 年新课程改革轰

---

① 杨向东，华东师范大学教育学部教育心理系主任、教授。

轰烈烈地开展起来,但传统考试与招生制度始终停滞不前。高考制度绑架了基础教育,中小学成了高考的"雇佣军",特别是高中已沦为大学的"预备班",人们对现行高考制度提出了质疑:究竟是"育分"还是"育人"? 尤其是从2014年起,我国对育人提出了更高的要求,育人目标从素质育人转向了素养育人,育人模式的转变呼吁高考制度改革。在此背景下,2014年9月,国务院发布了《国务院关于深化考试招生制度改革的实施意见》(国发〔2014〕35号,以下简称《实施意见》),时任教育部副部长杜玉波用"四个最"来概括这次改革,"是恢复高考以来最全面、最系统的改革,是教育综合改革中最重要、最复杂的改革"。

(一)新高考制度改革现状

自2014年,国务院印发《实施意见》,并在上海和浙江启动高考综合改革试点以来,沪浙两地积极探索构建新高考制度,在考试结构、科目组成、成绩处理以及教育教学模式转变等方面进行了创新研究和实践,虽然遇到一些风波和争议,但能够比较及时地进行调整,使改革进程总体上风险可控、实施平稳。当前,在试点的基础上加入新高考制度改革的省份逐步增多,涉及的利益相关者群体规模迅速扩大,受到的关注度也越来越高,改革已经进入深水区。

2017年,上海和浙江首次通过高考综合改革方案录取新生,根据试点情况,教育部制定了本科专业招生选考科目指引,沪浙两地出台了进一步深化改革的若干措施。同年,试点扩大到北京、天津、山东、海南四省市,于2020年落地实施。2018年,河北、辽宁、江苏、福建、湖北、湖南、广东、重庆八省市开始高考综合改革,2021年将服务于高校招生。根据《实施意见》的规划,新高考制度改革的核心是"增加学生选择权,促进科学选才",制度变迁的目标是"形成分类考试、综合评价、多元录取的考试招生模式"。已经出台的十四省市高考综合改革方案和实施细则都体现了新制度改革的宗旨。

(二)新高考制度改革亮点

《实施意见》中,在阐明改革"基本原则"时,开宗明义地提出要"坚持育人为本,遵循教育规律",并明确提出"把促进学生健康成长成才作为改革的出发点和落脚点"。

1. 新高考制度结构体系

将高中学业水平考试（以下简称"学考"）有关科目成绩计入普通高校招生总成绩，从而改变传统的以全国统一高考（以下简称"统考"）成绩为主要录取依据的招生模式。学考（会考）以前主要用于评价学生是否达到国家高中课程学业标准，只有学考合格之后，才有资格参加高考，学考与统考是先后串行的关系，学考一般不计入高考成绩。改革之后，学考定位于主要衡量学生达到国家规定学习要求的程度，增加考试成绩的升学功能，部分科目供高校和学生选择计入招生总成绩（以下简称"选考"）。于是，选考与统考转为并行等效的关系，共同作为制度框架的两根支柱，再辅之以综合素质评价制度，构建起以"两依据一参考"为主要特征的新高考制度结构体系。

新高考制度在考试管理上，统考由国家教育行政部门负责管理，在全国范围内统一组织实施；选考由省级教育行政部门负责管理，在省域范围内统一组织实施。在考试科目组成上，统考包括语文、数学和外语三科，全国统一考试标准，采用原始分报告成绩，每科满分150分；选考包括思想政治、历史、地理、物理、化学、生物六科（浙江增加技术科），各省制定考试标准及分数转换规则。在选考模式上，北京、上海等前两批试点省市采取"3＋3"模式，其中三科选考科目地位平等，考试结果形式相同，都是按照等级赋分后计入总分（海南采用标准分）。广东等第三批改革省市为"3＋1＋2"模式，其中，"1"为首选科目，考生须在物理、历史中选择一科考试，以原始分计入总分；"2"为再选科目，考生可在思想政治、地理、化学、生物四个科目中选择两科考试，成绩按照等级赋分计入总分。在命题管理上，统考科目实行全国统一命题或由教育部授权省市命题；选考科目由各省市自主命题。在考试分类上，新高考不再按照文理分科，而是在统考科目必考的基础上，由学生根据个人需要按照有关规则选择不同选考科目组合报考。总之，新高考制度结构体现了统一性与灵活性相结合、基础性与学科性相融通的特点。

2. 学生职业生涯规划将成为教育关注新热点

我国进行新一轮高考制度改革，旨在要求学校培养学生的决策能力，给予学生更多的自主规划空间。其中，新高考选考的三门科目直接决定学生大学里将学习什么专业以及今后可能从事什么样的工作，这将改变当前学生进入大学后才思考自己未来职业的局面,这要求学生尽早了解自己的兴趣特点和专业方向,职业生涯规划也提上学生的高中教育日程。

职业生涯规划教育的目的是帮助孩子找到未来的人生方向,并且找到奔向目标的路径。探索、尝试、规划的过程是孩子认识自我与他人、认识家庭与社会的过程,可以说职业生涯规划教育关乎更长远的育人目标。职业生涯规划教育有利于激发学生内在学习动机,培养学生自我管理能力,磨炼意志和抵抗挫折的心理调节能力。职业生涯规划教育有利于学生接触大学、接触社会,寻求个人发展的道路。

(三)新高考制度价值

1. 新高考制度尊重学生的主体性

《实施意见》提出,"从有利于促进学生健康发展、科学选拔各类人才和维护社会公平出发,认真总结经验,突出问题导向,深化考试招生制度改革"。新高考改革尊重学生的主体性,将学生的利益放在第一位。与之前的高考制度相比,处于试点阶段的新高考改革更关注人的发展,"3+3"的考试内容使学生在深度挖掘自我的基础上自由组合选考科目,完全地尊重学生的意愿。综合性评价成为学生被高校录取的重要参考依据,尊重学生个体差异。学生可以自主选择考试时间和考试次数,增加学生选择权。新高考改革的内容体现了以学生为本的教育主体观和以人为本的科学发展观,是对教育本真的回归。

2. 新高考制度尊重学生的选择性

新高考改革提供给学生更多选择的机会,文理不再进行分科,除了语数外三门统考科目固定不变,学生可以在思想政治、历史、地理、物理、化学、生物等科目中任意选择自己感兴趣或有特长的三科作为选考科目,英语可以考两次,选择最高分计入高考成绩,其他学业水平考试科目"学完即考"。这一系列举措在扩大学生自主选择权的基础上,更加注重学生兴趣、特长的发挥和特殊潜能的挖掘。在自主选择考试科目中,"随结随考"有助于减轻由于科目累积而给学生造成的负担。部分学科实行多次考试,多年适用,不仅解决了应试教育中"一考定终身"的难题,而且增加了学生的选择权,减轻了学生考试的心理压力。新高考改革注重学术型人才与技能型人才的共同培养,实现两类人才两种培养模式,其中技能型高考内容为文化课加技能成绩,学术型高考保持现行的高考模式不变。新的高考模式给了不同类型学生不同的选择机会,学生不再是被动地选择,而是主动地根据自身兴趣、专长决定自己的价值取向和职业目标,这既满足了学生自身发展需要,又为经济社会的发展培养了高质量、复合型人才。可见,新高考改革既尊重了学生的自主选择权,又实现了人的全面发展,与我国新时期人才培养目标相适应。

3. 新高考注重综合性评价

新高考改革最大的亮点是实行"两依据一参考"高校招生模式,学生综合素质评价情况作为高校录取学生的重要参考依据,使长期"唯分数论"的评价标准得以改变。综合素质评价包括学生品德、智力、体育、艺术和实践能力等基本情况。新高考改革要求高校在选拔人才环节要做到严格执行、公开透明、阳光操作、写实记录、规范评价,为每个学生建立学生综合素质档案,客观记录学生在成长过程中的突出表现,公平对待每个学生,为高校招生录取提供参考依据,确保综合素质评价与高校招生"硬挂钩"。我国教育方针强调学生德智体美劳全面发展,然而在实际操作中,德育考核一直流于形式,并未发挥实际作用,高校基本将笔试作为主要考核形式,因此在一定程度上还是"唯智录取"。新高考改革将综合性评价作为重要参考依据,过程性评价与结果性评价并重,评价标准更加科学化、人性化,拓宽了评价的广度,使"线性评价"得以纠正。

三、育人目标的历史演进

育人目标即培养什么样的人的问题,是教育的首要问题。党的育人目标的确立是一个与时俱进的过程。以中华人民共和国成立70多年来党的教育方针为线索进行梳理,党的育人目标先后经历了建设者、劳动者、社会主义建设者和接班人等阶段,在育人的素质结构要求上不同时期也有具体规定,呈现出育人目标从素质教育到素养教育的发展、从德智体到德智体美劳"五育并举"的演进,体现了前瞻性与现实性相统一、稳定性与发展性相协调的特征。中国特色社会主义进入新时代,努力培养担当民族复兴大任的时代新人,培养德智体美劳全面发展的社会主义建设者和接班人是党的育人目标的最新概括。

(一)"五育并举"的形成

不同时代有各自要面对的教育问题,育人目标的丰富和拓展也是教育实践深化的过程。习近平总书记在2018年全国教育大会上的讲话中正式提出"培养德智体美劳全面发展的社会主义建设者和接班人",这一育人目标的提出经历了长期的教育探索,而其中"劳动教育"的提出有其独特的理论根基和现实依据,并对新时代教育事业的发展提出了更高的要求。

1. "德智体"的育人目标

1949年《中国人民政治协商会议共同纲领》(以下简称《共同纲领》)中提出我国教育的"目的是为人民服务,首先为工农兵服务,为当前的革命斗争与建设服务",发展民族的、科学的、大众的教育。1949年12月,教育部召开第一次全国教育工作会议,重申了《共同纲领》确定的教育方针,强调:"教育必须为国家建设服务,学校必须为工农开门。"[①]"1950年5月,时任教育部副部长钱俊瑞在《人民教育》创刊号上发表《当前教育建设的方针》,把为'工农服务''为生产建设服务'作为新民主主义教育的中心,强调'为生产建设服务',不是要培养'眼光短浅''见识狭窄'的'匠人''零件',而是要培养'眼界宽阔''富有创造力'和全面发展的新社会的建设者。"[①]

总体来看,这一时期的教育方针由新民主主义社会的性质所决定,人才培养的目标、教育服务的方向等问题都与中华人民共和国成立之初的中心工作、政治经济社会发展所亟须紧密对应起来。面对国家建设需要和极低国民素质水平的现实矛盾,在育人目标上首先从知识技能的角度、从"智力"特征方面进行规定,强调提高科学文化水平的重要性,满足成为社会建设者的基本要求;同时又从革旧立新的考量出发,从新的社会性质和建立崭新社会制度的要求着眼,对人才的内在核心素质、特殊的社会属性给予规定。中华人民共和国成立初期的教育发展实践和人才培养目标为此后20多年的社

---

① 苏渭昌,雷克啸,章炳良.中国教育通史·中华人民共和国卷(下)[M].北京:北京师范大学出版社,2013.

会主义教育发展提供了指导,也使党的教育方针、育人目标有了初步的探索。

2."德智体美"的育人目标

1999年召开的全国教育工作会议提出:"坚持教育为社会主义现代化建设服务、为人民服务,坚持教育与社会实践相结合,以提高国民素质为根本宗旨,以培养学生的创新精神和实践能力为重点,努力造就有理想、有道德、有文化、有纪律的,德育、智育、体育、美育等全面发展的社会主义事业建设者和接班人。"①2007年党的十七大报告指出:"要全面贯彻党的教育方针,坚持育人为本、德育为先,实施素质教育,提高教育现代化水平,培养德智体美全面发展的社会主义建设者和接班人,办好人民满意的教育。"②

分析这一阶段的教育方针和育人目标,主要有两个变化:其一,从培养劳动者到培养社会主义建设者和接班人。改革开放以来,特别是我国积极转变发展模式,主动融入世界市场体系,推动了经济社会的巨大发展。但随着开放程度的不断加大,风险性因素也日益增多,特别是西方敌对势力意图通过影响年青一代实现"和平演变",受到党中央的高度警觉。教育是培养人的工作,我们培养的不能是反对派或"掘墓人",而必须是社会主义事业的建设者和接班人。"接班人"是对"建设者"思想政治素质的强调,接班人的提出,彰显了教育在国家治理特别是实现长治久安中的重要作用,体现了对下一代加强思想政治教育的要求。其二,融入美育目标。现代化的本质是人的现代化。随着社会主义现代化建设的推进,一方面,人们享受着社会发展的成果,在日益丰富的物质、文化的基础上不断促进着自我的完善和发展;另一方面,社会的发展也对人本身的素质能力提出了新的更高的要求,在呼应时代发展育人目标中提高了"美"的重视。美育是在德育、智育和体育共同发展的基础上提出的,反映出教育事业的纵深发展以及对人全面发展内涵的理解日益丰富和充实,对人才的要求也发生了动态性变化。通过培养学生的审美观,陶冶情操,使其不断理解美、鉴赏美、创造美,注重人的心灵

---

① 江泽民.江泽民文选(第二卷)[M].北京:人民出版社,2006.

② 胡锦涛.高举中国特色社会主义伟大旗帜 为夺取全面建设小康社会新胜利而奋斗——在中国共产党第十七次全国代表大会上的报告[M].北京:人民出版社,2007.

充实和满足,强调审美对人格塑造的作用,将美育融合到德育、智育、体育之中,有利于促进素质教育的发展和人才强国的实现。

3. "德智体美劳"全面发展的育人目标

2018年9月10日,习近平总书记在全国教育大会上的讲话中提出,"培养德智体美劳全面发展的社会主义建设者和接班人,加快推进教育现代化、建设教育强国、办好人民满意的教育",正式将"劳"纳入人才培养目标,将以往的"教育与生产劳动相结合""教育与社会实践相结合"转变为"劳动教育"。"劳"的提出是一个循序渐进、不断深化的过程,与中华人民共和国成立初期的"劳动"相比,新时代的劳动教育有其侧重点,不仅是对劳动认识的教育或是通过劳动的途径去教育,而且突出人作为现实的主体,发挥自身主观能动性去创造和改变,强调正确处理人与自然、人与社会、人与人之间的关系,承担社会责任,勇于面对各类风险和挑战,也反映出党和国家遵循教育发展规律,对育人目标的认识更加成熟。"德智体美劳"育人目标的提出是对"德智体""德智体美"育人目标的进一步拓展和丰富、延续和发展,是一脉相承的,都是社会主义教育持续探索的结果,反映出新时代人的全面发展的新特点,为新时代中国特色社会主义教育事业发展提供了方向和指南。

劳动教育作为"五育"的重要组成部分,对于提升学生综合素质、促进学生发展核心素养有着积极的奠基作用。劳动教育是在社会主义教育不断探索和发展中提出的,有其独特的理论根基,也回应了现实生活中对劳动的关切,同时关注人的全方位、动态化的发展,丰富了教育内涵,拓展了新时代党和国家的育人目标。

(二)新时代育人目标的新内涵

1. 落实立德树人的根本任务

立德树人是我国教育的根本任务,不论党的教育方针如何延伸和发展,都离不开"培养什么样的人、如何培养人、为谁培养人"这个教育的根本问题。新时代的人才培养目标正是着眼于实现中华民族伟大复兴这一历史使命,正视了人发展的多维性和全面性。立德树人既倡导塑造健全人格,培养个人品德和社会公德,根据时代的变化和人的特点,创新教育方式和培养方式,丰富教育内容,回归教育本身;也强调以德育人,以社会主义核心价值观

为引领，重视品德教育，以德育促进智育、体育、美育和劳动教育，使学生掌握知识、素质、能力，将人才培养落在实处。同时要明确立德树人的成效是检验学校一切工作的根本标准，因此应当把立德树人的要求内化、细化到人才培养和教育管理的各个方面、各个环节之中，从而真正做到以树人为核心、以立德为根本。

2. 发挥实践育人作用

新时代劳动教育中所蕴含的实践性特点，与实践育人具有相通之处，二者都强调通过劳动实践提升技能水平，培养综合素质，适应时代需要。因此可以充分发挥实践的作用，将理论与实践相结合，拓宽实践平台和路径，使德育、智育、体育、美育和劳动教育有实践可依，使劳动教育与德育、智育、体育和美育相融合，将社会主义建设者和接班人的培育工作落在实处。在人才培养过程中，可以开展丰富多样的活动促进实践能力的形成，同时在鲜活的实践经历中，树立正确的人生观和价值观，养成为人民服务的观念，增强品德修养；在实践准备、进行、总结、评价的各个过程中，运用所学知识和技能，使学生做到知行合一，在劳动和实践中检验自己认识的正确性，通过经验的积累，不断去伪存真；在实践中不断磨炼意志，增强体魄，从而使自身不断适应环境。不但如此，心智会在历练中不断成熟，审美能力会得到提升，与人交往时所学到的情怀和素养会深刻影响学生的认知能力与创造力。

第二节　新时代育人方式改革的新挑战

新时代育人方式的构建必须包含全面发展和个性发展两个方面的内容。通过全面发展使学生成人，通过个性发展使学生成才，成为自觉、自由的独立个体。但传统的育人模式难以适应新时代的育人要求，时代呼吁育人方式变革、需要新型人才。

一、问题与困境：改革传统育人方式的呼唤

传统的教育方法是一种僵硬、强调规范性约束理念的教育方法。教育内容是固定化了的、确定化了的，教学任务就是灌输这种确定化了的教育内容。据此，传统的教育方法所培养出来的人，只能谨遵本本主义，缺乏创造性精神。这种将知识作为僵死的教育也因此成为压制学生个性与创造性的工具。传统教育思想和方法这种固定、僵死、强调规范性约束的理念，极大地限制了教育主体的创造性和能动性。在这种僵死、强调规范性约束的理念指导下的教育主体论，表现为把教育者规定为唯一的主体，对受育者丰富人格内涵进行单一说教行为，这对受教育者的创造性精神是一种戕害。

让知识生动活泼起来，这才是教育的根本，不能让知识僵化——这是所有教育的核心问题。随着时代的发展，人的主体性意识逐渐增强，主体的呼声也越来越高。育人方式不应该只是以教育者为主体，而忽视受教育者的自身能动性，新时代更要尊重受教育者的主体地位，培养受教育者的主体能力。然而回望我们的现状，教与学的方式依然禁锢于知识本位的牢笼，弊端突出，同时生源下降的困境也迫使学校改变传统的育人方式。

（一）教与学的问题

我们的德育重形式、轻实效，重主观经验、轻科学指导，一阵风而难以经常化、规范化。德育形式的老套、德育方式的僵化、德育过程的简单化，没有发挥学生的主体性。德育工作者总是通过生硬的灌输，通过学生对条条框框的死记硬背来达到教育的目的。这显然是不切实际的。我们必须充分考虑德育方式的趣味性、德育措施的切实可行、教育形式的生动活泼、德育评价的可操作性，并为之付出扎扎实实的努力。更重视道德教育的科学性，对学生心理素质的分析，从心理学、教育学、社会学各个层面准确系统深入地认识到德育工作的艰巨性、长期性、复杂性，克服德育工作中的"毕其功于一役"的心理。比如，在了解学生道德认识上的错误后，还要对学生的道德情感是否异常，在情感强烈时是不是能冷静地接受教育，道德意志是否薄弱，道德意志特征是否表现出明显的两极性，即在正确方向上自卑，在错误方向上自负，"破罐子破摔"，精神上感到失落，一直恢复不了自信心等方面进行详细的了解和分析，然后对症下药。

1. 传统教学模式的问题

（1）传统教学模式的特征

传统的教学方法在我国教学实践中仍然占有主导地位。传统教学以"传递—接受"为特征，其主要有以下几个特点：教师是知识的传授者，是整个教学过程的主宰；学生是知识的传授对象，是外部刺激的被动接受者；教材是学生的唯一学习内容，是学生知识的主要来源。

（2）传统教学模式的不足

在传统教学中，教师负责教，学生负责学，教学就是教师对学生单向的"培养"活动，它表现的是以教为中心，学围绕教转。教师是知识的占有者和传授者，对于求知的学生来说，教师就是知识宝库，是活的教科书，是有学问的人，没有教师对知识的传授，学生就无法学到知识。所以，教师是课堂的主宰者，所谓教学就是教师将自己拥有的知识传授给学生。传统课堂教学主要存在以下不足：以教定学，在一定程度上忽视了学生作为学习主体的存在；以本为本，忠实地执行教材，教材上怎么写，教师就怎么讲，使教材成为禁锢学生自由创造、大胆创新的枷锁。传统课堂教学，教师的"教"是照本宣科,教师只把学生当作接受知识的容器,教师的教和学生的学在课堂上最理想的进程是完成教案,而不是生成式教学,传统教学可以看成批量性生产整齐划一的产品,在这种教学模式下,学生是被动的、缺乏创新性的。

2. 传统学习方式的问题

当今社会已经迈入信息时代,不可否认,对学校教育也产生了较大的影响,但是如果从学校课堂教学来看,仍然存在学生的学习内容、作业等基本统一的模式,传统的学习方式制约着学习效果和人才的培育。

(1)传统学习模式的特征

统一的学习内容,学校都是围绕统一规定的教学内容——教材进行教学。教师教学的内容,决定了学生学习的基本内容,无一例外地相对统一。学校在坚定执行规定课程教学时,往往忽视了学生个性差异发展的需求,以至于所有的教学内容差不多。

统一的学习环境,教室是学习的主要场所。这样统一的学习环境,让学生学习视野受到限制,环境教学所起的作用非常有限。学生上课,基本是统一时间上课、下课、午间休息。而且,上课的课程表同年级每个班级都是一模一样的,因此班级学习的教学组织也基本一样。同样的教学组织在和谐班级节奏的同时,必然带来学习个性的缺失和学生个性特长的不彰显。

统一的教学节奏,在传统教学模式中,学生基本没有自己的学习节奏,而是跟随着教师的教学节奏"齐步走",学生没有发挥个性的余地。统一的教学节奏必然让两极学生发展均不适,优秀学生不能进一步发展,学困生又跟不上中等生的发展节奏。

(2)传统学习模式的不足

整齐划一的教材内容,让学生所有的学习基本一致,很难适应个体差异很大的学生需求。在传统的学习模式下,首先,学生是通过教师的传授被动地接受知识,学生学习的过程就是不断积累知识的过程,而这种被动接受知识的方式,致使大多数学生逐渐养成一种不爱问、不想问"为什么",也不知道要问"为什么"的麻木习惯,从而形成一种盲目崇拜书本和老师的思想。这种学习方法不仅束缚了学生的思维发展,也使学生学习的主动性渐渐丧失，甚至被迫学习，根本体会不到学习的快乐。其次，学生的学习方式基本上是预习—听讲—练习—复习这种被动接受、死记硬背、机械训练的学法，让学生成了书的奴隶，不仅缺少想象能力和创新精神，也难以升华所学知识，个性得不到张扬。最后，在现行考试制度下，许多学生只注重死板地读书，力争在考试中取得一个高分，往往忽视了对自身各方面能力的培养，导致许多学生高分低能。有的学生甚至只把自己的视野局限于学校和教科书，对世界的发展、社会的变革都缺乏必要的了解。

基于传统教与学模式的弊端和时代发展的背景，我们不难看出苦教苦学的模式中，学生主动性被忽视甚至压抑，这种模式难以适应社会需求，也无法担负起培养高素质人才的重担，改变传统教与学的模式势在必行。而改变传统教与学的模式的关键就是要改变育人的模式。

（二）生源的困境

随着我国政治、经济和文化的快速发展，全民素质的普遍提高，学生、家长及社会对教育的要求不断提高；同时随着高中阶段教育普及政策的推进，教育对象由精英群体扩大到全体学生；等等。种种变化，要求高中阶段教育变革与时俱进。

1. 浙江省生源的改变

（1）教育对象由精英群体扩大到全体学生，要求高中阶段教育"改质"

高中阶段教育在历史上曾是选择性极强的、封闭的教育体系，是一种起着高等教育预科作用的英才教育。彼时，高中阶段的教育对象主要是具备一定学习条件的部分初中毕业生，而普及之后，教育对象必然扩大到全体学生，而且新增的对象主要是经济欠发达的农村及城镇中困难家庭的子女。高中教育从精英群体扩大到全体学生带来的一个突出问题就是中考录取率大幅度提高，生源质量下降已是一个不争的事实，如何保证高等教育大众化条件下人才培养质量已成为一个重要的课题摆在我们面前。实施有利于学生自主学习、适应大众化教育、充分保证人才培养质量已成为时代的呼唤。教育对象由精英群体扩大为大众群体，必然要重新审视高中阶段育人方式，重新审视高中阶段课程标准，重新审视评价体制。普及性的教育更关心全面发展，促使每一位学生都学有所获。

（2）回应时代，高中阶段教育需要"提质"

按照1996年《全日制普通高级中学课程计划（试验）》、2001年《基础教育课程改革纲要（试行）》等文件精神，普通高中教育是基础教育的最后阶段，肩负着"培养德、智、体、美等全面发展的社会主义建设者与接班人"的重任，而事实上普通高中并没有全面落实素质教育，沦为为高校输送人才的"工厂"。高中阶段教育应该重新审视教育宗旨回归，回归教育本真，重视学生素质的提高。在高度重视"升学率"的普通高中教育背景下，普通高中教育被家长和学生理解为"考大学"的踏板。这种简单、片面的观念，必然导致学生功利的求学目标而忽视教育的全人格教育功能。高中阶段教育意在让每个学生的各个方面都得到发展。

2. 严州中学生源的改变

严州中学历史悠久，可以追溯到800多年前，北宋范仲淹创办的龙山书院，这是严州府城中最早的书院。清康熙时，知府吴昌祚创建了文渊书院，嘉庆年间改文渊书院为双峰书院，这便是严州中学的前身。1954年校名改为浙江省严州中学。1959年被确定为省重点中学（全省十六所之一）。1966年改名为建德县东方红中学。1972年改名为建德县严州中学。1980年被定为省第二批重点中学。1998年3月被定为省一级重点中学。百年来，严中学子中有政界要员、社会名流、学术泰斗、商贾大腕，如中共中央原委员、中国武警部队总政委徐永清上将，中共中央原委员、中国记者协会主席邵华泽中将，中国工程院院士张齐生教授，原新华通讯社副社长马胜荣、何东君，原国家地震局局长方樟顺，文化部原副部长石西民，著名学者夏承焘、严济宽、戴不凡，等等。

（1）新校区建立

2001年，坐落于新安江城东开发区的严州中学新安江校区正式投入使用，标志着严州中学一校两区的局面形成。新校区占地260余亩，建筑面积近5万平方米，拥有一流的教学设备，设有天文台、天文望远镜，现代化的教学楼、办公楼、科技楼，学术报告厅。新校区在地理位置和办学条件等方面都优于老校区，在政策的导向下建德市最好的生源都将进入新校区。从师资结构上看，老校区多数教学经验丰富的老教师也在政策的导向下进入新

校区,老校区多为青年教师。

(2)老校区没落

百年老校,有着过往的辉煌,但是2001年后逐渐衰落,不得不说,迁校是一个非常重要的原因(见表1-1)。

表1-1 2005—2010年建德市高中录取分数线节选

分数线	严州中学 新安江校区	新安江中学	寿昌中学	严州中学 梅城校区
2005年高中录取分数线	493分	444分	425分	419分
2006年高中录取分数线	507分	473分	453分	443分
2009年高中录取分数线	514分	484分	464.5分	461分
2010年高中录取分数线	501分	464分	443分	434分

从表1-1中不难看出,老校区的生源是建德市4所高中中生源最差的,从重高到普高,从最好生源到最差生源,百年老校发生了巨大变化。而生源的变化是关键,生源发生改变,意味着教学方式、学习方式、管理方式、育人方式都要发生相应的转变。只有符合学校、符合学生的育人方式,才能焕发学校的活力。

二、需求与发展:育人方式改革的新命题

在新时代、新教育发展的道路上,普通高中要坚守"五育并举、立德树人",落实培养社会主义建设者和接班人的根本任务,这是对社会需求和学校发展的回应。

(一)社会对创新人才的需求

当今社会处于快速变化的时代浪潮之中,"互联网＋"时代的到来,人工智能技术的飞速发展,促使着生产方式不断变革,同时也促使着人类思维不断变革。生产方式的变革在一定程度上决定了社会对于人才的需求,进而决定了教育对人才的培养方式。培养人才的主要场所在学校,而在新的时代背景下,教育理念、目标、形式和内容都发生了变化,为了实现新的培养目标,客观上需要学校发生相应的变革,尤其是育人方式的变革。

1. 钱学森之问

2005年,温家宝总理在看望钱学森的时候,钱老感慨地说:"这么多年培养的学生,还没有哪一个的学术成就,能够跟民国时期培养的大师相比。"钱老又发问:"为什么我们的学校总是培养不出杰出的人才?""钱学森之问"是关于中国教育事业发展的一道艰深命题,需要整个教育界乃至社会各界共同破解。

在求解"钱学森之问"中,中央教科所的程方平给出了自己的答案:我国目前的教育系统中,教育的导向是要记背标准答案,学生提问的欲望和兴趣在中小学阶段已经被大大地削弱了。学生疏于独立思考、缺乏主动学习的精神,是我们在培养人才时遇到的困境。究其根本,是因为我们的教育并未将学生作为主体,充分发掘他们的潜力。

2. 时代需要的人才类型

为了应对社会的发展、时代的变迁,培养符合未来社会发展的人才,各国以不同形式纷纷提出了相关计划。2011年,美国21世纪技能合作联盟提出了《21世纪技能》,其主要思想是:21世纪的学校需要整合3个"R"(核心课程)和4个"C",即批判性思维与问题解决、交流合作、创造与创新。2016年9月,《中国学生发展核心素养》总体框架正式发布,其提出了六大素养并细化为十八个基本要点,包括理性思维、批判质疑、勇于探究、勤于反思、问题解决、自我管理等。由此可见,不管是美国还是中国,均将高阶思维认知能力列为未来人才的必备技能。高阶思维的核心就是培养创新和跨领域人才。

(1)创新实践人才

任何东西都可以很容易地被模仿,只有创新能力很难被模仿。而创新出来的东西一旦被模仿,唯一的办法就是继续创新。创新并不是特殊领域内特殊人物才能做的事,在每一个领域中的每一个人都可以创新,都可以培养和具备创新能力。创新要和实践密切结合,为了创新而创新是没有意义的,要做实践中有用的创新才是有意义的,否则会造成智慧和资源的浪费。一个真正的创新实践者,在每一次创新的时候忘不了实践,在实践的时候也忘不了创新。

（2）跨领域人才

未来世界更需要的人才不只是那些能把一个学科学得非常非常深的人，而是那些把自己学科学好，同时能够与其他领域做一个跨领域结合的人才。进行多元化发展，形成复合型的知识结构，跨领域的学科优势，做一些既有创意又可以实践的东西，这可能是最有成长空间的一些机会，这也是未来人才发展的趋势。

（二）农村高中特色发展的需要

农村教育是促进农村经济和社会发展的基础，是当今中国教育系统中最广大的一部分。在全面建成小康社会、和谐社会的背景下，农村教育受到高度关注。但长期城乡二元结构导致的城乡教育资源、办学条件、师资水平等方面的差距，农村教育发展依然面临重重困难。农村学校教育面临的困境是：一方面，相对于城市学校、发达地区学校的资源配置弱势不可能迅速得到改变；另一方面，又必须按照国家要求，实施新课程改革、推进素质教育。在"资源困境"与"改革倒逼"的双重压力之下，如何推进农村教育的发展和变革、如何走出自己的特色之路是一个难题。

1. 农村高中发展的劣势

教育经费短缺。城市与农村之间经济发展不均衡，加之各种政策倾斜、人际关系等因素，使得教育经费供给在区域之间、城乡之间以及区域内校际都存在着严重的不均衡。城市学校锦上添花，农村学校因陋就简，师资力量薄弱。一所学校教师素质的高低直接决定着该校教育质量的高低。随着城乡差别的加大，造成了教师分布的严重不均衡，城市学校教师学科配套齐全，教师学历水平高、教学能力强，参加学习进修机会多，见多识广，而偏远农村学校则正好相反。更为严重的是，很多乡村学校严重缺编，安排课都非常困难。

办学条件滞后。长期以来，为了树立本地区的形象，为了自己的政绩，政府和教育行政部门在基础教育发展方式上往往采用资金支持、政策倾斜等办法，把有限的财力集中到本地区的"窗口学校""示范学校"，使学校之间的教学设施存在着严重不均衡现象，生源层次低下。由于教育经费投入的不均衡、师资分布的不均衡以及办学条件的不均衡，造成教育资源的天壤之别,家长对优质教育的追求、学生对优质教育的向往等导致生源状况的不均衡。

2. 农村高中创新发展的选择

农村高中想要树立自己的教育品牌,必须结合自身实际和农村资源,变革育人方式,培养懂乡事、有乡情的新农村人才。

(1)不谋而合:实现学校育人转型,服务家乡

目前,在乡村振兴策略下,建设新农村,急需大量的懂农村、懂农业、懂技术的专业人才,要想方设法留住人才;文化传承当先行,要传承和发展乡村文化,使其成为乡村的灵魂。依托新农村建设,让严州中学培养的学生更好地服务家乡,显得急需与迫切。如何在"互联网+"时代背景下,推销与经营美丽乡村? 如何实现学生的全面发展? 如何传承乡村文化? 这一切可以与严州中学的乡村志愿服务课程、实践课程相融合,实现整合发展,可以有效地助力于服务家乡、服务农村,同时也打造了学校发展的特色之路。

(2)急切需要:跨专业技能互结合,培养复合型人才

在新时代,需要的人才不仅仅是单一维度的能力,如学科能力、服务能力,更需要涉及方方面面的各种能力。因此找准一个切入点,开展跨专业技能的结合,培养复合型人才,是十分必要的。

以实践为切入,整合校内的课程,从国家基础课程到乡村志愿服务课程,再到劳动教育实践课程,实现专业整合与跨界教学的实践,着力培养复合型农村人才。

第三节 严州中学育人方式改革的回顾

回顾严州中学育人方式改革历程,可以发现严州中学紧跟国家课程改革步伐,即2000—2010年严州中学育人改革重点在课堂,2010—2020年严州中学育人改革重点在课程。农村普高育人方式变革的探索、研究实现了严州中学的多样化、特色化发展。在十几年的探索中,我们也在不断反思、总结,尝试构建具有严州中学特色的育人样本研究。2017年8月,开始梳理严中育人方式改革的成果、方法并提出了"严中样本"的概念,在此基础上,2018年严州中学课题"新时代农村普通高中人才培养的范式研究"被选为杭州市重大课题,以此为契机梳理严州中学育人方式的历程和经验。

以下以时序为参考,从校本课程的建设、教学方式的变革两个方面回顾严州中学育人方式改革的历程。

一、2000—2010年:改变传统模式,聚焦课堂育人

进入21世纪以来,严州中学发生了深刻变化:生源质量由一级优质生源滑落到三级最差生源;年轻教师扎堆,骨干教师不足;学校陷入发展低谷,学校育人方式急需改革。严州中学抓住新课程改革机遇,以"不比基础,比进步;不比阔气,比志气;不比聪明,比勤奋"为育人导向,从变革和优化学生的学习方式上寻求育人方式的突破。

(一)课堂育人改革背景

1. 矛盾:原有高考制度与新课程理念脱钩

在"一考定终身"的原有高考体制下,多样化学习方式的实施面临的是重重困难。

（1）应试取向使自主化学习方式"失宠"

目前，社会、学校对老师的评价主要体现在教学成绩上，对学生的评价主要体现在考上怎样的大学。教师能让学生考个高分，很自然地选择了"讲解—练习—考试"等机械训练的方式，通过强化训练达到高分的效果，使自主化学习方式"失宠"。

（2）应景教研使合作化学习方式"失真"

在课堂教研活动中，为了体现新课程理念，教师往往让三五个学生围成一桌，讨论甚为激烈，气氛相当活跃，教师教得高兴，学生学得有趣，课堂上出现了师生互动、生生互动的可喜场面，大家都以为这就是新课程所提倡的课堂教学。其实，这只是"摆花架子""走过场"，它们并不是新课程所提倡的真正有效的学习方式。

（3）应稳心理使探究式学习方式"失声"

不少教师方法刻板、手段单一，人停留在粉笔、教材加嘴巴的"单边教学"状态，未能挖掘一切可以利用的课程资源来展现和丰富教学内容，创设教学情境。在很多课上，很难看到灵活多样的教学手段，甚至一节课下来难以见到一种鲜活的体验场景，学生只是一味"静听"，故而难以激发学生兴趣、引发学生动机，更难以产生知识价值的认同感。

2. 困境：生源质量下降与教师结构不合理

2003年以来，建德市高中教育格局变化3年后，严州中学生源质量急剧下滑，由一类生源降到三类生源，建德市每年2700名学生升入普高，严州中学的学生几乎在2000名之后，学生学习兴趣低下、学习方法低效，甚至课堂上出现大多数学生睡觉等问题。这些问题刺痛了全校教师的神经，为改变这种僵局，严州中学先从变革课堂教学模式着手探索，借鉴山东杜郎口中学创新课堂的经验，尝试了"25＋20"①课堂模式，课堂氛围表面上有所好转，但又出现了新的问题：学生只习惯接受式学习，新课程倡导的自主、合作、探究等学习方式的落实无从谈起，课堂教学效果仍然低下。根据我们对本校778余名学生的有效调查结果来看，近60%的学生认为课堂教学的效率还是比

---

① "25"指每堂课教师讲解25分钟，"20"指让学生提问、探讨20分钟。

较高的（53.39%），近70%的学生认为课堂学习氛围是比较融洽的（62.2%）。但是，调查中也发现，学生中学习兴趣不高、目标不明确、不自信、注意力不集中、学习习惯较差、学习方式单一等问题，影响了学生的发展。因此，变革和优化学生的学习方式是严中必须妥善解决的重中之重问题。

进入21世纪，与建德市其他普通高中的快速发展形成鲜明对比的是严州中学发展相对缓慢。从2000年起，学校接收大学应届毕业生和外校教师共80余位，占校区专业教师数70%左右。办学条件的相对滞后和骨干教师的相对匮乏，使学校的生员条件逐年下降，学校正处于发展低谷。

（二）课堂育人改革内容

基于本校学生基础薄弱、学习方式缺失的实际，经过朦胧期、雏形期、成熟期三个阶段10余年的探索与实践，生成"实践导向"的学习方式，并着重从"情境迁移导向""任务中心导向""循序渐进导向"和"合作互助导向"的学习方式等方面展开，形成具体的、本土的学习方式。通过研究与实践，直接实现学生学习方式的革命，激发学生的学习活力，提高学生的学习力，初步形成以人为本的高品质课堂。

自2004年8月至今，学校在教学实践中不断探索高中学生的有效学习方式，经历了朦胧期、雏形期、成熟期三个阶段。

1. 朦胧期

此乃学生的学情、学法问题剧烈的阵痛期和课堂教学改革早期探索阶段。学校组织部分教师到山东杜郎口中学学习，借鉴经验，严州中学尝试了"25＋20"的课堂教学模式，虽然产生了一定的影响，但效果不很明显，暴露了学生的学习方式问题。于是，少数教师在个别学科根据学科特点和学生基础，引导学生探索一些学习方式，取得了较好的教学效果。如李祝勤老师探索的英语学科的"超低空飞行式"学习、赵燕青老师数学课的非常"6＋1"式学习、历史老师的"生活化"学习、雷海晖老师的"留白"式学习等。可以说，这是本课题研究的朦胧阶段。以"超低空飞行式"学习的做法为例进行说明。

"超低空飞行式"学习就是根据学生现有基础的限制，最大限度地降低学习目标要求，降低学习难度以达到学习效益最大化的学习方式。正如本书前文所述，本校学生基础薄，学习习惯欠佳，学习策略欠缺，他们很难完成正常的教学要求和目标。这就需要教师采用非常态的方法推进他们，打破他们学习的被动局面，鼓励他们主动学习。"超低空飞行"就是对低层次的学生采取"低起步、拉着走、多鼓励"的原则。在教师的引导、训练下，学生能合理、自如地使用"超低空飞行式"学习方法。

现以李祝勤老师的英语作业设计为例加以佐证。学习高三英语 Unit 6 的 Reading 部分后，他布置了不同的作业供不同层次的学生选择（见表1-2）。

表1-2　高三英语 Unit 6 Reading 作业

层次	任务	要求级别
1	列出 Reading 部分所学的重要短语	微要求
2	列出 Reading 部分所学的重要短语，并用每个短语造1~2个句子	低要求
3	列出 Reading 部分所学的重要短语并根据这些短语复述课文，同时用你觉得较难的短语造1~2个句子	中低要求
4	列出 Reading 部分所学的重要短语并根据这些短语复述课文，同时用你觉得较难的短语造1~2个句子，然后选择性地运用这些短语组织一篇短文，谈谈你对困难和挑战的看法	高要求

鼓励、引导基础较薄弱的学生认真完成前两个层次的作业。这样能较有效地使那些学困生呈螺旋式进步。

2. 雏形期

经过3年的早期探索，变革学生学习方式的氛围在校园内逐步浓厚，学校相关部门有意识地进行了学习方式变革的深入研究，在对学习方式再调查的基础上选取实验班级，通过设计方案、编制问卷、前测、教学干预、后测等方式，进行"学习方式"实验研究，通过学生课堂学习方式的课堂实验，获得数据，为实践研究的可行性和有效性提供依据。通过实验，我们发现，学习方式的变革必须在真实的实践活动中进行，通过学习任务的引导促成学生学习方式的变革。基于此，我们提出了"实践导向"的学习方式，并逐步形成了一些生本的、特色的学习方式。

3. 成熟期

随着研究的不断深入和成果的不断推广并改进,学习方式的研究步入成熟期,在许多场所进行了校际交流和推广,在本校,四个导向的八种学习方式在各学科中全面应用。从2011年8月起,"基于实践导向的普通高中学生学习方式的实践研究"推动了严州中学高一年级课堂教学改革的全面展开(见图1-1)。

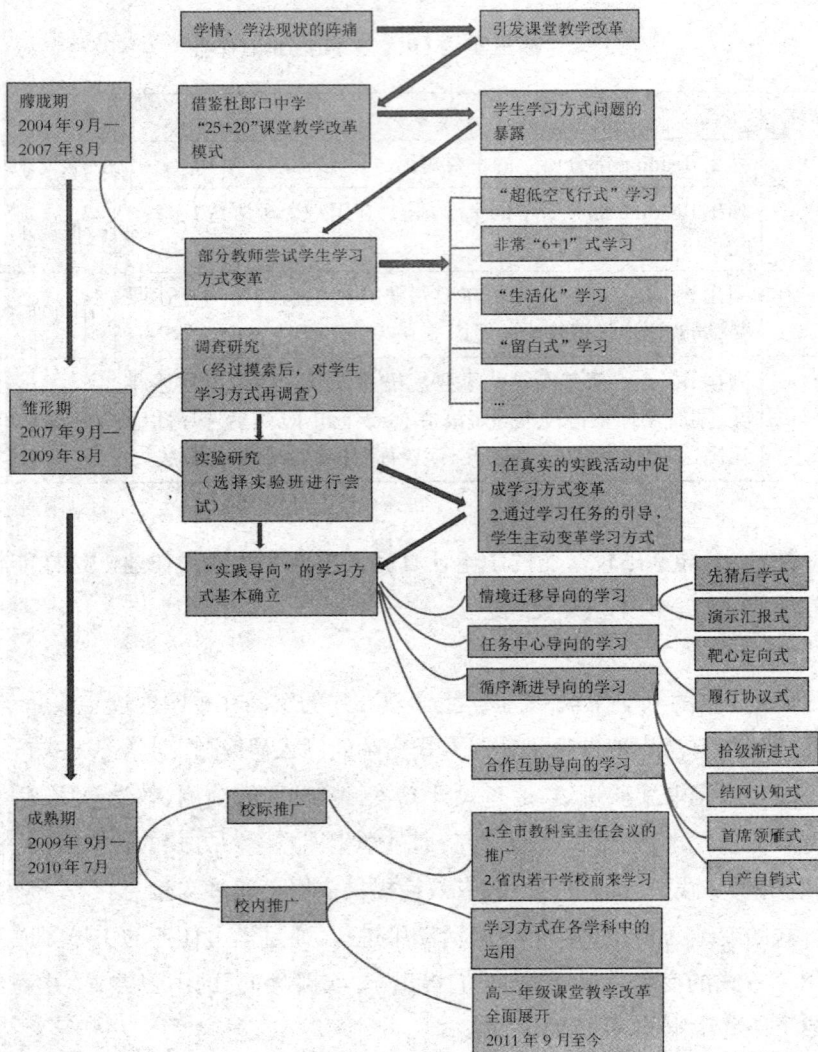

学情、学法现状的阵痛 → 引发课堂教学改革

朦胧期 2004年9月—2007年8月

借鉴杜郎口中学"25+20"课堂教学改革模式 → 学生学习方式问题的暴露

部分教师尝试学生学习方式变革 →
- "超低空飞行式"学习
- 非常"6+1"式学习
- "生活化"学习
- "留白式"学习
- ……

雏形期 2007年9月—2009年8月

调查研究（经过摸索后,对学生学习方式再调查）

实验研究（选择实验班进行尝试） →
1. 在真实的实践活动中促成学习方式变革
2. 通过学习任务的引导,学生主动变革学习方式

"实践导向"的学习方式基本确立
- 情境迁移导向的学习 → 先猜后学式、演示汇报式
- 任务中心导向的学习 → 靶心定向式、履行协议式
- 循序渐进导向的学习 → 拾级渐进式、结网认知式
- 合作互助导向的学习 → 首席领雁式、自产自销式

成熟期 2009年9月—2010年7月

校际推广 →
1. 全市教科室主任会议的推广
2. 省内若干学校前来学习

校内推广 →
- 学习方式在各学科中的运用
- 高一年级课堂教学改革全面展开 2011年9月至今

图1-1 严州中学"实践导向"的学习方式探索历程

二、2010—2020年：改变千校一面，探索课程育人

经过近10年的实践探索，严州中学建构了较成熟的、鲜活的、本土的、实践导向的普通高中学生学习方式，学生学习态度和教师教学行为发生了深刻变革。但学校仍社会口碑不佳、学生学业成绩不佳、学校没有特色难以吸引好生源。面对困境，严州中学从"培养什么人、怎样培养人、为谁培养人"这一教育的根本问题入手，试图以校本课程建设为抓手，引导学生找到适合自己的成长成才路径，最终达到提升学生知识、能力、素质的目标与社会角色的适应，实现教育的目的，同时为学校的特色发展、持续发展拓展空间，努力办社会认可的高中教育。

(一)课程育人改革基础

严州中学有着良好的课程基础，在120年的办学历史中，给学校带来了丰厚的文化积淀。学校以"严实"的办学理念为引领，坚持课程、教学、管理等方面的改革探索，打造"严实"品牌。2014年以来，学校作为特色学校，提出"构建有严实特色的多样化可选择课程体系"的目标；2016年12月，学校以"打造'严实教育'，构建有严实特色的'实践导向'育人模式"为教育改革规划内容，被杭州市评选为美好教育示范校。

学校将"创新课程体系建设"列为示范高中重点建设任务，围绕新课程改革、新高考校本化实施方案，从办学历史中找寻课程建设发展之源，在办学理念和校训的引领下，凝练"严实"办学特色。深化"严以修身，实于做事"的严实教育，"严以修身，实于做事"是格致之学践履"以德为先"的过程和结果。

"严以修身，实于做事"办学特色基于学校120年积淀的传统文化底蕴，与学校培育"严州品性，时代精神"的优秀新人的办学理念，"严、勤、实、敬"的校训一脉相承，呈现出学校育人模式具有的先进性、独特性和稳定性的特点。

(二)课程育人改革内容

校本课程既是文化的载体，又是创建特色学校的突破口，更是实现学校可持续发展的重要途径之一。近年来，严中在"严实教育"理念的引领下，制

定创建"特色课程学校—学校整体特色—特色学校"的推进战略,以期实现"引领学生全面发展、促进教师专业发展、推进学校特色形成"的价值追求。

1. "136"严实课程体系

"136"严实课程体系是整合国家课程,开发开设选修课程,构建适应学校特色发展的"一轴三级六类"严实教育课程体系。"一轴"是以"严实教育"作为课程建设的轴心;"三级"是构建"基础性必修课""拓展性选修课""探究性选修课"三级课程组成的核心课程;"六类"是打造"读史明德""养心立德""修行弘德""立志进业""笃学创业""睿思精业"课程群,着力培育"严州文化和志愿服务"两大特色课程群。

"136"严实课程体系注重培养基础学习素养和基础学科学习能力,同时向实践操作、创新发展等方面延展,旨在培育兼具"严州品性,时代精神"的优秀新人。

2. 绿道模型课程体系

绿道模型课程体系是在"136"严实课程体系的基础上优化与整合,并引入生态教育的理念,着重于学生个体的诉求,重视他们的可持续发展。在实施过程中,尝试采用"校际大走班",特色的"课程空间载体""导师组合制度"方式,提高了学生自主学习的意识与能力,凸显了实践育人特色。

3. 特色课程群

严州中学根据自身的文化特质,在课程建设方面进行了长期的探索,并积累了相当的经验,其中最具地域特色、影响力最强的是综合实践类课程,包括乡村志愿者课程群、新劳动实践课程群。

乡村志愿者课程群是以现代教育思想、志愿服务性学习理念为指导,以志愿服务活动中挖掘出的学习资源为基础,以公德意识、知识技能和服务能力等学习模块组成的有机联系的课程群落,旨在将学生培养成德才兼备的社会志愿服务者。

新劳动实践课程群旨在培养学生正确的劳动观、正确的劳动态度、良好的劳动习惯、良好的非智力素质和一定创新能力的劳动课程群。该课程群分为"生活性劳动、生产性劳动、服务性劳动"三个模块的实践课程,每个模块下又设置了四个课程。

第二章
严中样本：内涵、框架与运行

　　样本是一个研究领域中处于先行状态，可供他人效仿的典型的范本。2017年9月，中共中央办公厅、国务院办公厅印发《关于深化教育体制机制改革的意见》，强调"要推进普通高中育人方式改革，深化普通高中教育教学改革，稳妥推进高考改革"，对新时代的普通高中教育提出了新要求。新时代呼唤新的教育，新的教育承载了新的育人方式。在教育教学改革的浪潮下，全国各地涌现了大量的特色育人方式改革样本。

　　"严中样本"作为农村普通高中育人方式变革的一个先行范本，具有丰富的内涵与特征、独特的价值与定位、严谨的框架与原则，并实现了学校育人方式改革的迭代、全面的更替。有效构建与运作的"严中样本"正是基于学校一切教育教学的变革而生。

第一节　缘起与历程

一、研究缘起

（一）研究背景

1. 学生发展的呼唤

普高教育规模扩大直至普及必然要解决同质化的问题，也就是教育应当解决如何满足学生更自由的个性发展的问题。社会的多元化发展强调人的个性自由发展。保护学生的个性充分发展日益成为当代教育发展的方向。

促进学生个性发展的关键是要采取多样化的途径，帮助学生解决成长中的各种问题和烦恼。这要求学校课程设计的研究与探索，在更好地服务于学生学的基础上，更多地思考学生的未来发展。在三级课程的相互作用下，最大限度地体现学校课程设置的独特性与时代性，依据学生特点，为学生打造具有生命力与发展性的课程体系，促进学生自主化、个别化学习。在课程改革走向深水区的特殊阶段，学校应当寻求基于结构性变革的育人探索，发展学生的学习力，促进学生最优发展。

2. 农村发展的诉求

2005年10月8日，党的十六届五中全会关于"十一五"计划的建议明确提出要按照"生产发展、生活宽裕、乡风文明、村容整洁、管理民主"的要求，扎实推进社会主义新农村建设。2018年1月，习近平总书记在中共中央政治局第三次集体学习中强调，乡村振兴是一盘大棋，乡村振兴重要的是振兴教育。

农村的大发展需要学校能培养和造就一支懂农村、懂农业、懂技术的专业人才队伍,也要想方设法留住人才;文化传承当先行,要传承和发展乡村文化,使其成为乡村的灵魂。这给农村高中的发展、育人方式的改革提出了新命题。

3. 学校发展的需要

"立足农村,实践导向"是浙江省严州中学的办学特色。这一特色的定位首先是立足于学校地处农村乡镇的现实。学校着力于培养具有"严州品性,时代精神"的严中特质的学生。严州中学毕业生,与城市普通高中毕业生相比,具有更强的服务农村的意识、更强的实践能力;而与本地高中毕业生相比,则不仅有热爱家乡、服务家乡的意识,还有更多跨界学习的机会、较强服务农村的能力。这样的能力特长,使学生在日后的社会生活中能怀揣乡情、乡事,同时在实践中接触和了解不同职业,使生涯规划前置,能有效地避开职业倦怠,对于创造幸福人生更具有重要意义。

这一特色的定位,其长远视线在于社会发展对于人才的需求。随着全球科学技术和文化艺术的迅猛发展与高度繁荣,传统教育模式中培养出来的知识型人才越来越无法适应时代发展的要求,有创新意识、实践能力强的人才以其适应当前多学科交叉融合、综合化的趋势而备受瞩目,因此培养有创新意识、综合能力强的人才具有十分重要的意义。立足农村,以实践导向作为办学特色,是符合社会发展需要的。

基于上述三点诉求,严州中学努力构建适合学生发展、农村发展、学校发展的农村普通高中育人方式改革的范本。

(二)研究基础

1. 理论溯源:践行生活教育理论

陶行知先生提出的"生活教育"理论,核心在于"生活即教育",并强调"社会即学校""教学做合一"。据此,严中人认识到育人方式改革要与生活相联系,将学生的部分生活课程化:在课程学习过程中注重学生的实践锻炼价值,关注学生的实践能力、生活能力。将生活中的经验体会带进课堂,并将所学知识运用到解决生活的实际问题中去。

基于以上理论基础,首先,设计生活教育课程。从生活需要出发,从农

村生活中挖掘课程素材。同时把学生已有的生活经验条理化、逻辑化,形成课程资源,建设"乡村志愿者"特色课程群,通过课程提升学生的生活经验水平和生活品质。其次,创新"教学做合一"的实践。一方面,创设"乡村服务站"作为严州中学选修课程开发和志愿服务活动的双重平台。不仅将志愿服务从城镇带向农村,让更多需要帮助的农村居民感受到志愿服务和社会的力量,也让学生感受到志愿服务活动和课程学习、日常生活密不可分。另一方面,创新"导师组合制"的课程实施模式,凝聚学生、教师、家长和社会力量的集体智慧,创新选修课程教学模式。

2. 业态变革:践行大课堂观

大课堂观指的是打破传统的学科知识和学习空间之间的壁垒,以实现学生的全面发展为目标,以跨学科学习为基本内容,以广泛意义的课堂学习空间为基本形式的课堂观念。

(1)学科内容融通:跨界学习,优化教学设计

学科内容融通是助推农村人才培养、学生全面发展的一种学习方式,即根据学习主题(主要是与"三农"、与身边的生活息息相关的主题),跨越学科、身份、文化等边界,以"整合"为主要策略,以"学科＋"为基本样式,以综合性活动为重要载体,对学科知识、学生生活和社会体验进行适度融通统整,优化教学设计,促进学校育人方式转型。

(2)学习空间融贯:大课堂观,拓宽学习视野

学习空间融贯是打破传统课堂教育的时空观,通过教师创设的学习任务单和情境,运用"互联网＋平板"的教学,依托"美化乡村、助力'三农'、传播文明"的特色课程群,采取线上与线下结合、课内与课外结合、室内与室外结合的方式,让学生参与其中、亲历过程,在感知、体验、内化的基础上实现分层分类的育人方式改革。

3. 机制创新:搭建育人平台

在探索育人方式变革的过程中,学校创设了多个育人平台,如乡村服务站、劳动实践园、研学直通车、校史陈列馆等。其中建立了65个乡村服务站,类别有庭院设计类、文明宣传类、权益咨询类、五水共治类、种植服务类、产销服务类等。五大类劳动实践园:农耕园、果乐园、工艺园、土木园、微创园。

鉴于践行"大课堂"的实际,学校拓展并有机整合了各种育人资源,聘请具有一定理论知识和实践经验的学生、老师、家长与技术人员等组成导师小组并共同实施课程教学。实践中,我们尝试了三种模式:"一生一家长"模式,适用于技术难度较低且可以大面积种植的农作物种植服务站和乡村绿化服务站;"一生一师一家长"模式,适用于和乡村群众联系较频繁的具有宣传性质的服务站及以家庭为单位且技术难度相对较低的种植类服务站;"一生一师一技术员"模式,适用于对技术要求较高的服务站。

二、研究历程

自2000年至今,严州中学在实践中不断探索适合农村学生的、具有学校特色的育人方式,形成了从"四个导向"进行定位,以"四个组合"为核心,以"两大突破"为驱动力的"严中样本"。在样本的构建过程中经历了萌芽期、发展期、成熟期三个阶段,积累了理论和实践的经验。

(一)萌芽期

萌芽期的表现是探索"学习方式"的改革和落实"生本理念"。课堂是育人的核心阵地。日本教育学博士佐藤学教授在《静悄悄的革命》[①]一书中强调:课堂改变,学校就会改变。自2001年新安江校区建成后,严州中学生源质量逐年下降,学生入学基础总体比较薄弱,加之教师结构严重不合理,为提高学生学业成绩,严州中学开启了课堂改革,这是严州中学探索育人方式改革的早期。在这期间,严州中学进行了育人方式改革的四个方面探索。一是强调在育人过程中以实践为导向,开展了"基于实践导向的普通高中学生学习方式的实践研究",形成具体的、本土的学习方式;通过研究与实践,直接实现学生学习方式的革命,激发学生的学习活力,提高学生的学习力,初步形成以人为本的高品质课堂。二是在课堂教学改革中关注学情的诊断,进行了"基于'学情诊断'的普通高中课堂教学要素优化与实施"的研究,采用"加减乘除、留删换调、轻重缓急"等策略,优化课堂教学目标、课堂教学环节和课堂教学评价。三是通过"主题值周"探索育人的新路径,落实了"基

---

① 佐藤学.静悄悄的革命[M].李季湄,译.长春:长春出版社,2003.

于'严实'校风[1]的主题值周活动的设计与实施"。通过值周主题选择"超市化"、值周主体参与"联动化"、载体设计"立体化"、活动实施"科学化"、值周评价"多元化"等策略实施主题值周活动，实现了学生从"被德育"到"自德育"的转变，严实校风从"理性德育"到"实践德育"的转变，探索出一条适合本校学生实际的德育实践活动新模式。四是开展"三味书屋：高中教师文化素养提升的路径研究"，从建构书屋的"本土味""研究味""休闲味"三味入手，通过制定规划、搭建平台、引入活水激发书屋的运行机制，让书香向学校管理、课堂教学、教师生活三个层面辐射，在全校形成了好学的风气，促进了教师的成长。

在课堂教学改革的初期，学校从"生搬硬套新课程倡导的学习方式"转变为"通过反思、学习、实践，在真实的实践活动中促成学生学习方式的变革"，侧重在实践活动中用任务驱动来探索新的学习方式，总结出实践导向的普通高中学生学习方式。

（二）发展期

发展期的特征是探索育人方式改革的重要渠道和载体，即学校课程改革、学生生涯规划。教学是课程实施的渠道和载体，课程是整个课堂教学的规划，改革不仅要立足于课堂，还需要从课程整个重要的载体去改变，才能回到育人的本质上来，实现生活为本和深度学习的回归。2010年后，严州中学在课堂改革的基础上开始探索校本课程育人的方式。课程是育人的核心力量。课程变了，学习方式才能真正改变，学生才能改变。那么，课程怎么改变？在国家课程框架下，一是课程整合，包括学科融通；二是建设综合实践课程。以国家课程为蓝本，结合教学实际特点，对现有的必修教材内容拓展、整合。除学科自身要求的知识、能力目标外，要有与学科特点相对应或匹配的农村生产、建设与发展相关的知识、技能目标，甚至是情感目标（乡土情结），通过学科知识对应专业知识和生涯规划教育，渗透人才培养的意识。严州中学从整合"探究性""项目化"的教学内容着手，构建校本课程。如以"五水共治"活动为项目，开发"'五水共治'中的科学与服务"课程，融通

---

① 三严：要求严格、纪律严明、治学严谨；三实：思想诚实、教学踏实、生活朴实。

物理、化学、生物和地理等学科知识,解决生活和生产中的实际问题。严州中学还成功地开发了综合实践课程——乡村志愿者,是以培养德才兼备的乡村志愿者为指向,以乡村服务站为依托,以"美化乡村、助力'三农'、传播文明"为组块的课程群落。课程功能在于让学生在志愿服务中学习、成长,注重体验愉悦、获得技能、丰盈精神、完善人格。学生生涯规划方面,除了立足常规的高中生生涯教育和三年生涯规划之外,探索了"依托'乡村服务站'的农村普通高中职业生涯教育"的新路径,让多数学生进行了翔实的职业生涯规划,进而明确了自己的职业倾向与未来可能的职业选择,迈出自己职业生涯规划中的重要一步,同时对学校的选修课程建设进行了有效巩固和提升。

(三)成熟期

成熟期的特征是构建了较为完善的学教方式、课程开发、师资建设、教学平台、教学评价等一体化实施的育人体系。首先,践行"大课堂"理念。强调课堂形式的灵活多变,校外实践课堂、校内大走班课堂是其中的亮点。注重课堂中的学习平台搭建,有效运用校内外已有的、成熟的平台载体,如学科教室、学科文化节、严中大讲堂、严中校史馆、乡村服务站等。其次,转变学习方式。优化已有的"四导向""八种学习方式",形成新的学习方式。"四导向"即情境迁移导向、任务中心导向、循序渐进导向、合作互助导向。保留原"八种学习方式"中的履行协议式、首席领雁式、自产自销式和汇报式,适当增加与农村人才培养相关的新的学习方式。再次,优化课堂环节。增加项目化、生活化等探究型教学环节,增加农村人才培养教学环节,强化涉农知识和技能培养的环节。最后,创新教学组织形式,即"导师组合",由具有一定理论知识和实践经验的学生、老师、家长与技术人员等成立导师小组并共同实施课程教学。其意义在于两点:一是增强课程教学的灵活性,二是提升学生学习的自主性。我们按导师的功能、来源和关系等维度将导师组合分为六类,即"首席型和对等型""预设型和即兴型""合作型和竞争型"。评价是育人的核心导向。自2018年起,严州中学在原有课堂育人和课程育人的基础上融入了新型的评价体系,形成了"课堂+课程+评价"三位一体的育人体系。严州中学评价体系是由"一核、四层、四翼"三部分内容组成。我国高考评价体系紧密衔接高中育人方式改革，突出基础性、综合性、应用性、创新性，促进高中教学方式改革。以该评价体系为指导，严州中学积极探索构建相对多元化的评价体系。从评价内容看，在强调基础落实的同时，强化基于情境、问题导向的互动式、启发式、探究式、体验式等课堂教学。从评价方法看，让生生评价成为课堂评价中的常态，让合作评价、共同评价成为趋势。引入由教师、学生、家长、专业人员参与的课堂质量评价综合团队——质量评审团，对课堂教学改革的课堂现场进行有效的教学观察与评价。

至此，具有时代性、地域性、开放性、操作性、创新性的严州中学特色育人方式——"严中样本"基本形成。

第二节 内涵与特征

对教育教学变革样本的解读,首先是介绍它的内涵与特征,明确其中的关键内容和典型特征,以此彰显其示范、引领的作用。

一、"严中样本"的内涵

"严中样本"是在农村普通高中育人领域研究处于先行状态,在严州中学研究、实施并逐渐成型,可供他人效仿的典型的农村普高育人方式改革的范本。它从"四个导向"进行定位,以"四个组合"为核心,以"两大突破"形成驱动力。"四个导向"具体指问题导向、生本导向、服务导向、发展导向;"四个组合"由课程、载体、教学、教师四个方面形成,分别涉及"乡村志愿者、劳动教育实践""乡村服务站、劳动实践园""实践导向、学情诊断""导师组合、学生小导师"等;"两大突破"指的是新评价和新合作。"严中样本"具有时代性、地域性、开放性、操作性和创新性。

农村普高育人方式变革的探索、研究实现了严州中学的多样化、特色化发展。以下从校本课程的建设、育人载体的构建、教学方式的变革和师资队伍的建设四个方面对"严中样本"的内涵进行阐释。

(一)校本课程的建设

校本,意指以学校为基础。校本的概念产生于20世纪后期,即以改进学校实践、解决学校所面临的问题为指向,由学校探讨解决自身问题的方案并加以有效实施,从学校实际出发,挖掘学校潜力,利用学校资源,释放学校活力。学校的发展与校本课程的建设密不可分。

1. 严州中学的校本课程理念

(1)课程设计尊重学生

校本课程设计的过程是自下而上地构建,最大限度地尊重每一个个体的需求和选择。课程设计的每个环节都能充分体现以人为本的价值观,达到课程主客体之间互动互需互馈的理想效果。

(2)课程内容彰显需求

校本课程的内容必须充分地体现人,呈开放性。其特点是淡化课程的学科性,用学科知识而不惟学科论,进行学科融合、学科渗透、学科边缘、学科综合、学科活动等。教师要引导和组织学生利用一切可利用的课程资源启发他们发现问题,并力求运用已有的知识、能力和智慧来解决问题,从而提升自己的综合素质与能力。注重人的实践,坚持实践第一、感觉第一和体验第一的原则,力求达到课程活动化,活动课程化。

课程设计的目标定位于学生的健康成长与全面发展、和谐发展、自主发展。按主体的成长规律选择课题,在发现问题中培养他们关注人与自然、人与科技应用中存在的人文精神;在分析问题中培养主体综合运用各种技能查找资料、获取信息、筛选信息、辨别真伪的科学态度和素养;在解决问题的各项实践活动中培养主体寻求自我成长的实践精神和创新意识。

(3)课程评价肯定个性

在课程评价上,变客体为主体,将评价手段和方式由单一的、定量的、静态的变为多元的、定性的、动态的。评价的内容应该侧重于个体成长中的创造性和独立性。评价的目的不在于选拔,而在于发现每一个个体独立人格和独特个性的价值,肯定实践活动中的体验和感受,激发每一个个体的创新意识,使个体的实践精神和创新意识变成自我发展的一种内驱力,并使之在其他领域的社会实践与团队合作中的价值达到最大化,从而使个体的竞争意识与合作精神得到协调发展。

2. 严州中学的校本课程研究

校本课程已经成为严州中学教育内容的重要载体。随着课程改革的不断深入,校本课程作为严州中学特色化办学的突破点和重要抓手,已经形成了结构各异、能力取向多元、内容丰富、类型多样的课程形态,其中有代表性的是乡村志愿者课程、劳动教育实践课程。

（1）乡村志愿者课程

乡村志愿者课程的研究与实施始于2014年8月，是严州中学以培养乡村志愿者为指向的特色选修课程群。该课程群对学生的培养倾向极具针对性，是以现代教育思想、志愿服务性学习理念为指导，以培养德才兼备的乡村志愿服务者为指向，以乡村服务站为依托，以"美化乡村、助力'三农'、传播文明"为组块的课程群落。它的特色还在于，以在本市各村设立的乡村服务站为学习与实践的平台，且由师生、家长、技术员共同参与。

（2）劳动教育实践课程

劳动教育在严州中学具有悠久的历史，20世纪末，严州中学依然保留校办工厂、劳动农场等劳动教育基地，定期组织学生参与力所能及的劳动，但未形成系统的劳动教育实践课程。21世纪初的教育教学改革，使校办工厂、劳动农场逐渐淡出视野，劳动教育也因此停滞。2014年，乡村志愿者课程的开发，则让一部分学生重新回到了劳动的热土之中。而后，严州中学的劳动教育实践课程的研究开始重启并缓慢前行。随着新一轮劳动教育热潮的兴起，2020年初，严州中学的劳动教育实践课程正式上线，劳动实践园也进入了大众视野。

（二）育人载体的构建

学校的课程建设与实施需要校本课程的开发，也需要教育教学平台的搭建，育人方式的变革不能缺少教育资源的整合和育人载体的构建。

1. 教育资源的整合

整合是对现有资源进行合理的调整、有机的结合，并尽可能多地把不同资源有机组织在一起，追求资源整体结构的最佳化和整体效益的最大化。教育资源的整合首先是整合校内资源，实现已有资源的有效利用。其次是利用校外资源，实现校内外资源的有效整合，这是校本课程建设与育人载体形成的基础。

严州中学的校本课程建设有效地利用了周边区域的教育资源，实现了方圆百余平方公里区域内教育资源的有效整合与有效流通。如在周边的村（社区）、乡镇设立学习园地和实践基地；与其他兄弟学校合作实现教育资源的共享；与政府部分实现协同，并建立有效的保障与协调机制，使资源的建设、流通与使用具有市场性，使资源的效益得到最大限度发挥。

2. 育人载体的创新

在教育资源整合的基础上，严州中学构建了利于课程建设和学生发展的育人载体，创新地研究与实践了乡村服务站和劳动实践园。

（1）乡村服务站

乡村服务站是严州中学在本市各村设立的，由具有一定专业知识和技能的师生、家长、技术员参与，以提升学生志愿服务素养为目的，以服务当地村民为主要活动形式的服务基站。自2014年8月"乡村志愿者"课程的研究启动至今，结合严州中学的育人目标，乡村服务站建设不断推进，稳步升级，形成了"美化乡村、助力'三农'、传播文明"三大序列、九大主题，共计65个乡村服务站。乡村服务站的设立体现了各乡村区位和产业差异，体现了因地制宜、个性发展的要求，也紧跟严州中学的育人目标不断发展。

（2）劳动实践园

严州中学的劳动实践园是严州中学劳动教育实践课程建设的平台与载体。2020年5月，随着严州中学的劳动教育实践课程的正式亮相，酝酿已久的劳动实践园也进入了大众视野。劳动实践园有效地利用了校内和周边的教育教学资源，形成了服务于学生劳动实践的多个园区：有校内以人行道铺设、钢筋捆扎为主的土木园；有校外与附近农副业公司合作，培养学生劳动与智慧能力的果乐园；有校外与村（社区）协同管理的农耕园；还有与兄弟学校合作，借助对方场地、设备进行烘焙、菜肴烹饪等活动。异彩纷呈的劳动实践园已成为严州中学育人载体的新亮点，并且其建设、发展与乡村服务站的发展、升级形成了合力。

（三）教学方式的变革

严州中学教学方式的变革以实践为导向，实现了"以教为中心"向"以学为中心"转变，通过借鉴国内外著名的教育家杜威与陶行知的教育理论，并结合严州中学校情和已有实践经验进行研究与实施。

1. 变革的理论借鉴

我们的"以教为中心"向"以学为中心"的转变，在理论方面主要从杜威的教育理论和陶行知的生活教育理论中获得广泛的借鉴。

杜威的教育理论[1]，强调教育过程中人的主动性、创新性，强调社会与个人的交互作用。学校不是灌输知识的地方，教育也不是帮助学生预备未来需要的生活技能的工具；相反，学校是一个社会，在这里学生再次经历社会因满足人的需要而发展的过程，接受社会所成就的一切。教育的社会功能就是培养未来社会的主人，从而不断开辟未来。

不仅如此，杜威的理论拴及"教师、教材、教法、科目、课程、作业"等方面的见解，对严州中学的教学方式的变革具有借鉴意义：首先，教学以学生为中心，以学生经验的生长为目的；其次，课程以活动为主体，通过活动激发学生探求事物间联系的动机和解决问题的能力；最后，教材由反映真实生活的材料所组成，使学生面对生活，学习生活。

陶行知的生活教育理论则从更通俗的层面对育人进行了阐释。它包含三个层次，生活即教育、社会即学校、教学做合一。"生活即教育"将教育的范围扩大到生活的每一个角度，凡是生活就有教育的可能；"社会即学校"强调的是生活教育理论的实施场域，打通学校与社会之间的高墙，将社会中的一切力量运用到教育中去，发挥社会的教育功能；"教学做合一"是生活教育理论的方法论。

严州中学的育人方式变革强调"实践"，即在"做中学"，一改以往教师为中心的教学方式，使其中心转向学生。要关注学生的学情，紧扣学生的需求，通过设计的活动激发学生，用实践去引导他们学习。

2. 变革的主要内容

严州中学的育人方式变革主要包含两个方面的内容：一是在教与学的方式上以实践为导向；二是基于"学情诊断"对课堂教学要素进行优化。

（1）实践导向

实践导向是指从学生基础和学科特点两个维度着手，解决学习中的实际问题形成实践智慧，通过任务驱动，使学生在真实的实践活动中实现学习

---

① 杜威对教育的本质看法是，教育即生长、教育即生活、教育即经验的不断改造，提出了"从做中学"的教育方法和"儿童中心论"的教育原则。

方式的转变。2011年,严州中学开展了"基于实践导向的普通高中学生学习方式的实践研究",推动了当时新一轮的课堂教学改革:着重从情境迁移导向、任务中心导向、循序渐进导向和合作互助导向的学习方式等方面展开,形成具体的、本土的学习方式。自此,实践导向成为严州中学历次教学方式变革的关键词。

（2）学情诊断

学情诊断是严州中学对学生已有的基础知识、基本技能、学习方法、学习的情感态度等通过观察、访谈、分析等方法做出诊断的课堂教学要素优化方法。在动态的学习过程中,通过对学生的诸因素诊断以调整教与学的方式。我们借助中医的"望闻问切"四诊法诊断学生的学情:望,指观察学生一切学习活动的表象;闻,就是教师听学生的学习反应;问,就是课前、课后对学生的访谈;切,指通过查阅如笔记本、作业、试题、典型错题集、成绩单、班级日记、课堂学习记录表等之类的相关资料,综合分析学生的学习状态。通过"望闻问切"的学情诊断法,详细了解其内心的学习感受和诉求,诊断学生的基础、习惯、学法、目标等问题。

（四）师资队伍的建设

学校的发展需要硬件,也需要软实力;需要制度建设,更需要强有力的师资队伍保障。对于农村普通高中的师资队伍来说,并不具备优势,因此,如何探索内驱力、把握宝贵的发展机遇是重中之重。

1. 师资队伍建设的思路

（1）提高教师素养,转变教育观念

爱因斯坦曾说:"使学生对教师尊敬的唯一源泉在于教师的德与才。"严州中学对于教师的要求是:具有高尚的德行,要庄重、明达、和善,通过多种途径提升教师的道德素养,使他们乐于奉献,将自己的潜能和创造力尽可能地发挥出来。同时努力转变教师的教育理念,树立现代教育观,形成终身学习的毅力。

（2）引进优质资源,创造学习机会

严州中学师资队伍的发展有两大方面:一是引进高学历、高层次的教师来校任教,定期举办全校范围的讲座、学习活动以及邀请省内外的名师前来传经送宝;二是让更多的教师获得"走出去"学习的机会,也得益于上级教育主管部门的政策倾斜,越来越多中青年骨干教师获得了这样的宝贵机遇。

(3)创造良好环境,搭建发展平台

严州中学关注教师的思想和心理特点,激发他们的发展动机,注重人文关怀,营造了良好的教研环境和工作氛围。同时为广大教师提供了展示才华的舞台:校内各种形式的教学竞赛、教研活动,帮助教师努力探索教学规律,改进教学方法,提高教学质量;关注新进教师的发展,以老带新,师徒结对;注重青年教师的发展,让他们有充足的时间进行教学反思和研究,激励他们勇于探索、大胆实践,开设以青年教师研修为主题的"菁华班"。

2. 师资队伍建设的创新

为了高度契合严州中学的育人方式变革,除了常规的师资队伍建设外,严州中学创新了两种师资队伍建设与优化的方式:导师组合和学生小导师。

(1)导师组合

导师组合是严州中学为满足不同课程需要,由具有一定理论知识和实践经验的学生、老师、家长与技术人员等成立导师小组并共同实施教学的创新形式,它萌芽于乡村志愿者选修课程实施的初期,发展于严州中学新一轮课堂教学改革的契机。2020年6月,最新一轮"导师组合"课堂研究季刚刚落幕,与最初的导师组合雏形相比,已经发生了巨大变化:导师组合已经不单单为选修课程服务,而是深入所有常规的学科教学;导师组合也不再受时空的限制,"共享课堂系统"已经悄悄改变了我们的课堂结构;学生导师的作用越来越明显,学科融合的特征也越来越突出。

(2)学生小导师

学生小导师区别于学生助手、学生小老师,是导师组合中的学生导师的再升级,并且他们以独立的师资力量而存在。小导师的培养与其他师资力量的培养有本质的区别,它的首要目标不在于帮助他人(其他学生),而是在这个过程中使自己(小导师)获得成长。小导师从在校高中生当中选拔,为每一名小导师制订成长方案,并定期开展小导师之间的交流活动,实现同伴互助。

二、"严中样本"的特征

基于"严中样本"的丰富内涵，它的特征主要包含时代性、地域性、开放性、操作性、创新性五个方面。

（一）时代性

这个日新月异的时代呼唤着普通高中育人方式的新变革。2018年至2020年，"乡村振兴，教育先行""育人方式改革""劳动教育"，一次又一次吹响了教育新时代的号角。这与严州中学的育人方式变革不谋而合，因此我们一直关注时代的旋律，积极进取，甚至在某些方面走在了时代的前列。

1. 时代号角：乡村振兴战略

2018年1月，习近平总书记在中共中央政治局第三次集体学习中强调，乡村振兴是一盘大棋。而乡村振兴，教育要先行，其中，人才培养当先行，要培养和造就一支懂农村、懂农业、懂技术的专业人才队伍，也要想方设法留住人才；文化传承当先行，要传承和发展乡村文化，使其成为乡村的灵魂。

严州中学于2014年初启动了"乡村志愿者"课程的实施与研究，形成了系统的课程，也构建了实施载体——乡村服务站，并强调培养学生乡村特色知识、技能的同时塑造学生的"乡魂"。乡村振兴战略的提出，证明了严州中学在课程建设与育人路径选择上具有时代性。

2. 时代召唤：育人方式改革

2019年6月，国务院办公厅印发《国务院办公厅关于新时代推进普通高中育人方式改革的指导意见》，要求进一步完善德智体美劳全面培养体系，进一步健全立德树人落实机制，实现学生全面而有个性的发展，基本完善选课走班教学管理机制，基本建立科学的教育评价，有效保障师资和办学条件，基本形成普通高中多样化、有特色发展的格局。

对标"育人方式改革的指导意见"，严州中学在选课走班教学、教育评价、学生全面而有个性的发展等方面取得了较显著的成果，在"完善德智体美劳全面培养体系"方面还需紧跟时代步伐，实现育人方式变革的不断优化、升级。

3. 时代浪潮：加强劳动教育

2020年3月，中共中央、国务院印发的《关于全面加强新时代大中小学劳动教育的意见》强调，坚持立德树人，坚持培育和践行社会主义核心价值观，把劳动教育纳入人才培养全过程，贯穿家庭、学校、社会各方面，与德育、智育、体育、美育相融合，紧密结合经济社会发展变化和学生生活实际，注重教育实效，实现知行合一，促进学生形成正确的世界观、人生观、价值观。

作为一所农村普通高中和百年名校，严州中学具有悠久的劳动教育史，而"加强劳动教育的意见"使严州中学有效利用了周边的教育资源，发挥了固有的劳动教育领域的先天优势，对学校的发展具有划时代的意义，使育人方式变革的路径更加充实，也让严州中学的"德智体美劳全面培养体系"进一步完善。

（二）地域性

严州中学的育人方式变革具有显著的地域特性，这是由建德市梅城镇独特的区位优势所决定的，是深厚的严州文化积淀和美丽城镇美好教育样本区建设的必然结果。

1. 域之历史：严州文化特质

"严中样本"是严州文化特质的一种体现。严州中学所处的梅城镇作为千年古府有着深厚的文化积淀，是"唐诗之路"上的明珠，是严州文化的起锚地。同时，严州中学建校至今已有120年历史，在学校历史进程中也是人才辈出，芬芳满天下。学校的发展经历了一次次的育人方式变革，但其中不变的是固有的严州文化特质。

严州文化包罗万象，在建筑、民俗、方言、传说、人物、诗词、书法、绘画、戏曲、刻本、金石等各个领域皆有建树，是严州人的精神家园。其中，严州理学在宋明理学史上占有重要地位，是两宋理学发展史上的一个高峰。严州理学发端于范仲淹阐释的"天人合一、廉贪立懦、君臣互重"的思想，经张栻、朱熹、陈淳等人发展走向巅峰。严州理学的兴起和发展吸引了大批文人贤士前来严州府兴办学堂，开堂讲学，极大地促进了严州教育的发展。

严州文化深厚璀璨，照耀古今。严州文化研究会学术顾问郑秉谦先生总结严州地域精神为"廉贪立懦"的高人之风，"先忧后乐"的仁者之风，维护

049

与保卫广大人民利益和尊严的"义士之风"。"廉贪立懦"语出《严先生祠堂记》①，意为"严子陵的高尚节操使得贪婪的人变得清廉，胆小懦弱的人自立"，这与立德树人、以德为先的现代育人理念不谋而合；"先忧后乐"出自《岳阳楼记》，意指以天下为先、忧国忧民的精神，这与爱国主义、社会责任感的核心价值育人理念高度一致；"维护与保卫广大人民利益和尊严"的义士主要指唐代浙东农民起义领导人陈硕真和宋代农民起义领导人方腊，因不满当权者对百姓的剥削、压迫而揭竿起义，这与明辨是非、有所担当的核心价值内涵不约而同。

严州文化是文化育人的重要资源。只是行走坊间，便能领略古城墙、城楼、牌坊、雕刻、金石之美，遐想千百年间的乡土风情、人物风流，共振严州人重德重义、心怀家国的地域精神。文化育人春风化雨，润物无声，有效增强学生的文化自信，唤醒学生的民族自豪感，肩负起振兴国家的使命。

一方水土养育一方学子。在浩浩严江的浇灌下，严州中学学生身上体现出具有地域特征的严州品性——德才兼备、热情奉献、严以修身、实于做事。在校本课程开发与实施方面也有严州文化的身影，《触摸严州文化》作为校本课程教材已成为严州中学学子特有的必修课程读本。此外，校史教育也是严州中学育人的特有名片，严州中学校史馆作为一个育人载体，不仅肩负着培育严州中学优秀学子的使命，也担负着周边中小学校的育人功能。

基于此，严州中学深入地进行了校史育人的研究，开发出"观史观、读史书、访校友"的感悟式育人路径，"拓碑文、寻古迹、走古道"的探究式育人路径和"设讲堂、演史剧、融学科"的展示式育人路径。对学生而言，得益于校史资源本土化、鲜活化的特点，他们对校史教育表现出浓厚的兴趣。各种形式的学习和实践，进一步激发了学生的爱校热情；对教师而言，整理和研究校史资源，能够进一步保护和利用好这些宝贵财富，能够更好地弘扬优秀文化和传统；对学校而言，能够形成育人的特色，增强教育的效能，同时有助于培养学生热爱学校、热爱家乡的品性。

---

①《严先生祠堂记》：北宋政治家范仲淹贬居睦州（今杭州建德）时创作的一篇散文。文章处处将严光与光武帝并列，写光武帝"以礼下之"，礼贤下士，实际上写出了严光鄙视显贵、为人高洁的气节。

2. 域之新篇：美好教育样本

"严中样本"的构建与当下本校所处的美好教育样板区的建设不谋而合。"严州文化特质"代表的是时代的印记与沉淀，"美好教育样本"是地方文化教育的新篇书写。2019年4月29日，杭州市打造美丽城镇（梅城）"美好教育"样本区组团式互助协作签约仪式在严州中学举行，包括严州中学在内的4所中小学、幼儿园分别与杭州市区4所同级学校签订了互助协作协议，助推城乡教育一体化，实现优质教育资源的共建共享，携手推动梅城乃至建德教育事业高质量发展。

"严中样本"对原本固有教育资源的整合与提升，也需要外来鲜活教育样态的助推。"美好教育"样本区的打造，丰富了严州中学的教育资源，实现城区优质资源下沉到严州中学，对于严州中学的育人方式变革形成助力："共享"课堂的开辟，犹如打开了一个魔盒，丰富了严州中学的课程资源，让严州中学师生视界更加开阔；与杭州师范大学附属中学（以下简称"杭师大附中"）的互助协作办学，使严州中学师生获得了新的自我提升平台与育人载体；有更多的名师来校讲学和一批名师工作室的加入，使严州中学师资力量的培养进一步加速。

"严中样本"在美好教育创建大环境下，在一些方面实现了提升与飞跃。学校与杭师大附中结对互助具体从以下七个方面落实开展：一是教育教学管理。结对学校每年互派一名管理人员到双方学校，定目标、定任务、定时间进行挂职锻炼。二是课堂教学示范。杭师大附中每学期组织一次优秀教师送教活动，把先进的教学理念和教学方法传送给严州中学。三是教学专题研讨。每年确定一至两个教学课题进行交流切磋。四是教育资源共享。充分利用教育网、远程教育等手段，达成教师备课、学生练习、音像资料等优质资源共享。五是干部教师培训。充分发挥城区学校的名师、校长、省市教坛新秀、学科带头人作用，采取与农村学校青年教师师徒结对等方式，提高农村教师素质。六是学生交流结对。通过师生结对、生生结对等多种手段扶困帮贫，每年帮扶一定数量的农村贫困学生。七是新课程改革全面实施。通过城乡教师之间同半互助，自我反思，相互切磋，快速提升农村教师素质，推动教师专业化成长，适应新课程改革的需要。

(三)开放性

开放,相对单一、封闭而言,具有丰富多样、兼容并包之意。严州中学育人方式变革所呈现出的开放性主要表现为:开放的育人时空和开放的教学形式。

1. 开放的育人时空

育人时空是指普通高中学生培养的时间与空间,严州中学的育人方式变革让一些课程的实施摆脱了固有的时空限制。

从时间上来说,许多校本课程的课堂时间不再拘泥于40分钟一节课,而是在2~3小时内根据学习项目和活动内容的需要将其分成几个时长不等的课堂阶段,在这些课堂阶段之间给学生预留一些缓冲的时间。而开放的育人空间以关注学生的发展作为首要目标,通过创造一个有利于学生生动活泼、自主的教学环境,来给学生提供充分发展的空间。在这一点上,严州中学致力于构建"大课堂",一改固定教室的课堂旧式,努力开辟新的学习、活动场所,主要表现为校内大走班、校外学习基地、乡村服务站、劳动实践园是开放的育人空间的典型代表。

2. 开放的教学形式

开放的教学形式可以改变"封闭式教学"低效的状态,是基于开放的教学空间,促使学生积极主动地探索,使他们各方面素质得到全面发展。

严州中学的育人方式变革实现了教学形式灵活丰富,这种开放性涵盖了教育教学活动的各个环节:课前利用导学案进行有效的学情诊断,基于学生情况反馈微调整教学环节与内容;灵活运用实践为导向的多种教学方式,有效运用导师组合开展一些学科融通式的教学;设计课堂活动,以探究与实践带动学生发散思维,提高教与学的效率;运用灵活多变的形式对学生的课堂表现和学习状况进行评价。此外,在开放的教学理念指引下,严州中学也非常注重学生能力的培养,时常为有讲课欲望的学生改"教案"指导"教学",已经培养出了许多小老师。正可谓"青出于蓝而胜于蓝",他们完全可以在任课教师的指导下按照教学进度完成一堂课大部分的教学活动,任课教师负责查缺补漏,这样开放的教学形式也实现了"把大部分时间和空间还给学生"的目标。

(四)操作性

严州中学的育人方式变革可操作性强,主要表现为两个方面:育人以实践为导向,突出实践的作用和价值;形成了相对完备的制度,实施中可以按部就班、有条不紊。

1. 突出实践

学生的各方面素养要基于认知并通过实践体验来形成。严州中学重视实践在学生成长过程中的作用,充分挖掘教育资源,拓宽育人途径,引导学生走出校园、走向自然、走向乡村、走向社会,并汲取营养,以促进他们在体验中增强责任感、创新精神和实践能力。实践不仅停留于劳动实践园、乡村服务站,还出现在课堂的每一个角落:教师的教学设计以实践为导向,设置情境,有效进行课堂教学;学生在课堂学习中更有针对性,在每一个环节通过自主学习或实践探究达成阶段性目标。

此外,班级的德育工作更要突出实践的价值,班级工作中可以在教学之余利用学校的实践基地开展主题教育实践活动、职业体验活动;也可以拓展德育时空,开展自然类、人文类、科技类等多种类型的研学旅行活动。

2. 完备制度

在严州中学育人方式变革的同时,逐一完善了涉及育人的各项教育教学制度。制度的完备,有利于巩固育人方式变革的成果,推进严州中学教育教学水平逐步提升。

除了普通高中常规的教育教学制度外,严州中学形成了导师组合制度、选修课质量评审制度、劳动教育课程实施细则等。即便是常规的备课、授课、听课、评课制度,严州中学也有自己独特的改进措施:备课环节落实课前导学制度;授课前按照课时内容分时段制定教学任务,授课时每个时间段尽量安排学生自主学习的时间,落实合作研究学习制度;听课与评课必须填写本校定制的教学评价量表,落实严州中学有特色的课堂评价制度。

(五)创新性

变革,即是一种创造或者创新。在严州中学的育人方式变革中,创新是一个永恒的主旋律,没有创新,变革也就失去了意义。这种创新综合体现在几个方面:育人载体创新、教学理念创新、保障评价创新。

1. 育人载体创新

育人载体的创新突出表现在乡村服务站和劳动实践园，而课程作为教与学的承载，必然不可忽视。乡村志愿者课程、劳动教育实践课程是这些创新课程中的亮点，此外，在严州中学育人改革的进程中，也构建了严州中学课程的总体框架——绿道课程体系。

2. 教学理念创新

教学理念的创新主要表现为严州中学教学观念的与时俱进：深入学习和开展国家最新的教育教学方针、制度、意见。学校独创的理念主要有实践导向与学情诊断，也表现在课堂时空的创新和教学主体（授课者）的创新上。

3. 保障评价创新

保障方面的创新，主要是涉及各项制度的创新以及师资保障、教学资源保障，涉及如何与其他社会政企部门合作，获得支持，即新合作；评价方面的创新，一是涉及评价课堂、评价教师，二是评价学习成果、评价学生，即新评价。

第三节 价值与定位

　　"严中样本"对于普通高中育人方式改革具有广泛的借鉴与指导的意义,这是由其独特的价值与定位所决定的。在明确"严中样本"的内涵与特征之后,我们将从价值与定位的角度对"严中样本"做进一步的解读。

一、"严中样本"的价值

　　教育领域的探索永无止境。育人不是简单地将知识呈现给学生或者告诉学生学习的价值体现应该是什么,而是让他们懂得探索自我存在的价值,归根结底,育人的实质是"教会学生如何做人"。"严中样本"是严州中学在育人方式变革领域不断探索所达成的结果,在理论层面对于普遍的教育教学理论进行了借鉴和丰富,在实践领域进行了广泛的探索,形成一些实践与研究的范式。因此,对"严中样本"价值的探讨主要包含理论价值、实践价值与推广价值。

(一)理论价值

　　"严中样本"的理论价值包含两个方面:一是在现有系统的教育教学理论基础上整理、借鉴,厘清了育人的理论基础;二是将系统的教育教学理论结合严州中学育人方式变革的实际,丰富了理论的实践内涵。

1. 厘清育人的理论基础

　　"严中样本"是在充分的理论指导下,经过漫长的育人方式改革所形成的。"严中样本"的成功在于厘清了育人的理论基础。它主要是从杜威的教育理论和陶行知的生活教育理论中获得了广泛的借鉴:重视实践的作用,强调在实践活动中激发学生探求事物间联系的动机和解决问题的能力;引领学生参与劳动和服务，实现了将社会中的许多力量运用到教育中去，发挥了社会的教育功能；严州中学在许多方面都践行了"做中学"理念，既符合杜威所强调的"在教育过程中发挥人的主动性、创新性"，也吻合陶行知生活教育理论的"生活即教育""社会即学校""教学做合一"三个层次。

2. 丰富理论的实践内涵

"严中样本"的形成是对现有系统的教育教学理论的一次实践探索，同时也丰富了育人理论的实践内涵。严州中学育人方式变革经过漫长的实践与发展历程，经历了摸索与尝试的探试阶段、遭遇过痛定思痛的改革迷茫与僵持的阶段，也获得过改革取得阶段性成果的欣喜时刻。目前，"严中样本"作为育人方式改革的成果已经与世人见面，标志着严州中学的育人变革取得了关键性的胜利，虽然还有小修小补，但作为改革的范本，对于他校的育人方式改革显然已具有一定的指导意义。从某种程度上说，"严中样本"也是从实践的角度深刻阐释了教育教学理论的深层内涵，经历了"理论—实践—经验—理论"的过程。

（二）实践价值

"严中样本"的实践价值主要探讨严州中学育人方式变革在理论研究基础上进入实践阶段的意义与价值，主要包含校本课程建设、育人载体创新、师资队伍发展三个方面。

1. 破解校本课程建设瓶颈

要建设符合学校特色的校本课程，并最终形成序列化发展，需要解决几个方面问题，包括校本课程的设计路径、校本课程的实施方式、校本课程的评价形式。而"严州样本"对于上述问题做出了满意的答复。应对校本课程设计路径的问题，采用三种方式：一是国家课程的校本化实施，对教材内容稍加改造，体现自己的特色；二是整合资源，进行跨学科、跨年级设计；三是多元化设计，让教师、学生、家长、社会人士都参与进来。应对校本课程实施方式的问题，以实践促学习，活动促思考，关注学生兴趣的建立和探究能力的培养。而在校本课程的评价上，讲究评价主体、时间、方式、内容的灵活。

2. 创新发展育人的有效载体

育人载体创新是"严中样本"的特色所在。除了以特色的校本课程作为载体,严州中学重点关注育人的"第二课堂"平台建设,以校外的服务站点、实践园等为基础,进一步发醒,形成新的课程,开拓新的研学基地。

3. 实现师资队伍的持续发展

"严中样本"的形成过程也是学校转型升级、变化发展的过程。在不断变化的过程中,教师扮演了重要的角色,他们在变革中反思,在变革中成长,在变革中竞争与合作,在变革中快速并持续地发展。

(三)推广价值

"严中样本"作为农村普通高中育人方式改革的一个成功先例,在建德市范围内并不多见,而之所以称为"样本",一方面在于它的典型、特殊,另一方面在于它的推广价值。

1. 可复制

对于周边的农村普通高中来说,相似的地域特点、教育资源决定了严州中学的成功经验从局部上来说是可以复制的。乡村服务站、劳动实践园既接地气,又易于形成各自学校的特色,还可以就近挖掘当地的乡村人才参与学校育人活动、教师培训。教师的成长与团队合作的经验对许多农村的兄弟学校来说,想要达到这样的高度,也并不难。

2. 可借鉴

对于城区的普通高中和农村的普通高中来说,严州中学育人方式改革的思路是可以借鉴的:从育人目标到育人方式、从载体建设到评价方法都具有可效仿之处;虽然严州中学的育人方式改革还有不完善之处,但已经形成的育人体系是十分宝贵的,不仅是育人的形式与结果,育人改革的过程更具有借鉴的意义。

二、"严中样本"的定位

有了明确的目标和定位,才可以有的放矢。"严中样本"如何定位,直接影响到育人方式改革的最终结果。为了使"严中样本"运行在正确的轨道上,我们主要从四个方面对其进行定位:问题导向、生本导向、服务导向和发展导向。

(一)问题导向

坚持问题导向,是以"破解农村普通高中育人方式改革的难题"为方向。"农村普通高中的育人方式改革需要改什么,应该如何改",这是需要解决的首要问题。对此,《国务院办公厅关于新时代推进普通高中育人方式改革的指导意见》给出了六个具体目标:一是普通高中新课程新教材全面实施;二是适应学生全面而有个性发展的教育教学改革深入推进;三是选课走班教学管理机制基本完善;四是科学的教育评价和考试招生制度基本建立;五是师资和办学条件得到有效保障;六是普通高中多样化有特色发展的格局基本形成。结合严州中学实际,我们认为问题导向主要包含以下三个方面。

1. 构建学生的全面培养体系

"严中样本"要致力于构建学生的全面培养体系。它主要包括四个方面:一是与时俱进,突出德育的时代性;二是强化学生的核心素养、综合素质的培养;三是增加实践的环节,拓宽实践渠道;四是完善学生综合素质评价的内容与方式。对此,严州中学的劳动教育实践课程、质量评审团、导师组合进课堂是主要而集中的体现。

2. 优化课程实施与管理机制

"严中样本"是努力优化课程实施与管理机制的结果。2017年教育部颁布了新修订的普通高中课程方案和课程标准,2020学年浙江省全面实施新课程,使用新教材。严州中学在两个方面出台具体措施:一是健全新课程实施机制,确保学校的教育教学向新课程、新教材平稳过渡;二是完善学校课程管理机制,有效落实校本课程开发、评价制度。

3. 创新教学组织与评价管理

"严中样本"需创新教学组织与评价管理:一是在原有课程组织模式的基础上,根据新课程的特点有序推进选课走班;二是把握课堂教学的各个环节,深化课堂教学改革;三是优化教学管理,缓解学生课业负担过重等问题,采用多元的评价方式对学生进行合理、民主、科学的评价;四是加强对学生可持续发展的指导。

(二)生本导向

坚持生本导向,是从学生的实际出发,做到以生为本、因需施教。学生是学校存在的基础,没有学生,学校就无从存在。坚持生本导向主要从三个方面实现。

1. 因需施教

"严中样本"坚持以生为本,必须抛弃育人以教为本、以教为中心的传统教育观,要以经济社会发展需求和学生未来的职业发展、个人发展需求为导向。而因需施教,类似于因材施教,区别在于不是基于学生的天赋,而是学生的需求进行教学指导,从而让每个学生都学有所获,获得最大的职业发展能力和个人发展能力。教师要明确严州中学人才培养的要求,围绕学生综合能力和素质的提高,不断改革完善自己的课堂教学模式。

2. 全员育人

"严中样本"致力于构建全员育人的人文环境。全校上下包括行政与后勤在内的所有教职员工,都必须谨记自己的教师身份,都肩负着育人职责,要有教师的风范,以自己日常工作和生活中的一言一行对学生发挥潜移默化的育人效果,引导学生价值取向朝着积极健康的方向发展,增强学生成长成才的内生动力。

3. 营造环境

"严中样本"需要构建优美的校园环境。严州中学除了整合利用各种教学资源与课程资源,正努力加快推进信息技术化教学建设、调整岗位职能,并按照育人改革以学生为本的要求,合理布局校园内各个功能区域,完善教学、科研资源和学生文化、学习、生活设施,创造最有利于学生发展的高中校园。

(三)服务导向

坚持服务导向,是在育人中秉持自己的理念,致力于教导学生服务社会、服务家乡。作为一所农村普高,严州中学毕业生,读完大学后只有少部分返乡,多数选择在城市发展。然而,农村的建设离不开青年人才的参与,在高中的育人改革中重视乡魂的塑造、乡情的培养,才能够有效实现学生未来服务家乡、回馈社会的目标。

1. 乡土教育

乡土情结是中国传统文化的重要组成部分，中华文化传统的词典里始终少不了"安土重迁"。可见，乡土教育是一个古老而富有现实意义的话题，以培育学生认同乡土、热爱乡土、尊重多元文化，形成服务家乡、建设家乡的责任感，摆脱局限于乡土的狭隘地方主义，树立热爱祖国、热爱各族人民的情怀为目的。

就教材而言，乡土教育在高中新课标中越来越被重视，并在地理、历史、生物、美术、音乐以及文学、英语等科目教学中纷纷体现出来。但是乡土教育对于许多农村普通高中来说，并没有得到有效的重视，在育人方式改革中也通常被遗忘或者边缘化了。而"严中样本"强调服务导向，致力于引导学生在服务中磨砺自我，在服务中学习，以实践与劳动参与到家乡的建设当中，在无形之中落实乡土教育，试图让更多的学生能够以"乡魂"为伴，在将来能够返回乡里，扎根农村，服务家乡。

2. 反哺之情

人性本善表现在其有"反哺的本性"。服务本身是对社会的一种反哺、对家乡养育之恩的报答，服务导向作为严州中学育人方式变革中的定位之一，也主要源于此，也在于农村高中学生纯朴的天性。相比较而言，农村孩子更有反哺的天性。农村大学生作为从农村走出的知识分子，虽然步入城市，但和农村有着天然的密切联系，加之中华传统乡土情结的影响，他们一头连着城市，一头连着农村，不仅在其自身的发展方面获得了较大的空间，也为其支持家乡提供了组织力量，将带动更多城市社会群体关注农村家乡，激发更多人关心农村、开发农村和发展农村的热情。

因此，严州中学的育人要特别关注培育学生的反哺之情，重视当下农村地方传统道德文化，既要让学生不忘本，也要让学生懂得回报。

（四）发展导向

在改革的前提下，持续发展意味着稳定。而改革、发展、稳定三者之间存在着天然的联系：改革是动力，发展是目的，稳定是前提。严州中学在育人变革中坚持发展导向，是以促进学校、学生、教师的持续发展作为目标的，主要包括学生的成长、教师的发展、学校的升格三个方面。

1. 学生的成长

"教育是影响人生命成长的事业,我们要做的就是遵循学生身心发展的规律,让每个生命都成为更好的自己。"[1]严州中学的育人方式变革首先遵循学生发展的原则,定位学生的成长。"严中样本"实现了评价改革放在严州中学教育教学改革的前沿,确立"评价即育人"的理念,以评价引领教师教学方向,以评价促进学生健康持续地发展。经过多年的实践探索,逐渐形成了基于学科基础素养的多元化的新评价体系。在相对开放的评价过程中,学生获得的不仅有知识与技能的吸收和掌握,还有过程与方法的经历和体验,更有情感态度与价值观的内化和发展。

2. 教师的发展

学生的进步是个人努力与教师付出双重作用的结果,也是促使教师不断成长的催化剂。新时代的高中育人方式面临三大诉求:育人方式要回归"立德树人"育人本原,要突出"综合化、实践化"全面人才观,要以"丰富多样"的育人方式服务于学生个性发展。这是教师成长的机遇,也是面临的挑战——教师专业角色需要从激发学生主体地位的"促进者"向"导引者"转变。新时代严州中学育人方式变革的发展导向必然涵盖教师的全面发展,使之与育人理念的变化相契合,而且,构建与培养一支强有力的教师队伍也是育人方式改革成功的有力保障。

3. 学校的升格

坚持教育创新,坚持育人为本,这是一所学校保持生命力和竞争力的关键所在。"严中样本"在定位师生发展的基础上,有校本基础、有精心设计、有落实载体,体现了教育科研的前瞻性探索,引领了学校的整体发展。学校的发展升格,就是让每个学生内心充满希望,以学校为豪,以老师为豪,自强不息。"严中样本"将继续探索在育人方式改革背景下,定位学校的不断升格,通过课程、载体、师资建设的有效落地,有效引领学校特色化、多样化、可持续化地发展。

---

[1] 天教宣.天宁教育:在追求本真中再出发[N].常州日报,2016-10-13(1).

第四节 原则与框架

原则是一切表达、行事所依据的准则。就农村普通高中的育人方式改革而言，是必须建立在一定原则基础之上且以一定的原则进行操作的。框架则是一个基本概念上的结构，是用于去解决或处理复杂问题的图形工具。严州中学的育人方式变革是一个漫长的过程，也是一个复杂的问题。只有一个明晰、逻辑严密的框架建构，方才有助于改革的平稳，避免走过多的弯路。

一、"严中样本"框架建构原则

"严中样本"框架建构自有其原则。框架建构原则和育人方式改革的定位有着至关重要的联系，从某种程度上说，两者是一种契合的剥离：从概念定义上有所差异，但要达成的结果从一定程度上说是一致的。"严中样本"本身是以学生发展的目标而起，以学生获得实际的提升而终，因此在框架建构原则上要体现几者之间的延续性和梯度效应。我们认为，"严中样本"框架建构原则有以下五点。

(一)生本原则

生本原则是"严中样本"框架建构的基础性原则。"生本"即以生为本，把促进学生发展作为一切问题的首要条件。严州中学的育人方式变革是从学生的实际出发，注重学生的需求；而"严中样本"框架建构中的生本原则主要体现在两个方面，即育人无类和因材育人。

1. 育人无类

子曰："有教无类。"无类，一是指没有差别，即我们说的平等，在育人的问题上,每个学生都是平等的;二是指学生可以通过学习消除先天资质的差异、改变出身时家庭状况的差别。因此,育人无类强调的是育人的普遍性。

在任何教育教学活动中,无论教师和学生处于什么地位,发挥了什么作用,都决定着教育教学的效果。而且,无论是前人的经验还是严州中学的实践都表明,只有在平等的师生关系和平等的生生关系下开展育人活动,才能切实提高育人的效果。"严中样本"框架建构强调育人无类,一方面表明严州中学在育人时尽量满足每一位学生的需求;另一方面说明严州中学在育人上也明确一个预期的标准,并尽力朝着这个方向努力,在育人方面让每一位学生都成为一个合格的毕业生。

2. 因材育人

与"育人无类"相对,因材育人强调的是育人的特殊性。在具体的育人过程中,不是千篇一律,而是采取区别化、个性化的方式,就育人过程中学生的反馈为每个学生定制不同的培育计划和行动策略。

因材育人一方面强调了以人为本;另一方面也承认了人的个性差异,注重发掘学生的潜能,有利于促进他们的个性发展,并培养出创造性的人格。因材育人是严州中学育人中的特色,是在课程实施与实践教育中普遍讲求的原则。并且,在"严中样本"框架建构下的校本课程实施中,我们树立了师生平等、教学相长的新型师生关系,营造了宽松的教与学氛围。基于个性化的育人,严州中学实现了教育与教学领域的创新。

(二)活动原则

活动原则即活动性原则,它源自杜威的"做中学"理论、苏联心理学家的"活动主导论"和皮亚杰的儿童认知发展理论。人的成长与发展都是通过活动实现的,在不同的发展阶段有不同的主导活动。在"严中样本"框架建构中,活动原则不可或缺,即要求育人以活动为主导,以活动贯穿整个育人过程,以活动促进学生身心健康发展,以活动作为教育教学中不能忽视的内容和形式。活动原则主要集中体现在两个方面,即课堂活动和实践活动。

1. 课堂活动

课堂是学校育人的主阵地。研究表明,在课堂教学中穿插活动内容,让学生通过主体性活动,实现学习目标,更能取得真实、有效的收获。许多时候,课堂活动的参与比课堂上课件的呈现与说教更有效。而且,课堂中的育人活动要面向全体而不是个体,不使活动成为部分学生的"专利",而让每个学生成为活动的主体,力求人人参与,加深体验,收获成长。

严州中学的育人在课堂活动设计方面实现了多元。教师一方面做到课堂活动设计要面向全体学生,尊重每一个学生的人格;另一方面也关注到每一个学生的个体差异,在课堂活动设计时考虑到多种不同的因素,不忽略任何学生的感受,尽可能地满足不同学生的学习需要。课堂活动以激发学生学习兴趣、培养学生学习能力为目标,以使每个学生都能体验到学习的快乐与进步为基本宗旨。

2. 实践活动

相比课堂活动,实践活动是更加广阔的天地:一方面,它不受空间的限制,除去校园,它有广泛的校外资源、场地可供选择;另一方面,它的形式更加多样,时间的安排自由灵活,育人的侧重点与课堂活动有显著的差别。

陶行知说过:"我们的教育,要解放孩子的头脑,让他们能想;解放孩子的眼睛,让他们能看;解放孩子的双手,让他们能做;解放孩子的时间,让他们能学自己想学的东西。"为此,严州中学在育人方面启动了大量的校外活动,通过活动努力为学生搭建主动学习的舞台,让他们亲身体验,积极参与,主动实践。如实践活动的准备阶段,要求学生观察、收集、讨论、确定主题,建立简单的活动方案;实施阶段,让学生自己动手,在活动中研究方式的选择、建立学习小组、合作实现目标;总结交流阶段,引导学生将自己的研究成果、学习收获进行筛选、归纳、整理并得出结论,形成活动报告,并以多种方式进行交流。

(三)乡土原则

乡土原则是与严州中学区位特点、办学特色相契合的原则,也是"严中样本"框架建构的典型性原则。无论是从学校的角度还是从学生的角度出发,乡土原则都有其存在的特殊意义,以下从乡土烙印和乡土特色两个方面进行说明。

1. 乡土烙印

乡土烙印是从学生的角度出发,就育人的预期目标而言的。乡土与育人的联系无外乎：乡土是根，乡情是魂；育人以根，沁之以魂。"如何培养学生的乡土情怀，并在他们内心留下深深的烙印"是严州中学在育人的思考、研究与探索中考虑的一个深刻问题。在这方面，严州中学的探索与研究是曲折的，但成果也是喜人的：乡村服务站的建设，让学生的足迹遍布乡村田野；乡村志愿者课程的推进，使学生相比生活中，与农家、农事、农村有了更亲密无间的接触和交流，尤其是在当下多数不谙农事的农村孩子心中种下了乡土的种子。而学校主推的劳动教育实践，更是培养孩子乡土情怀的一抔"热土"，也是构建"知行合一"理念的大课堂。

乡土烙印的真谛在于，在今后的日子里，无论学生走多久，行多远，家乡对他们来说都应是一坛陈年老酒，一定会愈久愈浓，饮之点滴，回甘良久。

2. 乡土特色

乡土特色是从学校的层面出发，就育人的载体、育人的内容、育人的路径而言的。严州中学育人方式变革，始终与"乡土"一词密不可分，且在育人的许多方面有自己的独创性，其突出表现为乡土的特色：育人的载体与育人的课程有典型的乡土特征，乡村服务站是严州中学的独创，乡村志愿者课程中的多个校本选修课被评为浙江省和杭州市精品课程；育人的内容是有典型的区位特色的，"严实精神""严州品性"有沉甸甸的历史文化沧桑感，也有特色的乡土文化烙印；在育人的路径上也有典型的乡土气息，育人过程中纯实质朴的言语是对此最好的全释。因此，"严中样本"框架构建的乡土原则，在严州中学的育人平台、育人课程、育人路径等方面得以彰显。

（四）适切原则

适切即"贴合程度高"之意，此处的适切原则强调"严中样本"框架构建要切合当今普通高中教育的基本原理与要求，其中的内容要符合普通高中育人的特征与要求。要达成适切的标准，对于育人的内容也要严格筛选，精益求精。

1. 契合育人

近年来，学校的育人越来越受到全社会的广泛关注，学校的育人在每一个孩子的成长中扮演着重要的角色。如何育人才是最好的方式？正如我们常说的：适合的才是最好的。"严中样本"的框架构建在满足必须适合普通高中育人的基本要求的前提下，应当关注的是能不能适合严州中学学生的特点，能不能促进他们的发展与成长。而学校的有效育人，前提是了解孩子，尊重孩子，了解他们成长的烦恼与困惑，明白他们成长的需求与未来的方向。作为老师，要走进学生的内心，聆听他们的心声，这些都是学校课程开发与建设的起点，更是我们育人要实现的终点。学生所迫切需要的，正是我们育人过程中所忽视的，也是最适合学生的。

2. 严格筛选

筛选泛指在同类事物中以剔除、淘汰方式进行的选择，"严中样本"的框架构建遵循严格筛选的流程与要求。严格筛选主要包含四个方面的内容：优选育人平台，筛选育人课程，选任育人师资，精选育人路径。在育人平台的筛选上，选择适合学情、学生实践的乡村服务站和劳动实践园作为校外育人活动的主阵地；在育人课程的筛选上，选择满足学生需求、具有严州中学特色的"乡村志愿者"和"劳动教育实践"课程作为育人的主要校本课程；在育人师资的筛选上，选择一些师资队伍的创新形式和校内师资的挖掘创新形式，如导师组合、学生小导师等；在育人路径的筛选上，以教与学的路径研究为主，主推"实践导向"和"学情诊断"。

（五）开放原则

开放原则即开放性原则，是相对封闭性原则来说的，从严格意义上说，任何开放的事物都允许外界的介入，提供更加广阔的空间，更容易引起思考与拓展。"严中样本"的实施框架所遵循的开放原则，除去上述所说的特征外，特别注重加强与乡村的联系：一是邀请乡村技术人员、学生家长担任"教师"；二是将育人的时空进行拓展，实现"走出校园，走进新农村"的目标。

1. 师资引入

严州中学育人方式变革的重要内容是校本课程的创新设计和建设，而课程的有效实施离不开教师的辛勤付出。在育人的师资建设方面，导师组合制是严州中学的创新，其中重要的组成部分是学生家长和乡村技术人员。学生家长的任用，通常是由教师提出需求，由学生转告家长并征求其意见，而后上报学校审批。而乡村技术人员则是由学校与相应的村、社区或乡镇、街道办联系，选派符合严州中学相应的育人需求的人员。开放的师资引入机制是严州中学育人方式变革的特征之一。

2. 时空拓展

时空拓展是"严中样本"实施框架建构的开放性原则的重要体现。时空拓展主要指的是"大课堂"的特征,在校本课程创新的背景下,从时空上进行拓展,一改固定教室的课堂正式,不受校园空间资源的局限,努力开辟新的学习、活动场所,有校内大走班、校外学习基地。同时摆脱原有对育人严格的时间控制,以校本课程的授课时间为例,不再是每一节课的40分钟或45分钟,而是建议教学时长为2至3小时,按照育人的目标或教学的任务将授课分为几个阶段,每个阶段设置具体的时间,使不同的课程、不同的教师获得一定的自由度,同时也使教学环节紧凑、内容充实。

二、"严中样本"的实施框架

"严中样本"的实施过程是一个系统的、连续的过程。为了使其实施的过程更加严密、实施的定位更加明晰、实施的内容更加有梯度,我们为其设定了一个框架,并描摹了相应的技术路线图。

(一)"严中样本"的实施框架图

"严中样本"的实施框架图整体上呈树状结构,从左至右呈总—分式分布;主要由定位、核心、驱动三大部分组成,具体见图2-1。

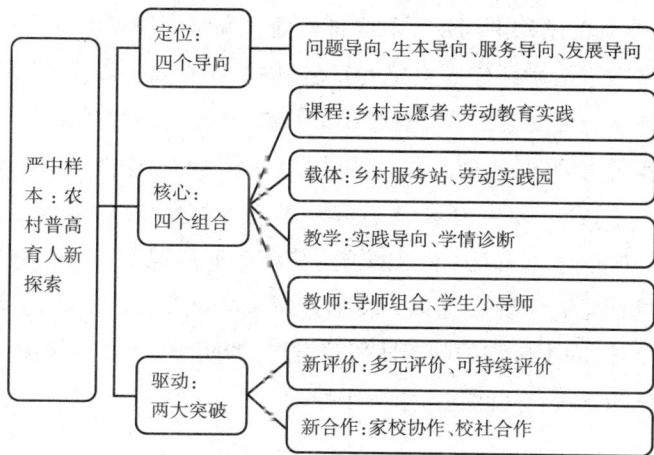

图2-1 "严中样本"的实施框架图

定位:四个导向 —— 问题导向、生本导向、服务导向、发展导向

核心:四个组合 —— 课程:乡村志愿者、劳动教育实践 / 载体:乡村服务站、劳动实践园 / 教学:实践导向、学情诊断 / 教师:导师组合、学生小导师

驱动:两大突破 —— 新评价:多元评价、可持续评价 / 新合作:家校协作、校社合作

严中样本:农村普高育人新探索

(二)实施框架图的阐述

严中样本：农村普高育人新探索，从实施上包含三个方面：定位、核心、驱动。"定位"即四个导向：问题导向、生本导向、服务导向、发展导向。"核心"即四个组合，包含课程、载体、教学、教师四个层面。"驱动"是两大突破，即新评价和新合作。

1. 定位

育人定位的问题导向，是以破解农村普通高中育人方式改革的难题为方向，也是重点解决农村普通高中的育人方式改革需要改什么、应该如何改的问题；是从学生的实际出发，以生为本，施行全员育人、因需施教；是在育人中秉持乡土的理念，致力于教导学生服务社会、服务家乡并重视乡魂的塑造、乡情的培养，有效实现学生未来服务家乡、回馈社会的目标；是促进学校、学生、教师的持续发展。

2. 核心

"严中样本"实施核心的课程、载体、教学、教师四个组合有具体内涵。课程方面主要指校本课程建设，校本课程作为严州中学特色化办学的突破点和重要抓手，已经形成了结构各异、能力取向多元、内容丰富、类型多样的课程形态，其中有代表性的是乡村志愿者课程、劳动教育实践课程。载体主要指育人的载体建设，严州中学通过与村、镇、企协同利用地域教育教学资源，在资源整合的基础上构建了利于课程建设和学生发展的育人载体，即一系列的教育教学活动运作与实施的平台，创新地研究与实践了具有代表性的乡村服务站与劳动实践园。教学指的是教学方式、路径的创新与转变：严州中学以实践为导向，实现了育人"以教为中心"向"以学为中心"转变；严州中学落实学情诊断，以生为本，关注学生的需求与发展，对学生已有的基础知识、基本技能、学习方法、学习的情感态度等通过观察、访谈、分析等方法做出诊断的课堂教学要素优化。教师方面指的是师资队伍的建设，为契合育人方式变革，除了常规的师资队伍建设外，严州中学创新了两种师资队伍建设与优化的方式：导师组合、学生小导师。

3. 驱动

"严中样本"实施的驱动力来自两大突破，即新评价和新合作。新评价的对象是学生、教师、课程，它主要是从评价的创新维度来区分的：从纵向的维度来说主要是多元评价，包含过程性评价、展示性评价和结果性评价等，以评价学生为例，对学生的实践性课程学习的过程进行评价，通过学生学习成果的展示进行评价，考核学生的学习成果等；从横向的维度来说主要是可持续评价，以时间为线，既关注并评价当前的状况，又考虑未来的发展及潜力。新合作是指学校借助一切可以联合的外部力量，实现助力学校育人的效果，主要形式有家校协作和校社合作：家校协作是学生家庭与学校协同育人，主要是德育方面，也有家长辅助参与学校的教学。校社合作则体现在除了与其他学校集团办学或者兄弟学校协作以外的更加广泛的范畴，如与村、社区、乡镇、街道合作并有效开发具有区域特色的教育教学资源；又如与机关单位、企业合作选派技术人员到学校长期参与教学或者指导教师的专业技能。

第五节　迭代与运行

迭代是一种更替，是重复反馈过程的活动，其目的通常是逼近所需目标或结果，区别于线性的发展，它不是片面的，而是全面的。"严中样本"的迭代作为农村普通高中育人方式变革不断精准、精确的过程，是以一所学校教育教学的立体性、结构性改革的面貌而呈现的，既不是呈线性的发展，更不可能停留在一个点上。而"严中样本"的运行也不是简单、孤立的，而是呈现为一种相对复杂、立体的形式。

一、"严中样本"的迭代

"严中样本"的迭代作为农村普通高中育人方式变革不断精准、精确的过程，具有其独特的内涵；而就"严中样本"的构成要素而言，"定位""核心""驱动"三者之间存在着互为依存、影响的关系。

（一）迭代的内涵

要准备把握迭代的内涵，就要明确迭代的本质与价值。就"严中样本"的迭代而言，其本质的探求必须从育人方式改革的实质溯源，其价值的探究必须从育人方式改革的指向与成效进行剖析。

1. 迭代的本质

迭代与改革有着天然的联系，是一种为了接近所需目标或结果，重复反馈过程的活动。"严中样本"的迭代改革是一种结构性的改革，也是一种强化学生体验、寻求教育新的增长点的改革。

（1）结构性

"严中样本"迭代的结构性表现为农村普通高中育人方式变革整体结构

的全面性。它不单是停留在各自学科领域的改革，还是一种主题式的、综合的改革，突出表现在，以项目为核心，基于跨学科学习的教学方式、师资建设、课程开发等方面。而"跨学科学习"是整合两种或两种以上学科的观念、方法与思维方式以解决真实问题、产生跨学科理解的课程和教学取向。因此，"严中样本"迭代作为一种结构性改革，其教学方式、师资建设、课程开发等方面表现为孤立、影响、依存的关系。

（2）体验性

"严中样本"迭代的体验性重在通过农村普通高中育人方式变革提升学生的体验。这种体验来自多个层面，其特别表现在"走出校外，融入无边界的课堂"。"无边界课堂"是突破传统课堂的时空限制，实现学科渗透和融通、促成思维跨越和创新，进行资源重构和整合的新型课堂教学理念与实践样式。严州中学的"无边界课堂"是还原日常生活、生产中的不同真实情境，把课堂扩展到实践研学基地、村社区，给予学生有区别的、真实的体验，并且不局限于课堂，让学习在不同的空间中漫溯，增强学生的体验。

（3）开拓性

"严中样本"迭代的开拓性强调借助育人方式变革实现新课改理念、新的教育方式、新的评价方法的落地。严州中学的农村普通高中育人方式变革正是从育人理念上积极开拓，努力实现新课改理念的校本化，从教育教学的方式上着眼，从学生的学习体验和主体意识上考虑，落实并不断强化"无边界教育"，不仅从教与学的空间上努力开拓，也从师资建设方面开拓创新。在评价的方式上，变以往相对单一的评价为多元评价，变过度强调结果的评价为兼顾过程的评价，并且从学生的本位出发，进一步思考、开拓新的评价方法。

2. 迭代的意义

在汉语中，"迭代"二字的释义为"更替"，其价值和意义何在呢？打个比方，就人生的迭代而言，有很多次的更替，当人生中出现每一次重要的更替节点的时候，带给人的一定是改变，或许这种变化存在大小，改变或深或浅，但唯有改变，才能让我们在时代洪流中找到自我存在的价值。因此，就"严中样本"的迭代而言，在严州中学的办学历程中，经历了许多次的育人方式改革，而改革的出现必然伴随一次次更替变革的分水岭，在严州中学育人方式改革的浪潮中或隐或显，或积小流，或成骇浪，但只要是一种积极的改变，都应当肯定其价值。

综上，"严中样本"的迭代意义在于新旧交替与质的飞跃。育人方式改革的不断前行与发展，改革是不停息的，改革之路有着许多节点，每一次节点的出现都意味着一次明显的飞跃。"严中样本"的迭代也是一些积极的因素，能影响全局的发展。严州中学起初在课改中凸显综合实践类课程，最终逐步实现了严州中学育人方式改革的全面推进，充分说明改革的方方面面都是互为影响、互为依存的。

（二）关系的阐述

"严中样本"的迭代之所以表现为全面、复杂而立体，是因为严州中学在育人方式转变的探索过程中，准确、有效地把握了"定位""核心""驱动"三者之间的关系。

1. 定位与核心的关系

"严中样本"的定位决定了其核心的内容。基于定位中的"问题导向"，我们在核心内容的教学部分从学生需求方面剖析问题，进行学情诊断。基于定位中的"生本导向"，既在学情诊断上体现，也在核心内容的师资队伍建设上显现，典型的如"学生小导师"是从培养学生能力出发开发他们的教学能力。基于定位中的"服务导向"，我们在核心内容的校本课程建设方面，重点开发和落实了"乡村志愿者"课程。基于定位中的"发展导向"，我们在核心内容的载体创建方面得以充分显现：在"乡村服务站""劳动实践园"的创建上，重视学生的持续发展，对接学生未来生涯的规划。

事实上，"严中样本"定位的"问题导向、生本导向、服务导向、发展导向"和核心部分的四个组合"课程、载体、教学、教师"中的方方面面都息息相关，前者对后者存在着指导意义。

2. 核心与驱动的关系

"严中样本"的驱动如同催化剂，确保其核心部分的有效运转。"严中样本"核心的四个组合"课程、载体、教学、教师"中的方方面面在运作时，需要外在驱动和保障，"新评价和新合作"正是起到了这样的作用。

新评价中的"多元评价"对象是学生、教师、课程和平台，与"严中样本"

核心的四个组合完全契合，既可以由过程性评价监控学生的学习与实践的常态，也可以通过结果性评价表彰教师的教学、教研实绩，更可以通过展示性评价展现严州中学的校本课程建设成果。新评价中的"可持续评价"突出前瞻性，关注校本课程的长远发展，也强调从未来长远发展的角度去评价学生。新合作中的家校协作是学生家庭与学校协同育人，由家长助力学校的教育和教学。校社合作则是涉及更广泛的领域，如直接影响育人的载体建设，开拓研学基地和实践场地；如与村、社区、乡镇、街道合作并有效开发具有区域特色的教育教学资源；如与机关单位、企业合作选派技术人员到学校长期参与教学或者指导教师的专业技能；等等。

3. 驱动与定位的关系

"严中样本"的驱动依旧与其定位保持着一致。驱动中的"新评价和新合作"都是以问题为导向的，而新评价中的"多元评价和可持续评价"都涉及对学生的评价，与定位中的"生本导向"紧密相连。定位中的"服务导向"和"新合作"有着天然的联系，家校协作、校社合作的根本都是服务学生，而政企单位、部门、学校本身就有服务的职能。而且，定位中的"发展导向"和"新评价"也是高度契合的，仅从"可持续评价"而言，对学生、教师、课程的评价都是具有发展的眼光的。

二、"严中样本"的运行

"严中样本"的运行，即严州中学育人方式变革的操作，从准备、实施、保障三个层面进行，其中准备是基础，实施与保障交互进行。具体操作见图2-2。

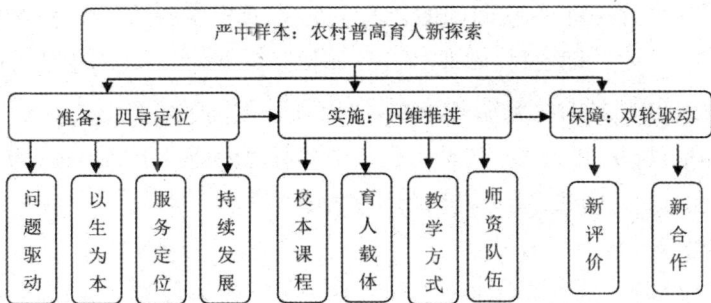

图2-2 "严中样本"运行图

(一)四导定位

"严中样本"运行的准备阶段是从"问题、生本、服务、发展"四个导向进行定位,从"问题驱动、以生为本、服务定位、持续发展"四个方面对于实施阶段的各方面工作进行必要的准备,预设育人方式改革的走向和明确应对的基本策略。

1. 问题驱动

以问题为驱动力,深入分析"严州中学作为农村普通高中在育人方式改革问题上面临了哪些难题",贯彻研究《国务院办公厅关于新时代推进普通高中育人方式改革的指导意见》的主要精神和基本目标。在"问题驱动"之下研究与准备:实现学生的全面培养,发展学生的核心素养、综合素质;优化课程的实施与管理,涉及国家基础课程和校本课程,有计划地构建校本课程的开发和评价制度;为课堂教学改革与优化做相应的调查和前期的准备。

2. 以生为本

坚持生本导向,从学生的需求出发,展开一系列的调查与准备工作:在当下经济社会发展基本需求的背景下,了解学生对未来职业的规划与选择;基于个人的学习能力、高中阶段的学习诉求,掌握他们对哪些方面的学习更有兴趣。坚持以生为本,要努力地营造环境:一是校园环境、硬件设施和教育资源的储备,要能满足育人方式改革的需要;二是人文环境,主要是学校上下要统一思想,形成全员育人的良好氛围,而不是停留在班主任管德育、任课教师盯课堂的旧模式。

3. 服务定位

严州中学在很长一段时间的育人实践中,落实服务的理念,这种服务对象主要是"三农",即农村、农业、农民。而"服务定位"是在学生的思想上致力于教导他们服务社会、服务家乡,因此在日常的教育教学中应当有所渗透,比如地理、历史、生物、艺术的教学中都可以渗透乡土的因素,为学生建立起对乡土的认同感,激发学生的反哺之情。

4. 持续发展

持续发展关系改革的多个方面。学生成长需要持续,教师的发展需要持续,学校的建设也应当持续。基于"持续发展"的定位,对于学生要有一个合理的预期,为他们制订相对合理的成长计划,然后形成相对科学的评判标准,即科学的、发展的评价机制;对于教师的培养、发展、评价也是如此,要避免急功近利,片面认识;在学校的发展上,更应该乐观积极,敢于探索与尝试,无畏困难与暂时的失败,考虑问题要周全,以长远的发展来做好相应的准备。

(二)四维推进

"严中样本"运行的实施阶段是从"课程、载体、教学、教师"四个方面进行落实,从校本课程、育人载体、教学方式、师资队伍四个层面积极推进,促进严州中学育人方式改革不断发展和育人目标基本实现。

1. 校本课程

"严中样本"在课程上的实施,主要是找到国家必修基础课程教学的创新点和校本课程的有效建设,而后者是严州中学特色育人的突破口和重要抓手。在校本课程建设的理念上,坚持课程设计尊重学生、课程内容彰显需求、课程评价肯定个性。

严州中学的校本课程建设已经取得了丰厚的成果,已经形成了一批浙江省、杭州市的精品课程,而与"严中样本"关联的校本课程建设,主要涉及的是综合实践类课程,重点是推进"乡村志愿者""劳动教育实践"课程。"乡村志愿者"课程以培养德才兼备的乡村志愿者为指向,由美化乡村、助力"三农"、传播文明三大类学习内容组成,在前期课程开发的基础上,后期的课程实施以乡村服务站为依托,以校外实践为主线,促进学生知识、技能等多方面能力的培养。劳动教育实践课程则是基于严州中学悠久劳动教育史和发展劳动教育的区位优势,结合学生职业生涯规划所展现的个人需求与特质进一步开发形成的,可以看作"乡村志愿者"课程的衍生版。在课程实施中,以学校的工艺园、土木园、果乐园、农耕园、微创园作为劳动基地,展开教学与实践活动。

2. 育人载体

"严中样本"在育人载体的创建上形成了一批教育教学活动运作与实施的平台,可以视为课程实施的基础。在载体创建的过程中,经历了对严州中学及其周边教育资源整合的重要阶段。

严州中学构建有利于校本课程建设和学生发展的育人载体,是为了与乡村志愿者课程、劳动教育实践课程相匹配,对此创新地研究与实践乡村服务站和劳动实践园。为满足育人的需求,彰显各乡村区位和产业差异,体现了因地制宜、个性发展的要求,严州中学形成了与多个产业相关,以美化乡村、助力"三农"、传播文明三大主题为序列的乡村服务站以及多个劳动实践园。严州中学的校本课程建设有效地利用了周边区域的教育资源,实现方圆百余平方公里区域内教育资源的有效整合与有效流通,与其他兄弟学校合作实现教育资源的共享,与政府部门密切联系实现协同发展。

3. 教学方式

"严中样本"在教学上的推进,主要是教学方式、教学路径的创新与转变,简言之,就是教学方式的变革。坚持实践为导向,实现教与学的方式变革;坚持以生为本,实现课堂教学要素的优化。

实践导向的教与学的方式变革从学生基础和学科特点两个维度着手,以解决学习中的实际问题形成实践智慧,通过任务驱动使学生在真实的实践活动中实现学习方式的转变。以此为基础,着重发展以"情境迁移导向""任务中心导向""循序渐进导向"和"合作互助导向"为基础的"四导向""八种学习方式"的研究与实施。学情诊断的教学方式变革则是突出学生为本,从学生的学习需求出发,通过对学生已有的基础知识、基本技能、学习方法、学习的情感态度等通过观察、访谈、分析等方法做出诊断的课堂教学要素优化。实施的重点在于研究与落实"望闻问切"四法,在动态的教与学过程中,通过对学生的诸因素诊断以调整教与学的方式。

4. 师资队伍

"严中样本"在师资上的举措,是通过师资队伍建设思路的开拓、师资方面的制度与保障建设来实现的。除常规的师资培训、教师引进之外,创新在于导师组合制的研究实施、学生小导师的培养与发展。

导师组合制缘起于"乡村志愿者"课程实施的需要,尤其是在乡村服务站进行实践活动,迫切需要跨学科知识的教学和技术人员的辅助支持。为满足这一需要,由具有一定理论知识和实践经验的学生、老师、家长与技术人员等成立导师小组并共同实施教学,取得了很好的效果。导师组合在校本课程实施中已经被证明,而对于国家基础必修课程教学的收效将在多个阶段的"导师组合课研究"研究季中逐步证明、改进与提升。而学生小导师的培养则是在导师组合中"学生老师"的基础上进一步强化,突出个体的重要性及其自身的持续发展需求,重点不在于教导和帮助其他同学的意义,而是在这个指导的过程中使自己获得成长的价值。对于每一名小老师,学校为其安排与教师结对,并为他们私人定制成长方案,并定期开展学生小导师之间的交流活动。

(三)双轮驱动

"严中样本"运行的保障方面是从"评价""合作"两个方面进行创新,即新评价与新合作,确保严州中学育人方式改革的不断发展和育人目标基本实现。

1. 新评价

"严中样本"在评价上的保障,主要是多元评价和可持续评价,它们评价的对象都是学生、教师与课程。这两种创新性评价主要是从评价的创新维度来区分的:多元评价是纵向的,可持续评价是横向的。

纵向的多元评价涉及不同阶段与程度的评价,包含过程性评价、展示性评价、结果性评价等,即不同课程发展阶段、不同的师生成长阶段评价是不同的。过程性评价是对学生的实践性课程学习的过程进行评价,主要是学生学习初期和中前期;展示性评价是对学生学习成果的展示进行评价,一般是出现在学习的阶段性节点或者学习的后期;结果性评价是考核学生学习成果,一般是学生学习的阶段性终了。横向的可持续评价则以时间为线,既关注并评价当前的状况,又考虑未来的发展及潜力。如对于一个校本课程的评价,其结果不是定性的,允许教师不断地修改和再开发;对于某些课程是否列为学校正常开课的校本课程,也不单以课程教材的质量为首,而是以关注课程的学习价值和未来课程研究发展的方向为先。

(1)一评核心价值

核心价值是学生面对问题时表现出的价值观和情感态度,主要包含三个部分:首先是正确的政治立场或者思想观念,如爱国情怀、法治意识、理想信念等;其次是高尚的道德品质,如品德修养、奋斗精神、责任担当、劳动精神等;最后是正确的世界观和方法论。核心价值评价的落实主要体现在两个层面:一是课程、活动设计层面的价值导向。事实上,无论是必修课,还是选修课,抑或是学校组织开展的活动,在最初的设计环节已充分考虑课程或活动的价值内涵,换句话说,不符合正确核心价值观的课程或者活动在开发之初就被否决了。二是实践层面的价值导向。比如学校经常举办的黑板报、征文比赛评价细则的第一条往往是这样的内容:选材健康向上,展现中学生积极的精神面貌,宣扬正能量。总体来说,对核心价值的强调是评价内容的基础并贯穿评价全程。

(2)二评学科素养

学科素养是指学生在面对生活、学习时运用正确的思维方式认识、分析和解决问题的综合能力。包括科学思维、人文思维、创新思维等思维方式;信息获取、理解掌握、整合知识等学习掌握知识的能力;研究探索、操作运用、语言表达等实践探究的能力。对学科素养的评价不是以某种现成的、既定的评价模板或者标准来呈现,而是一种素养导向,体现在教育教学的各个环节。每个学科都有各自特征性的学科素养,也有贯穿各个学科的基本素养,促进关键能力。

(3)三评关键能力

关键能力是指一系列的能力群。一是以认识世界为核心的关于知识获取的能力群;二是以解决问题为核心的关于实践操作的能力群;三是包含各种思维能力的关于思维认知的能力群。关键能力既是个体自身发展和适应社会、时代需要的基础,也是培养学科素养、形成核心价值的能力基石。

(4)四评必备知识

必备知识是认识、分析和解决问题时必须具备的知识,包含自然科学、人文科学的基本事实、概念和原理。在对必备知识的学习中培养和发展关键能力,在对必备知识和关键能力的综合运用中形成学科素养,而学科素养反映出核心价值。因此,四层评价内容是一个有着深刻内在联系的有机整体,包含了评价内容的基本面向,但是在具体的评价情境中呈现出不同的侧重点以及不同程度的整合。比如,常规的英语词汇听写、课文默写就单纯侧重于对必备知识的考查,而日常作文练习则需要在必备知识的基础上展现思维逻辑、语言表达等反映学科素养的内容;如果到了征文比赛中,除了知识和素养外,对于核心价值的把握和呈现则会占据更为重要的分量。所以视问题情境的复杂程度,相应的评价内容也不相同。下面呈现一个相对整合的评价案例作为参考。

评价案例是选修课,要求所有学生必须首先完成通识类基础课程"志愿服务素养ABC"的所有课时,以获得志愿服务的基础知识,此外,再选修其他两门个性课程以扩充志愿服务的必备知识。课程从"服务知识与技能"和"志愿服务活动实践"两个层面进行评价。在"服务知识与技能"层面需要评价学生"查询、调查提供教学资料"的情况,以考查学生知识获取、收集信息的能力;还需要评价学生"设计实验和探究方案"的情况,以考查学生知识整合、分析和探究问题的能力;需要考评学生的出勤率、上课态度,评价学生的课后作业和活动总结等,以考查学生的思想、情感、态度层面的内容。"志愿服务活动实践"层面主要评价学生活动预案设计和实践活动成果,在实践中对学生分析、解决问题的能力做综合性评估。

2. 新合作

新合作是指学校借助一切可以联合的外部力量,实现助力学校育人的效果。2001年11月,浙江省教育厅在《关于进一步拓宽教育融资渠道加快教育事业发展的意见》中提出:"为扩大优质教育资源,加快教育事业发展,各地可探索组建以优秀学校为龙头,跨地区、跨类别学校的教育集团。"随后,2002年6月,杭州市政府发在《关于深化改革加快发展率先实现基础教育现代化的决定》提出:"为深化办学体制改革,可以以优质学校为龙头,组建跨地区、跨类别学校的教育集团,通过资产和人员重组,改造薄弱学校,提高教育质量和办学效益。"新时代呼唤新的教育,新的教育承载了新的育人方式。在新的育人方式改革的浪潮下,各地涌现出特色的合作办学实现优化和均衡教育资源。严州中学在实现特色的农村普通高中育人方式的改革过程中开创新合作。新合作的对象、内容、策略等具有严中特色。

(1)合作对象

严州中学的育人目标和育人方式改革,其合作对象也得跟上改革的步伐。在与其他兄弟学校合作办学的基础上,严州中学开拓了其他合作对象。学校与政府、企业、民间匠人合作创建了"德育导向、美育导向、体育导向、劳育导向"的各种教育基地与志愿服务站。全民参与教育工作是严州中学创新治理之一。

（2）合作内容

在实现农村普通高中育人方式改革过程中，严州中学将从德育导向、美育导向、体育导向、劳育导向等方面进行合作。德育导向是指德育能够通过自己的有效活动对对象的思想和行为进行引导，是学校通过与政府、企业合作进行德育教育的一种价值体现。美育导向是指以认识美、体验美、感受美、欣赏美和创造美为导向的教育合作。如严州中学与杭州玺匠文化创意股份有限公司合作，共同培养其公司员工艺术欣赏与实践能力。体育导向以身体与智力活动为基本手段。劳育导向是指通过劳动实践，使学生树立正确的劳动观和劳动态度，热爱劳动和劳动人民，养成劳动习惯的教育。

（3）合作策略

合作策略是指实现合作的方案集合，严州中学的创新主要体现在合作平台和合作方法上。严州中学在与他人的合作实践中根据现实需要共同搭建了多种平台，其中富有特色的有基地式平台和服务站。创新合作方法上，严州中学在与外界丰富的合作实践中摸索出切实有效的合作方法，根据联系的密切程度可分为松散型和紧密型。松散型是指与合作对象进行松散自由、时间灵活、配合简单的合作。如严州中学与杭州玺匠文化创意股份有限公司的合作。紧密型是指与合作对象进行长期稳定、计划严密、配合密切的合作。如家校协作和智慧教育。

家长和学校基于共同的育人目标，进行有计划、长期稳定且配合密切的合作，这样的合作方式称为家校协作。在德育领域，家长和学校共同商议制订学年家校协同德育计划，比如家长会的安排、亲子教育讲座主题、成人礼活动计划等。家长参与计划制订以及活动实施的全过程，并力所能及地提供保障，如帮忙布置活动场地、给学生化妆等。在智育领域，家长根据自己的专业能力、知识水平以及时间精力，积极参与到学生的教育教学工作中。比如，在课堂上作为技术导师介绍专业知识，开展讲座，分享人生经验，管理晚自习等。

第三章
绿道模型:建构新的课程框架

　　我国高中课程改革经历了几个重要阶段。1996年原国家教委颁布了《全日制普通高级中学课程计划(试验)》,2000年教育部出台了《全日制普通高级中学课程计划和各学科课程标准(试验修订稿)》,将普通高中学科课程划分为必修、限定选修和任意选修三种,强化课程结构的多样性,强调综合实践活动课程和校本课程。2003年,《普通高中课程方案(实验)》正式出炉,更注重课程整合化,强调综合实践活动课程,要求增设校本选修课程,增加学生课程选择性。在此基础上,2012年浙江省教育厅出台了《浙江省深化普通高中课程改革方案》,并于秋季开学在全省普通高中全面实施,其中更是要求充分调动教师开发开设选修课程的积极性并有效整合选修课程资源,将选修课程建设情况纳入普通高中学校发展性督导评价。

　　普通高中课程改革的过程也是严州中学校本课程体系逐步优化的过程。志愿服务性特色选修课程群建设、依托乡村服务站的系列特色选修课程开发、基于"学情诊断"的学习方式研究等探究性成果为严州中学的课程建设和学校自身发展注入了一些活力。严州中学的课程建设更加关注学生自身的发展需求,进一步深入挖掘"严实"内涵,致力于培养具有严州品性、秉承"严以修身,实于做事"传统的优秀学生,为学生的可持续发展和未来适应社会而努力。结合"核心素养""生态教育"等教育理念形成目标统一、指向明确的几个系列课程,实现了严州中学校本课程体系的构建。

第一节　课程框架的重构

　　学校课程的整体构建,就是从作为学习主体的学生、作为学习客体的学习内容、作为学习发生的时间和空间等多维视角有机搭建,通过以育人目标为统领的整体规划、以核心素养为导向的学科统整、以多元选择为方式的实施等,形成基于学校育人目标、符合学生成长需要、遵循学科认知规律和适应社会发展需求的课程体系。我们构建课程体系主要从学校的育人目标出发,力求创新并努力探寻与严州中学实际相吻合的课程体系构建路径。

一、"绿道模型"的含义

　　近几年,严州中学虽然开发了多个如志愿服务性特色选修课程、乡村服务站系列课程等特色鲜明的课程群落,但因原有的课程体系与其"培养具有严州品性和时代精神的优秀新人"育人目标不能高度吻合,校本课程体系缺少明确的逻辑主线,导致课程之间缺乏必要、显著的联系,碎片化倾向越来越明显。于是,学校努力探寻课程体系重构和实施的新路径,以改善课程品质和促进课程持续发展。通过一系列整合、排列的方式,实现校本课程体系各组成部分的有序分布和有序运行,形成严州中学特色的课程体系结构图——绿道模型。

　　"绿道模型"是与严州中学地域特色契合的课程体系构建后的结构形态与理念核心。品德、智力、能力三个方面的课程体系目标似"山",旨在使学生的知识体系得以充实,在精神层面获得愉悦。清晰明确的课程理念似"路",变单纯的知识传授为教学、活动相结合,使学生在实践中获得提升,与生态教育的理念一致,让学生得到可持续发展。立德、明智、进业三大类课程似"水",是课程体系构成的基础,与"严州品性"高度吻合,是对"严实"内涵的继承与发展。绿道模型是对学校课程体系构建的顶层设计。

二、"绿道模型"课程框架的确立历程

1."六维分类"的校本课程构思

在实践过程中,严州中学探索了课程建构的"六维分类"方法,这是在先前课程主线研究的基础上,按照课程横向的基本思路,对现有的课程从生本德育课程、系列乡土文化课程、生活延伸拓展课程、个性兴趣特长课程、特色实践能力课程、地方职业技能课程六个维度进行归类整理。其意图是有助于在课程体系构建中对各课程深入分析研究,使课程体系构建的思路更明晰。"六维分类"结果的形成经历了明确分类标准、上报课程分类、反馈分类结果三个步骤。

分类标准的明确是由课题组、课程负责部门等制定,分类的标准在原则上遵循先前课程体系主线研究的成果,符合课程横向的基本思路。标准形成后,将分类标准告知每一课程的负责人,由他们上报课程分类的归属结果至课程负责部门。在上报的结果汇总之后,对部分存在异议的课程标注以便召集相关教师做进一步认定,直至所有课程分类工作完成,将形成的分类结果对外公布。

按照先前课程主线研究的结果,这些课程可被归入六类。以此为基础,学校出台了严州中学的课程分类标准,现摘录要点如下。

(1)此课程标准侧重于从任务类型角度进行划分。

(2)严州中学课程分为六大类别。(具体类别略)

(3)具有地方特色的实践课程优先选择归入"地方职业技能课程"。

(4)每一课程只能选择一个类别,实在难以选择的可先多选并标注。

(5)课程的最终归类将是课程负责部门审核并与教师本人商议协调后最终确定。

(6)生本德育课程不在此次教师分类选择中。

经过一段时间的分类、协调、整合,形成下列课程六维分类的结果(见图3-1)。

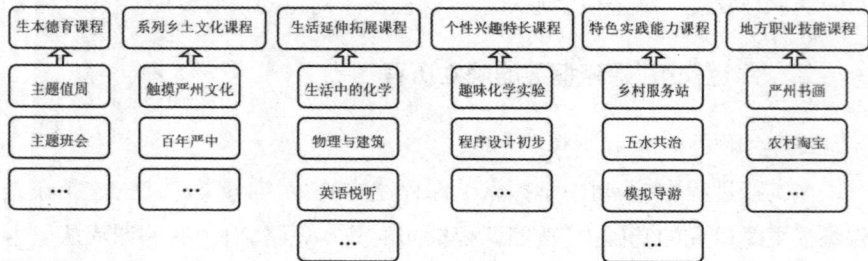

生本德育课程	系列乡土文化课程	生活延伸拓展课程	个性兴趣特长课程	特色实践能力课程	地方职业技能课程
主题值周	触摸严州文化	生活中的化学	趣味化学实验	乡村服务站	严州书画
主题班会	百年严中	物理与建筑	程序设计初步	五水共治	农村淘宝
…	…	英语悦听		模拟导游	
		…		…	

图3-1 六维分类课程

2. "一轴三级六类(136)"严实教育课程体系

在"六维分类"的基础上,严州中学在课程建设过程中十分强调两个切入口,即探究明确各类课程的关注点以及积极寻找、建立与学校育人目标和理念的契合点。其意图是传承学校长期以来的优良传统,落实正确的教学理念,贯彻合理的育人目标,使课程的开发建设有序、有效地进行。探究关注点是探究明确各类课程的关注点,即课程目标中的关键点,由课题组成员和课程开发指导部门对各课程目标进行研究,提取关键点。

经过一个阶段的整理、提取,严州中学六大类课程的关注点得到明确:生本德育课程关注"培养学生德行、修养";系列乡土文化课程关注"提升学生本地传统文化素养";生活延伸拓展课程关注"使学生在生活细微中建立与学科知识的联系";个性兴趣特长课程关注"激发学生兴趣、培养特长";特色实践能力课程关注"提高学生服务性学习的能力";地方职业技能课程关注"培养学生具有地方特色的实际应用及操作能力"。

寻找契合点是深入研究学校育人目标和教学理念并提取关键词,在已明确各类课程关注点的基础上,努力建立起两者之间相吻合的着力点,使课程体系中各课程的组合更明晰。

2015年,严州中学修订了课程方案,其中包含以下内容:"转变育人模式,彰显办学特色,本着'以人为本'的办学理念,传承'严实'校风,发扬'务本求实、创新求真'的严中人精神"。以此为基础,学校持续深化"严以修身,实于做事"的严实教育;将"培育'严州品性,时代精神'的优秀新人"列为办学目标之一。其中的"严州品性"包含三个方面:崇文好学,重义尚礼,敬业务实。在契合点的探究中,我们努力寻找突破口:生活延伸拓展课程中的关注点在于"使学生在生活细微中建立与学科知识的联系",它和严州品性中的"崇文好学"相契合,也体现了"严实"内涵中的"实于做事"。以此为契机,寻求各个击破。

严州中学结合"严实"的校训,构建了"136"严实课程体系并重点打造"读史明德""养心立德""修行弘德""立志进业""笃学创业""睿思精业"六大类课程群(见图3-2)。

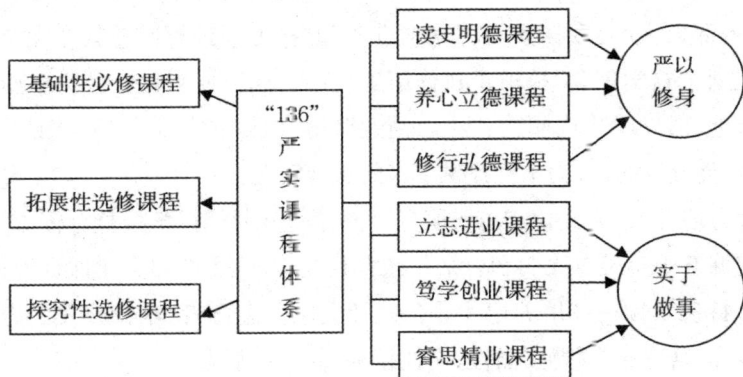

图3-2 "136"严实课程体系

基础性必修课程、拓展性选修课程与探究性选修课程构成学校课程体系。各学科在该体系下建立与分类分层教学相适应的课程系统;学校在该体系下根据办学需要,整合和建构各学科课程系统,建立六大类课程群。

基础性必修课程是依据八大学习领域的基本要求,由语文、英语、数学、政治、历史、地理、物理、化学、生物、信息技术、通用技术、体育、心理健康、音乐、美术及综合实践等科目根据分类分层教学需要整合而成的课程群。该类课程面向全体学生,突出课程结构的基础性,强调培养学生的公民素养、人文与科学素养,培养基础学习素养和基础学科学习能力。

拓展性选修课程是基础性必修课程的拓展、发展和提升,包括知识拓展类课程、职业技能类课程、社会实践类课程和兴趣特长类课程，供学生自主选择，以加深学生对基础性必修课程学习的实践意蕴的体验。

探究性选修课程突出知识深化、实践操作、创新发展，也包括知识拓展类课程、职业技能类课程、社会实践类课程和兴趣特长类课程，主要面向部分有特殊需求的学生，突出课程内容与课程学习的专业性、实践性和前沿性，培养学生的社会责任感、创新精神和实践能力。

打造六大类课程群：读史明德、养心立德、修行弘德、立志进业、笃学创业、睿思精业。其中，"读史明德"侧重以中外历史、百年校史悟人生之道，明做人之德；"养心立德"以心理教育为中心，丰富校园文化、加强社团建设，形成系列活动课程，涵养心性，树立品德；"修行弘德"通过自持修养和志愿服务，使德深入人心，发扬光大；"立志进业"旨在加强理想信念教育和个人的人生规划；"笃学创业"根植于建德历史经济，富有种植特色，并为学生提供实践基地，激发学生内驱力；"睿思精业"以知识拓展类为主，国家课程二次开发，分类分层而设，为学生提供丰富的选课资源。

着力培育"严州文化和志愿服务"两大特色课程群，学校整合资源，组织力量挖掘五千年吴越文明和百余年教育积淀，开发了严州文化课程群；依托建德市特色学校——培养德才兼备的社会服务志愿者，学校开发了志愿服务课程群，培育兼具"严州品性，时代精神"的优秀新人。

3. "绿道模型"课程体系的形成

为了使课程建设更具科学性和合目的性，在课程开发的后期，学校创造性地推出"课程清单"这一环节，即借助一个细致明晰的课程清单，呈现各类课程的基本内容，包含课程的关注点、对学生的培养目标、与学校育人目标理念的契合点等。其意图是于学校内部就课程建设方面，在教师群体中形成相对广泛的认知，用课程清单使课程开发教师与实施教师能树立相对统一的课程观念，为课程体系的完成最终构建迈出关键一步。

课程清单的制作是对课程分类的成果与要点探寻的成果进行整合，它由课题组和课程开发指导部门共同研究完成，在最终成果的展现中，适当整合了先前"重理主线"研究的相关成果内容。

得益于每一位教师的积极配合，且基于前期做的大量的准备工作，数据内容的整合工作进行得十分顺利。在这期间，部分青年教师发挥了主力先锋的作用，其中参加工作不满3年的两位体育老师表现尤其突出，如毛老师在工作第二年就积极开发了与皮划艇运动相关的体育类选修课程，在做好课程开发与实施工作的同时，也帮助课题组完成了一些数据录入工作。经过全体人员的齐心付出，相关数据内容实现了完善。下面用简表的形式做简要说明（见表3-1）。

表3-1　课程清单（部分）

课程类别	本类课程培养目标	本类课程关注点	代表课程	契合点1	契合点2
生本德育课程	家校意识奉献精神	德行、修养	主题值周	重义尚礼	严以修身
系列乡土文化课程	乡土情怀文化认知	本地传统文化素养	触摸严州文化		
生活延伸拓展课程	洞察能力思维能力	在生活细微中建立与学科知识的联系	生活中的物理		
个性兴趣特长课程	洞察能力知识拓展	激发兴趣、培养特长	生动的生物科学	崇文好学	实于做事
特色实践能力课程	知识技能服务实践	志愿服务性学习	五水共治中的科学与服务	敬业务实	
地方职业技能课程	服务实践就职经验	实际应用、操作能力	乡村服务站建设		

以原有课程体系为蓝本，在分析利弊后，集合最优思维，通过整合、排列等措施使课程体系成为有机统一、序列分布的整体。其意图是实现课程体系内部的科学布局，针对当前构建的"一轴三级六类"严实教育课程体系中存在各分类课程之间互有交叉与重叠，且各课程的指向不够明确的问题，使每一个课程不再孤立，形成逻辑关系。

课程体系构建的工作获得广大教师的支持，构建初步完成的基于"严实"内涵的校本课程体系结构图（见图3-3）第一天在校园网公示，就收到了10多位教师的反馈意见，为课程体系的完善带来很大帮助。

基于"严实"内涵的校本课程体系

严以修身　　　　　　　实于做事

立德课程	明智课程	进业课程
重义尚礼	崇文好学	敬业务实

立德课程：生本德育、系列乡土文化、主题值周、触摸严州文化、主题班会、百年严中、志愿服务素养ABC、……

明智课程：生活延伸拓展、个性兴趣特长、生活中的化学、模拟导游、物理与建筑、趣味化学实验、英语悦听、程序设计初步、浙江民俗、"二战"人物、……

进业课程：特色实践能力、地方职业技能、乡村服务站、严州书画、五水共治、乡村导游、农业小信使、农村淘宝、……

传统文化　　德行修养

联系生活　　兴趣特长

志愿服务　　应用技能

学生可持续发展

课程序列化发展

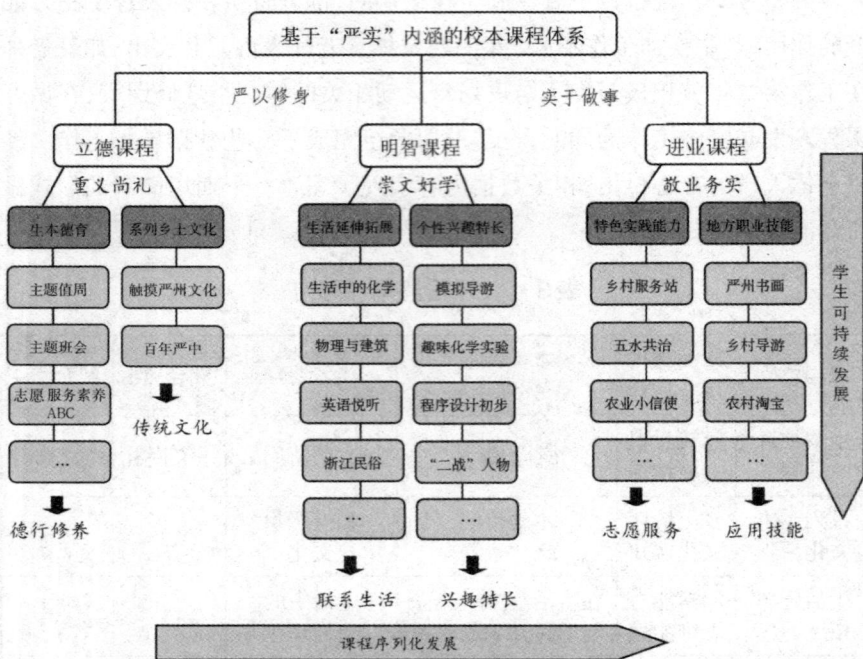

图3-3　基于"严实"内涵的校本课程体系结构图

在此过程中，我们始终坚持："严实"内涵是课程体系构建中不可忽略的生命线，"严州品性"是严州中学育人目标中的重要内容，而"时代精神"（阳光自信，谋事自觉，担当自立）和当前生态教育"立足学生，着眼学生持续发展"的理念是高度一致的。

经过融合提取，严州中学课程被归为"立德课程""明智课程""进业课程"三类。在分析严州中学的地域特色时，"古老严州文化""旖旎三江风光""最美三江两岸绿道"等关键词，首先浮现在大家的脑海中。经课程专家点拨，也经所有参与人员一致认可，"绿道"于三者中成功突围。我们认为，首先，"绿道"本身具备的特质与课程发展理念一致，即体现了美好、自然发展、可持续等特质；其次，"绿道"本身由山、水、路三部分构成，正体现了严州中学课程体系的构建路径。至此，以"绿道"为基本模型的课程体系模型图基本形成（见图3-4）。

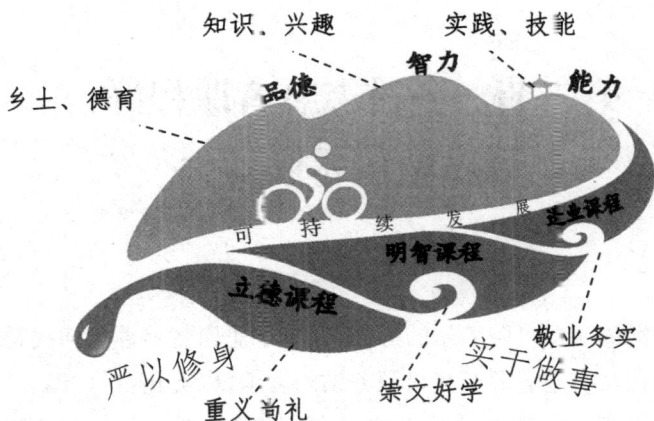

图3-4 "绿道"课程体系模型图

　　构建成型是完成课程体系构建的最后步骤,是形成一个系统、完整、有序的课程体系结构图,并于其中列举主要课程及其课程基本理念。其意图是用最直观的方式将学校课程构建的细节结果展现出来,构建成型结果的被认可意味着课程体系构建的完成。

　　严州中学"绿道"课程体系包括一大批其自身开发构建的特色课程群,其中包括乡村志愿者课程群和新劳动实践课程群。

第二节　乡村志愿者课程群：
特色创新课程之一

严州中学依托乡村服务站的运作，探索了志愿者培养指向的特色选修课程群的架构与实施。源于乡村服务站的诉求，以美化乡村、助力"三农"、传播文明等为课程群模组，采取学校与社会协同共建的策略，根据纵横架构的思路，按基础篇、应用篇和服务篇的课程形态结构设计开发本课程群。通过分类设站、导师组合、考评颁证等策略完成课程实施。导师组合制的尝试，积累了大走班教学的实践经验。同时，严州中学也探索了部门联动、师生培养、站点维护等保障策略。通过研究，积淀了乡村志愿者培养的经验，促进了学校特色发展。

一、课程特色

1. 创新了高中特色课程群的架构样式

创新了特色课程群"实践导向"的架构样式：课程的组群是源自乡村志愿服务活动中乡村居民的真实诉求，从"服务和学习"出发，以"知识＋技能"横跨组合与以基础篇、应用篇和服务篇纵深推进为策略架构课程群。

2. 创新了高中特色课程群的实施载体

创新了课程实施载体——乡村服务站，它是严州中学美化乡村、助力"三农"、传播文明三大主课程运作的平台，实现了跨班、跨年级、跨区域的"大走班"教学，促成了学习方式的改变，学生从单一的知识学习转向复合的从服务中学习，践行了"教学做合一"的理论。

3. 创新了高中特色课程群的实施方式

创新了家长和技术人员等参与的"导师组合"课程教学模式，形成了教育合力。导师组合制的实施使教与学的关系悄悄转型,过去单一的教师教导的课堂形式不复存在,凸显学生学习和活动的主体地位,学生扮演着活动策划和教学设计的参与者角色。

二、课程架构

严州中学以志愿服务性学习选修课为抓手,对教材进行编排整理和修改,将校园、社会的多种层次特色进行了有机结合,逐渐形成了一个理念先进、结构科学、特色鲜明、提升生命品质的课程群。在市、镇、村、企业等相关部门的大力支持下,经课程专家的多次指导,严州中学师生团队开发了乡村志愿者特色课程群,以"美化乡村、助力'三农'、传播文明"为主题的三大主课程、九个子课程、二十门小课程,课程涉及导游、史料收集开发、新家规家训、五水共治中的科学与服务、庭院设计、特色农业、农民权益、电脑维修、家具维修和公共空间等方面。其中,"五水共治中的科学与服务"和"模拟导游"被评为杭州市普通高中精品选修课程。其模型如图3-5所示。

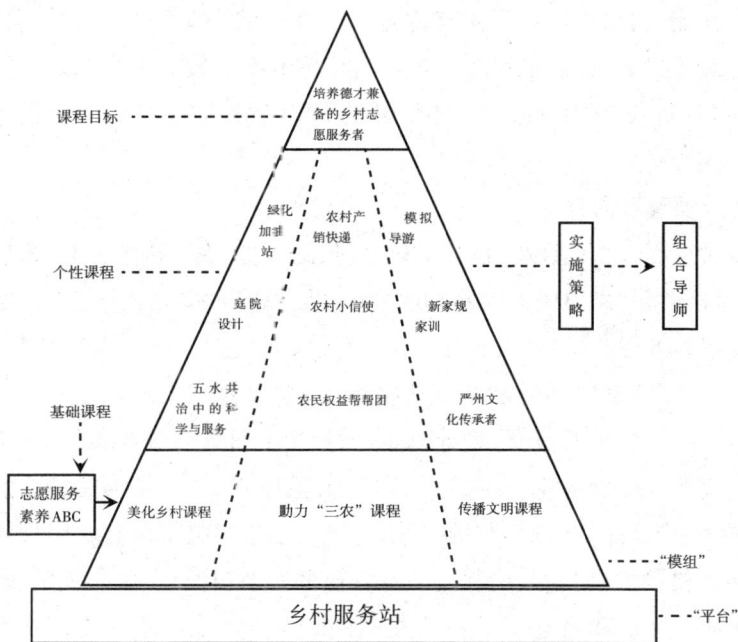

图3-5 严州中学梅城校区乡村志愿者特色课程群

三、课程纲要

(一)课程群目标

(1)本课程群立足学生实践,在志愿服务活动中体验助人愉悦,挖掘学习资源,获得服务技能。学生校内外"大走班"上课,在探究、体悟中运用课本知识,获得实践经验,提升学习智慧,促进学生学习能力的培养和个性的发展。实现跨班、跨年级、跨区域的"大走班"教学,促成了学习方式的改变,使学生从单一的知识学习转向复合的从服务中学习,践行了"教学做合一"的理论。

(2)将志愿服务精神培养渗透到课程和各种实践活动中,让关注社会、服务社会的志愿服务种子在学生的心中生根发芽。通过"志愿服务素养ABC"学习,使学生初步形成志愿服务的相关知识结构,进行如物理、化学、生物、地理等相关学科的拓展性学习。

(3)以特色课程群为载体,依托乡村服务站的运作,提高学生志愿服务的意识和能力,培养一批德才兼备的乡村志愿者。师生们以"乡村志愿者"课程为载体,探索以志愿服务性学习为特色的素质教育之路,形成了"服务他人,提升自我"的校园文化氛围,彰显了"培养德才兼备的社会服务志愿者"的办学特色。

(二)课程群内容

乡村志愿者特色课程群以"美化乡村、助力'三农'、传播文明"为核心模组,以基础课程"志愿服务素养ABC"为辅助,由三大模块十余门个性课程组成。课程涉及导游、史料收集开发、新家规家训、五水共治中的科学与服务、庭院设计、特色农业、农民权益、电脑维修、家具维修和公共空间等方面。

"美化乡村"涉及美学、设计、五水共治中的科学与服务等,强调志愿者帮助村民参与保护水源、村屯美化等行动;"助力'三农'"主要是指在农业特色发展、农产品品牌塑造、产销新途径探索、矛盾冲突协调和农民权益维护等方面为村民提供"私人定制",涉及农业种植小知识、农业科技信息、电子营销的相关知识和操作、农民基本权利保证等;"传播文明"则要求注重挖掘基站点区农村的特色文化,从社会主义核心价值观出发,通过志愿活动帮助农村形成奉献、友爱、互助的时代新风,涉及严州文化、导游知识、新家规家训等(见表3-2)。

表3-2 乡村志愿者特色课程群课程

主课程	子课程	课程内容
美化乡村	庭院设计	基础美术知识、花卉种植与搭配、基础风景林园设计知识等
	五水共治中的科学与服务	五水共治中的地理、物理、化学、生物等科学,环境保护与环境治理
	绿化加油站	花卉种植、道路林木护盘、花池设计等
助力"三农"	农村产销快递	电商产业链、农产品包装、农产品加工产业等
	农村小信使	农作物种植、除虫、新品种等信息
	农民权益帮帮团	农民失地纠纷法律援助、邻里关系调解等
传播文明	模拟导游	古城各景点介绍、导游基本知识、旅游路线设计、特色民宿介绍、建德各种民宿文化等
	新家规家训	家规家训的学习、新家规家训的拟定和制作
	严州文化传承者	梅城文化介绍等

四、课程实施

以乡村服务站为平台,以导师组合为策略,实施乡村志愿者课程教学。

乡村服务站指严州中学在本市镇村设立的,具备一定专业知识和技能的师生、家长、技术人员协作的,以提升学生志愿服务素养为目标的,以服务当地村民为宗旨的服务基地。严州中学已经建立三大系列、九大主题,共计65个乡村服务站,类别有庭院设计类、文明宣传类、权益咨询类、五水共治类、种植服务类、产销服务类等。

导师组合是为满足不同乡村服务站的需要,由具有一定理论知识和实践经验的学生、老师、家长与技术人员等成立导师小组并共同实施该课程教学的创新模式。导师组合制通常采用三种组合方式,即"一生一家长式""一生—师—技术员式""—生—师—家长式"，这样的组合灵活多变，应对突发情况更及时有效，可以达到"1＋1＋1＞3"的效果。导师组合制的实施使教与学的关系悄悄转型，过去单一的教师教导的课堂形式不复存在，更凸显学生和技术员的主体地位，他们成为活动策划和教学设计的主力军。

五、课程评价

1. 学分认定

课程评价是指依据学生在乡村志愿者系列特色课程选修课和学习、实践中的情况给予学生学分。学生完成通识类基础课程"志愿服务素养ABC"18课时的学习获学分1分；其他服务类个性课程每门课36学时，记2学分。学生完成"志愿服务素养ABC"和其他两门课后，可以获得合格志愿者证书。

乡村志愿者特色课程分"服务知识与技能"和"志愿服务活动实践"两个层面评价。

服务知识与技能评价细目见表3-3（满分记100分，达60分合格，其中学习课时必须达一半以上）。

表3-3　乡村志愿者特色课程服务知识与技能评价细目

评价项目	评价内容
过程评价 （30分）	①学习课时（15分）（按满课时、请假次数、缺课认定） ②学习态度（15分）（积极、一般、消极认定）
课堂结果性评价 （20分）	①课堂探究活动（10分）（优、良、一般、无等级） ②课堂作业、实验（10分）（优、良、一般、无等级）
课外结果性评价 （30分）	①通过查询、调查提供教学资料（15分）（积极、有、无） ②课后总结、课后作业（15分）（优、良、一般、无等级）
学生口头评价 （20分）	①互评（10分）（优、良、一般） ②自评（10分）（优、良、一般）

志愿服务活动实践评价细目见表3-4(满分记100分,达60分合格,其中参与次数必须达9次以上,且严格遵守纪律,违纪2次以上,后果严重的则不给学分)。

表3-4　乡村志愿者特色课程志愿服务活动实践评价细目

评价项目	评价内容
过程评价 (40分)	①参与次数(15分)(按全勤、请假次数、无认定) ②态度(10分)(积极、一般、消极认定) ③遵守纪律(15分)(遵守、一般、差)
结果性评价 (40分)	①按预案实施(20分)(好、一般、无等级) ②实践活动成果及展示(20分)(优、良、一般、无等级)
小组成员评价 (20分)	①互评(10分)(优、良、一般) ②自评(10分)(优、良、一般)

2. 考评颁证

给完成一定的特色选修课程学习和乡村志愿服务活动并通过考评的学生相应学分,同时颁发"志愿服务成果证书"。在完成学校规定的课程学时和志愿服务活动时间的前提下,由学生本人向负责教师提交书面申请。教师对该学生的志愿服务学习情况和活动参与情况做初步审定,并将结果告知学生。初审通过,学生在教师的指导下整理自己的课程学习与活动材料,填写表格,由教师统一交教务处审核备案。教务处、选修课程实施小组完成考评终审,考评过程有笔试和面试两个环节,考核内容有服务相关知识、技能、现场即兴模拟服务等。学校给予考核通过的学生学分,颁发选修课程结业证书和志愿服务合格证书,优秀学生另颁发优秀志愿者荣誉证书。

第三节　新劳动实践课程群：
特色创新课程之二

　　严州中学向来有重视劳动教育的传统，早在省立九中时期，学校就拥有农场、第一林场和第二林场，劳动教育的传统一直延续到20世纪90年代。劳动教育的内容也极其丰富，通过种植果蔬、粮食，培育苗木，抢收强种，校办工厂劳动及校内综合劳动等形式，培养了学生吃苦耐劳的精神和热爱劳动的品格。自2015年起，严州中学又以注重学生的体验愉悦、获得技能、丰盈精神、完善人格为理念，以乡村志愿者特色课程群为载体，依托乡村服务站的运作，培养一批德才兼备的乡村志愿者。习近平总书记提出"培养德智体美劳全面发展的社会主义建设者和接班人"。2020年3月20日，中共中央、国务院印发了《关于全面加强新时代大中小学劳动教育的意见》，就加强新时代大中小学劳动教育提出了意见。基于此，严州中学在课程方案的基础上，特制订了"学做互通"的新劳动实践实施方案，旨在构建符合严州中学实际的德智体美劳全面培养的教育体系。严州中学的新劳动实践活动自2020年5月开展以来，接受了来自新华社、《浙江日报》、《教育信息报》、《杭州日报》、《都市快报》等媒体记者的采访，活动新闻在新华网、浙江新闻、《杭州日报》、《都市快报》、今日头条、新华网外网、都市快报外宣厨房等纸媒、网络媒体上刊载，并被央视网、中国青年网、中工网、东北网、搜狐新闻、网易新闻、新浪新闻、广西新闻网、《潇湘晨报》、《兰州晨报》、《金华日报》、《石狮日报》等众多媒体转载，阅读量突破千万次，得到广大网友的点赞，社会好评如潮。

一、课程特色

　　严州中学新劳动实践以"学做互通"为理念，按"做中知"和"做中智"二维目标实施。"做中知"是学生在劳动实践过程中，既获得了对学科方面的体验、了解，同时又在深层次方面获得了对学科的感悟和认知。"做中智"指在做的过程中，学生认识、理解客观事物并运用知识、经验等解决问题的能力，包括想象、思考、判断、推理等，即在劳动过程中知识和技能的应用、在劳动过程中对所学知识的原理和思想的领悟、在劳动过程中将知识转化为智慧。

(一)育人目标

1. 培养学生正确的劳动思想

使学生认识到劳动是日常生活、发展生产、建设祖国、推动社会进步的基本手段，是每一位公民的神圣权利和光荣义务。

2. 培养学生良好的劳动习惯

通过劳动实践，教育学生遵守劳动纪律、爱护劳动工具和珍惜劳动成果，并进一步培养学生团结协作、助人为乐的精神品质。

3. 培养学生崇高的劳动品质

学生在劳动实践中自觉磨炼意志、陶冶情操、体验挫折与成功；增强积极进取、探索创新精神；初步具有质量意识、效率意识、安全意识、环保意识和工匠意识。

4. 培养学生基本的劳动技能

让学生在劳动实践中掌握日常生活技能，包括劳动工具的使用、生活用品的组装与维修等；在劳动实践中掌握一定的服务技能，提升自我与外界的沟通能力。

5. 培养学生创新的劳动能力

在提升学生基本技能的同时，通过参与生产性劳动课程与服务性劳动课程学习之外的智慧性劳动课程的研修，提升他们的创新能力，使学生的劳动教育课程学习内容与其他必修、选修课程的内容有效对接。

(二)教改目标

对接严州中学教改目标，继续落实和推进严州中学重大课题引领的课堂教学方式变革与创新的要求、内容。以劳动教育课程建设为契机，丰富教学内容，渗透生涯规划，拓宽育人路径，创新教育模式，进一步推动教育教学方式改革，促进学校育人方式变革。

二、课程架构

严州中学的新劳动教育实践紧紧围绕一核—二级—三模—四组—五园的技术路线实施。"一核"，即以实践为核心；"二级"，是将劳动教育实践课程设定为必修和选修两个层级；"三模"，即生活性劳动、生产性劳动、服务性劳动三个模块的实践内容，各模块分必修和选修两个层级实施；"四组"，即生活性劳动、生产性劳动、服务性劳动三大模块内的劳动实践专题，每个模块又分四个组合；"五园"，是劳动教育实践课程的实施平台，即农耕园、果乐园、工艺园、土木园和微创园。新劳动实践课程群架构图如图3-6所示。

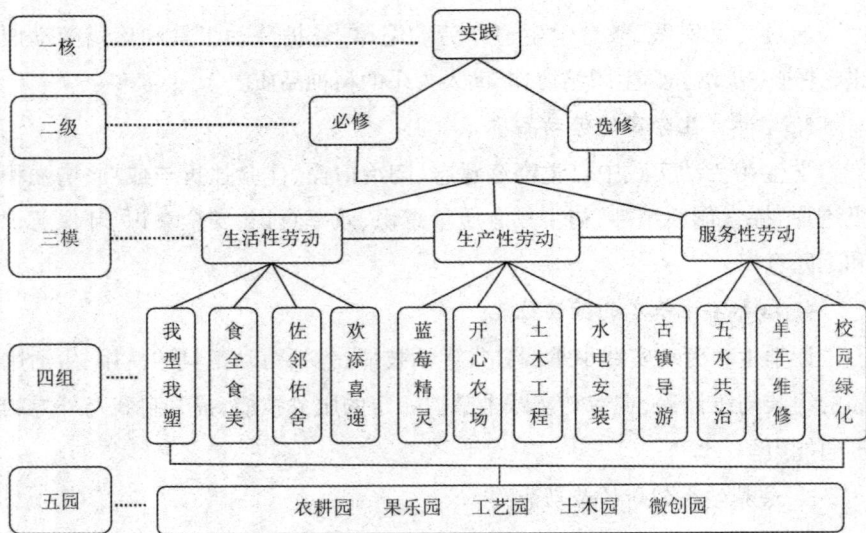

图3-6 新劳动实践课程群架构图

三、课程纲要

在劳动实践目标和专题目标的基础上，课程内容分生活性劳动、生产性劳动、服务性劳动三大类共十二个专题课程。

生活性劳动，特点就是"日常"，日复一日、年复一年，天天做、日日做，经常做、持续做，久而久之形成习惯。生活性劳动是围绕每天的衣食住行而进行的常规性劳动,严州中学针对"日常"这一特点,开设了"我型我塑""食全食美""佐邻佑舍""欢添喜递"四类项目,培养学生的劳动习惯(见表3-5)。

表3-5 生活性劳动课程

名称	内涵	内容	目标
我型我塑	指学生从外表和内在心灵上塑造自身形象,为美化自我而劳动。外表包括人的形体、容貌、姿态、举止、服饰等,内在指一个人的精神、气质、品格等	1. 中学生发型和服装、饰物规范 2. 不同材质服装的洗涤等 3. 形体、举止优雅的展现	通过由内而外的形象塑造,学生树立正确的审美观、价值观
食全食美	为学做美食、会品美食而进行的劳动	1. 了解不同厨具的功能、配料的作用 2. 学会简单、初步的发面、揉面、擀面以及包馄饨、包子、汤圆、粽子;了解建德特色菜品,学会烧制一些有地方特色的菜肴;学会简单的烘焙技能	培养学生烧菜做饭的基本生活技能;在制作美食的过程中,让学生感受、挖掘与传承建德历史文化的底蕴;爱惜粮食、感恩家庭、感恩社会。在菜肴中品的不仅仅是味道,更是在品文化、嚼风味、悉人文
佐邻佑舍	学生为美化生活学习环境而实施的劳动,邻指的是同学、同伴;舍指的是教室、寝室。佐邻佑舍,即学生群策群力美化教室、寝室等校园学习环境	1. 了解各种材料和工具的用途 2. 学会清扫、填补缝隙、局部刮泥子、磨平、满刮泥子、涂料等基本技能 3. 了解物品空间布局价值	通过对寝室、教室的美化,掌握简单制作、布置等技能,了解一定的装修知识
欢添喜递	学生为提升生活情趣或者解决生活中的问题而进行的创意性劳动	1. 日常废品再利用,变废为宝(塑料瓶、废纸、废布的再利用) 2. 手工艺品的制作与护理(纸艺类、布艺类、编织类等)	通过废品再利用,提高环保和环境意识。通过发现和解决生活小难题,提高学生解决问题的能力,涵养学生的创新意识

生产性劳动指严州中学的新劳动教育中与农业生产、日常生活息息相关的学习与实践项目，主要包括"蓝莓精灵""开心农场""土木工程""水电安装"四个新劳动教育的组成部分，即劳动教育项目（见表3-6）。

表3-6　生产性劳动课程

名称	内涵	内容	目标
蓝莓精灵	是依托严州中学校友的蓝莓基地，在设置果乐园的基础上，进行蓝莓的种植与采摘、日常维护与培育的劳动教育项目	1.除草、施肥、浇水等劳动 2.树苗扦插 3.蓝莓采收 4.树苗培育 5.蓝莓深加工	生物学科知识的体现与落实；对家乡特色经济作物的认识与理解；对以蓝莓为代表的经济作物的深加工有自己的思考与创新
开心农场	是与龙溪村（社区）合作，在闲置农田设置农耕园，并进行蔬菜、粮食作物（番薯、玉米）种植与日常维护的劳动教育项目	1.农场整地 2.农作物种植 3.日常护理：浇水、施肥等 4.生态种植：种植品再利用、再种植	生物学科知识的体现与落实；对传统农业种植形成自己的认识；对作物的采摘与换季、再种植有自己的思考与创新
土木工程	是基于在校园空置场地设立土木园，以培养学生建筑、园林工程基础为目的的劳动教育项目	1.人行道地砖铺设 2.水泥浇梁、浇地的钢筋箍捆扎等	通用技术学科知识的体现与落实；对建筑学、土木工程专业有自己的认知
水电安装	是在学校空置的楼舍创设工艺园中，以日常装修基础性的水电安装为学习、实践内容的劳动教育项目	1.电线家装的知识 2.家用常规电路线路等安装实践 3.家用常规水系统安装知识 4.家用常规水系统安装实践	物理、通用技术学科知识的体现与落实；对家装行业有一定的认知；能从简单的安装操作向设计的思路转变与创新

服务性劳动更多的是公益性质的，从单车维修、校园绿化、五水共治和古镇导游四个层面来架构课程，目的是在服务性劳动中强化学生的社会责任和奉献精神。其教学内容主要包括：①校园、社区等定点的自行车安装、维修等志愿服务性劳动；②校园绿植的种植、维护、整修等校园公益劳动以

及盆景制作等创造性劳动；③治污、防洪、排涝等相关的体力劳动以及水质调查、水文监测等服务于五水共治的研究性劳动；④古镇导游服务等社会服务性劳动（见表3-7）。

表3-7　服务性劳动课程

名称	内涵	内容	目标
古镇导游	是学生利用劳动教育课程实践，在梅城古镇为游客提供义务旅游线路指导、景点讲解、环境卫生维护及交通秩序维持等劳动实践活动	1.劳动准备：考察古镇景点、策划导游活动、分配岗位、练习发音、导游技巧、背诵导游词等 2.劳动实践：游客引导、景点讲解、环境卫生维护、交通秩序维持、活动安全等	1.让学生了解梅城古镇独特的景点；基本掌握十字路口的交通安全知识 2.让学生在劳动的过程中感受劳动的艰辛的同时，体会劳动带来的愉悦和帮助他人带来的快乐 3.学生在走进家乡、服务社会的过程中，礼仪、表达、沟通、合作等素养方面得到了训练和提高，强化学生的社会责任和奉献精神
五水共治	是基于五水共治的社会大背景下，综合相关的物理、化学、生物、地理学科知识，通过学生的调查、检测、监测、宣传等实践活动以及排污、疏通、维修等劳动活动来培养和提升学生的社会责任感与劳动技能的课程	1.治污水：周边的水质调查；"我来治污水"排污洁水等劳动实践 2.防洪水：区域洪水的成因与防治；梅城绿道防洪设施的整改与加固等劳动实践 3.排涝水：感知、认识涝水；梅城古镇排涝系统的疏通等劳动实践 4.保供水：对学校校园内部供水情况进行一次调查；校园及周边自来水管的维护及修缮等劳动实践 5.抓节水：创建节水型班级和寝室；建立节水意识、科学用水宣传等	1.较全面地了解五水共治的相关政策、实施现状以及现有成就；了解物化生地等相关学科知识在五水共治各环节的应用 2.能正确使用一些实验器具，掌握一般的科学研究方法和实验操作能力，培养学生从不同学科对同一事物提出不同的看法和问题的能力 3.通过劳动课程培养学生关心社会大事、关注家乡发展、重视自身行为的意识，培养和提升学生综合运用相关学科知识与技能参与社会实践劳动的能力。为学生今后的学习、工作、参与社会活动在知识、技能、方法和情感态度上打下一定的基础

严中样本：农村高中育人新视界

名称	内涵	内容	目标
单车维修	指学生通过学习自行车的结构及其原理,认识常用维修工具,以校园及街区定点为劳动实践地进行志愿服务活动型的义务劳动	一、劳动知识准备 1.自行车的结构及其原理和功能 2.常用工具的认识和使用实践 二、劳动实践活动 1.校园单车的检修 2.街头单车维修服务点	1.认识自行车的结构及其功能,理解自行车的原理,能够认识和使用拆装与维护过程中所使用的常见工具,对自行车进行拆卸、安装和维护 2.在对常见故障排查和维修的过程中,培养学生的兴趣,锻炼学生的动手能力和思考能力,促进学生全面发展 3.在劳动实践过程中,培养和提升学生的沟通与合作等方面素养,体会帮助他人的愉悦感
校园绿化	指学生利用校园的绿植作为劳动课的学习对象和劳动场所,认识、了解和管理维护绿植,并学习与了解一些美学知识和园林知识,尝试校园盆景的制作	1.绿植的认识(校园绿植名称、习性、特征、层次建设等) 2.绿植的管理养护(修剪、浇水、防治虫害等) 3.树桩盆景的制作和养护	1.认识校园中各种绿植,增强生态意识和环境意识 2.使学生真实体会到劳动成果的来之不易,增强学生的责任感和集体意识 3.在尝试制作校园盆景的过程中进行美育教育,让学生了解一些园林知识,培养学生的职业兴趣

四、课程实施

严州中学新劳动教育以"学做互通"为理念,按"做中知"和"做中智"二维目标实施。

1. 实施原则

安全首位　安全是劳动实践开展的底线。劳动过程中,安全隐患时刻存在,因此要建立翔实的安全保障制度,每一次劳动实践都要有详细的安全预案,避免一切安全隐患的发生。

实践体验　课程实施必须坚持以实践为导向,课程实施重劳动过程,加大学生实践在整个课程学习中的时间占比,让学生在实践体验中获得知识、成长与愉悦。

全员参与　生活性劳动课程内容作为必修板块,所有同学必须研习和参加相对应的劳动。生产性劳动、服务性劳动作为选修部分,每位同学也必须修完一定的课时才能给予全部的学分。

强度适中　以体力劳动为主的实践体验,劳动必须具有一定强度,但要注意适度,要与高中生的身心发展相匹配,与其应具备的能力相契合。

经济生态　劳动实践中遵循节约、环保的原则。劳动物质尽可能做到循环利用,劳动产品尽可能得到合理使用,如有可能,将其转化成具有一定经济效益或者作为捐赠品实现其应有的价值。劳动实践注重环保,注意"三废"的科学处理,不造成环境的污染。

2. 实施思路

实施方法　采取"基础知识＋实践操作"的实施方法。基础知识采用PPT、微课、微视频、抖音等形式以学生自习为主,专业教师指导为辅,占总课时数的20%;实践操作全部安排在实践基地与操作平台劳动和制作,占总课时数的80%。

实施过程　教师课程开发—教师授课与学生知识学习—学生参与实践劳动(再学习、再劳动的循环注复)—学生实现自我提升—学习结束并总结评价。

学分设定　劳动实践课程设总学分10分,其中必修8学分,选修2学分。高一、高二每学期2学分,高三学年2学分。

课时安排　每位学生在高一、高二完成必修课时76,高三完成选修课时15。

3. 专题实施

按照"生活性劳动、生产性劳动、服务性劳动"三个大类进行分类说明各课程实施的项目内容,包含专题名称、课时、实践地点、负责人(开发者)(见表3-8)。

表3-8 三大类劳动课程项目内容

类别	专题名称	课时	实践地点	特色评价	对应学段	负责人
生活性劳动	我型我塑	15	校园	最美学生	高一、高二、高三	班主任
	食全食美	15	食堂	校园厨神	高二	徐 铮 夏筱玥
	佐邻佑舍	10	寝室	最美寝室	高一、高二	刘让平
	欢添喜递	15	工艺园	创新达人	高一	徐 燕
生产性劳动	蓝莓精灵	8	蓝莓基地、果乐园	蓝精灵	高一	吴盼盼
	开心农场	12	农耕园	农场天使	高一	刘军锋 张朝晖
	土木工程	10	土木园	头号工匠	高二	李 华
	水电安装	10	工艺园	超级马里奥	高二、高三	盛建根 郑明强
服务性劳动	古镇导游	8	严州古城景区各服务点（南大街周边）	金牌导游	高一、高二	胡建根 朱玫芳
	单车维修	8	绿道、校园等自行车服务点	单车维修能手	高一	陈 嵘 周永康
	五水共治	15	校园、相应乡村服务站	治水小行家	高二	陈 笑 张书红
	校园绿化	10	校内绿化带	小园丁	高一	余卫成

五、课程评价

学生评价以定性评价为主,发挥对学生的激励功能,同时要帮助学生进行自我评价与自我调整。主要从以下几个指标进行评价。

(1)考勤评价。教师对学生的劳动实践课程的知识学习与劳动实践进行考勤记录,并给予"优秀、一般、较差"等评价。

（2）态度评价。教师根据学生在学习过程、劳动过程中的表现进行评价,如态度积极性、参与状况等,可分为"优秀、良好、一般、较差"等形式记录在案,作为学生综合素质评定和学生每学期评优评先的重要依据之一。

（3）成果评价。由教师认定学生学习与劳动成果的评价结果,成绩优异者可将其成果记入学生学籍档案,学校将根据实际情况给予表彰和奖励。

（4）学生学习的最终评定。理论测试占30%,学习成果占30%,平时的学习态度和交流情况占20%,考勤占20%。满分为100分,达到60分即为合格,75分至84分为良好,85分以上为优秀。学分由任课教师评定,由课程管理组认定并公示。

此外,根据不同的劳动项目实施特色化评价,给学生颁发个性化荣誉称号。如蓝精灵、农场天使、头号工匠、超级马里奥、金牌导游、单车维修能手、校园厨神、最美学生、创新达人、治水小行家等。

第四节　课程实施途径

　　严州中学课程体系的实施以"严实"为指导，以学生为本，注重可持续发展，其实践操作主要从"大小走班、导师组合、考评颁证"三个方面进行。

一、大小走班制：优化课程实施组织形式

　　"大小走班"是严州中学在课程体系实施中尝试的课堂组织形式，走班按教学内容的差异划分班级，以学习兴趣为主导，让学生自由选择。走班采用与课程特点相吻合的空间载体，即课程实施的地点及人文、社会环境等，可分为校内、校外两种。其意图在于满足学生自我成长和个人发展的需要，尤其是发展"校际大走班"的课堂组织模式，更有效地确保部分学校特色课程展开，培养学生的实践能力。

　　1. 专题式"校内小走班"

　　专题式"校内小走班"是指严州中学针对因选课学生较多无法安排一个班级实施教学的问题而推行的同一门或同一类型选修课按课程内容分专题或主题组织教学的形式。首先，学校公布选修课程单供学生网上自主选课；其次，根据报名情况对超出预计班级人数较多的课程进行分班，根据学生人数和班级数，学校教务处与课程教师协商邀请同学科组一名或数名老师共同实施开课教学，确定任课教师后由任课教师一起协商对课程内容分专题进行分割，并分配各自的教学任务；最后，按照学校统一安排的课时实施课程教学，"小走班"的学生轮流接受不同教师的不同专题的教学。经研究试行后，这种"小走班"形式也可以运用到某些选考科目的教学实施中。

　　案例3-1：严州中学冯小芳老师开发实施的选修课"跟我品诗"深受学生

欢迎。学生自主选课后统计,选择这一选修课程的有80多人,竟多出原计划(一个班30人)近2倍的人数。这给课程实施带来极大的不便,学校和冯老师协商后决定尊重学生的选择,把选课的学生分成3个教学班级,同时邀请同组的潘静老师和贾小龙老师来共同实施本课程。3位老师把冯老师开发的课程按主题分"春花秋月""铁马金戈""生活情趣"三大类,3个班级的学生按主题实施走班教学。选课的学生都轮流完成了不同主题的诗词品读。而不同个性的老师带给学生完全不同的品诗感受:温婉的冯老师带领大家咏"春花秋月何时了",赏花赏月赏时光;豪放的潘老师为大家唱"白日放歌须纵酒",感怀铁马金戈的诗魂;幽默的贾老师和大家一起吟"行到水穷处,坐看云起时",用心地体味生活的趣味和意义……新颖的教学组织形式,独到而个性十足的品诗体验,让选课的学生收获的不只是一门兴趣爱好课程的内容。

这一走班形式深受欢迎,也被推广到其他热门选修课中。通过这样的同一课程的"专题式小走班",学生选课就不受班级人数限制了,同一课程也可以同时进行几个班级的教学,真正实现了"以生为本"的理念。

2. 跨越式"校内大走班"

"校内大走班"是在"校内小走班"形式的基础上发展而来,指可以在严州中学不同年级间(主要是高一和高二)进行跨越年级的课程教学组织形式。这种形式是针对一些学生的知识能力要求并没有特别年级区别的选修课程,如严州中学的志愿服务系列课程等,学校打通了年级界限,同时供高一、高二学生共同选课。"校内大走班"的实施,首先要求学校整理选修课程,将对知识能力要求不明显的课程纳入"校内大走班"公共课程并公布给学生,同时供高一、高二学生自主选择。学生在自主选课的时候,可以根据自身情况选择大走班课程或与自己的知识能力要求相吻合的小走班课程。这样,学生可以完全自己规划高一、高二两年内的选修课安排,真正实现自主学习。

案例3-2:李同学是严州中学高一学生,在开学后不久就面临选择自己的选修课程。在校园网上,李同学看到了长长的几十门课的选修科目单,里面包括高一年级的选修课和高一、高二年级的公共选修课程。对众多课程困惑不已的李同学向老师寻求帮助,在听了老师的解释和建议后,李同学结合自己的兴趣爱好和目标,大体规划了高一、高二四个学期的选课方向,然后选择了"校内大走班"的"志愿服务素养ABC"和"新家规家训"课程以及高一年级的学科小走班课程"触摸严州文化",形成了自己专属的选修课程表。

"校内小走班"和"校内大走班"的实施都在学校进行,除固定的教室外,学校还布置各学科组学科教室,专门设置了书画教室、心理服务站(心理课教室)、剪纸教室、高标准的物化生实验室等。

3. 开放式"校际大走班"

"校际大走班"是指严州中学为满足一些职业技能类选修课和综合实践类选修课的实施场所的特殊要求,与兄弟学校、校外相关部门和单位或企业合作,开辟校校、校企等开放式走班教学组织形式。"校际大走班"的实施,首先,由相应任课教师设计课程具体操作实施方案,其中包含对课程实施的地点及人文、社会环境的要求,该方案在课程实施之前提交学校教务处、校长室等行政部门审批。其次,学校根据实际情况,积极与兄弟学校、校外相关部门和单位或企业联系协商,建立相应的课程实施基地等场所。开课前,教务处安排好日常的课程实施的场地及其环境布置工作并做好部门之间的协调工作,避免课程之间的冲突和确保各课程在一个最优环境、最适合地点安全有序地进行。最后,各课程的选课学生按安排的方式前往要求的特殊场所如工厂、基地等进行课程的学习或实践。表3-9列举了严州中学"校际大走班"中部分选修课程的实施地点及要求。

表3-9　严州中学"校际大走班"部分选修课程实施地点及要求

序号	课程名称	上课地点及要求
1	模拟导游	七郎庙旅游码头、玉泉寺、青柯亭等
2	新家规家训	杨村桥镇十里埠村;需要村民参与和互动
3	"乡村服务站"系列课程	各服务站所在地(学校挂牌建立);需要村民参与
4	皮划艇基础入门	姚坞水上运动基地;天气要求;安全措施保障
5	五水共治中的科学与服务	乡村联系点、各科实验室;天气要求;村民参与

案例3-3：在杨村桥镇十里埠村文化大礼堂中，一堂异彩纷呈的校际课程正在"上演"，在座的有严州中学部分高一、高二年级的同学，还有杨村桥成校的一些学生。此外，还有许多年过花甲的老人、三四十岁的中年妇女、稚嫩活泼的儿童，原来这堂课的参与者中竟有许多当地的村民。这正是由严州中学唐老师和杨村桥咸校叶老师共同开发与实施的"新家规家训"课程，课程开设得到当地村委会和村民的大力支持。为此，杨村桥镇从事文化工作的相关负责人多次为两校学生带来了精彩的演讲。

二、导师组合制：创新课程实施教学主体

导师组合是指严州中学为满足部分选修课程实施的需要，邀请具有一定理论知识和实践经验的学生、老师、家长与技术人员等成立导师小组来共同实施某些课程教学的创新模式。导师组合的确定，首先课程开发教师根据课程实施的需要提出基本方案，有意愿的学生申请参与，教师遴选责任心强、能力突出、有一定领导力的"学生导师"；对于那些技术或实践操作技能要求较高的课程，则由学校出面联系相关技术人员或学生家长，形成该课程"导师组合"的雏形；然后对导师组合进行培训，经过磨合、调整等过程后，基本确定该课程的导师组合的方式并进行教学和实践。

案例3-4：严州中学志愿服务特色课程群中的"农村小信使"课程由于涉及柑橘、蓝莓、草莓、西红花等种植知识和技术，需要以"导师组合"的形式来实施课程。柑橘种植服务课程开发人王清华老师选定三都镇松口村柑橘种植服务站作为"先行军"，提出导师组建的基本方案后，申请的学生接踵而至，经过遴选，确定3人作为"学生导师"的候选人。接着，学校联系该村的村委会主任，得到了村民支持，服务站进入实质性的磨合与尝试阶段。一段时间后，王老师发现陈同学比较适合担任学生导师，一来她工作比较负责，二来比较熟悉当地情况，三来其家长从事柑橘种植。最终确定由陈同学、陈同学家长以及王老师组成该课程的"一生一师一技术员式"导师组合。

1. 协商施教

协商施教是指在选修课实施的过程中，各位导师之间互相协商，讨论课程实施过程中的内容、活动和表现形式，然后分工合作，共同完成选修课程的

教学工作。课前,通常由教师导师召集学生导师和技术导师共同商议课堂的具体内容与开展形式,讨论课堂活动环节和各自的任务;课中,导师们在各自的教学环节有序开展教学活动;课后,通常由学生导师组织实践活动或收交作业和活动记录等。在这个过程中,学生导师既是参与学习的主体,也是部分课程教学的实施主体,在学生和其他导师之间扮演着重要的纽带作用,还能辅助教师导师完成一些教学准备工作,如一起讨论协商教学计划、设计活动方案、课前活动准备等;校外技术员主要担当课程设计的技术指导;学生家长熟悉地理环境,为一些户外课程提供帮助与支持,并能适当提供技术帮助。

案例3-5:"《十里埠村歌》的解说和演唱"实践课中导师组合的运作。在课前,教师导师召集学生导师和技术导师共同商议课堂的具体内容与开展形式后,决定用《十里埠村歌》作为载体来实施这节课的任务。村歌里对十里埠的特点及历史典故进行了高度概括,歌词通俗易懂,朗朗上口,适合传唱。导师们还一起讨论了课堂活动环节和各自的任务。授课过程分三部分:首先,教师导师介绍导入,回顾十里埠概况。同时学生导师协作分发歌词。教师导师概说村歌,介绍技术导师。其次,技术导师叶青老师详述村歌里对十里埠特点的描述和歌词所叙说的历史典故,完成后教师导师对其进行简要的总结和点评。接着由学生导师教村民和志愿者学生学唱村歌。最后,由教师导师对活动进行总结。在这次教学活动中,教师导师负责组织学生和村民到达服务站以及整个活动的安排和监测;学生导师负责组织本小组成员的活动;技术导师负责场地和村民的联系。三方导师通力合作,确保教学能顺利高效地完成。

2. 按需组师

按需组师是指依据课程的不同难度、课型、章节,在教学中采用不同的导师组合方式。目前严州中学主要采用三种导师组合的方式:即"一生一家长式""一生一师一技术员式""一生一师一家长式"。

"一生一师一技术员式"导师组合教学模式适用于对技能要求较高或专业性较强的职业技能类和综合实践类选修课程。技术员处于教学核心地位,指导学生学习和实践,同时解决学生导师和教师的疑惑。学生导师是活动中的主体,由学生来实施可以让一些复杂的专业问题变得通俗和简单,教师则是做好活动组织和保障,必要时给予学生一些专业指导。

案例3-6:严州中学"志愿服务"课程群中的"农民权益帮帮团"课程,分校内、校外两种教学组织形式。严州中学的杨大为老师具有律师执业资格,因此,校内教学由杨老师教授一些涉及农民权益的法律常识,学生导师适当辅助。而校外服务站点的教学,由校外法律讲解员的现场指导与咨询、学生导师适时安排的相关法律小测试、学生的走访活动、杨老师的现场点评等环节组成。

"一生一家长式"导师组合教学模式主要适用于知识或技术难度相对较低、操作性较简单的社会实践课程。在教学上,学生导师起主导作用,包括组织、策划活动和解说以及布置活动作业;家长主要承担实践环节的示范和学生操作环节的检查、把关等;教师负责跟进监督,做好活动记录等。

案例3-7:在松口村柑橘种植服务站的实践课程中,学生导师陈同学在每一次活动前都会做精心的准备,加上陈爸爸的完美配合,活动开展得十分顺利。为了本站的学生在活动中能更好地活学活用,陈同学和负责教师王清华老师商量给同学们布置了几次研究性作业,如"松口村与周边村土质情况调查""7—8月松口村降雨情况统计""本地柑橘酸性pH测试"等。

"一生一师一家长式"导师组合教学模式主要适用于知识宣传类、信息收集类或技术难度相对较低的实践活动课程。在教学上,学生导师发挥纽带作用,便于家长和教师、教师和广大学生的联系,同时还和教师一起出谋划策组织活动;教师做好活动的组织、记录和监督工作;家长负责保障教学和活动的环境,做好和群众的联系工作,或者在一些操作中做示范。

案例3-8:课程"触摸严州文化"把宝华洲确定为本课程的校外实施基地,进行严州文化的宣传服务。钱同学和沙足杰老师以"半朵梅花"为题来介绍严州古城,并利用课余时间做了很多宣传资料,如海报、宣传册、宣传视频。讲座PPT还由钱同学和沙老师一起完成;家长导师许家长则为课程活动安排好了时间和场地,还带领同学们一起发宣传资料,给他们介绍社区的一些情况,让同学们十分感动。

三、考评颁证和质量评审团：革新课程实施评价方式

(一)考评颁证

考评颁证是指在课程实施过程对课程质量、教师施教、学生学习效果评价，通过考核颁发不同类别的证书。其意图是通过考评颁证的方式代替传统的以学业成绩衡量师生的评价方式。考评颁证更注重课程、教师、学生的不断发展及学生对社会的贡献，肯定他们的正能量，让他们坚信自我价值。考评颁证分为多元化考评和特色化颁证两个部分。

1. 多元化考评课程育人功能

多元化考评通过采用"诊断预检式""焦点访谈式""角色转换式"等策略，分别从课程、教师、学生层面考评课程育人的功能。

(1)"诊断预检式"考评

这种方式主要是对课程质量考评，其考评机制主要应用了带有严州中学特色的课程实施前考评标准与课程实施后考评标准。考评课程通过多阶段不同的课程评价性标准且辅以一定的学生访谈和调查问卷来进行，以此形成严州中学课程开发范本，促进课程开发与实施。课程实施前考评标准是针对评价课程的背景、规划方案、纲要等内容，重点关注学生的兴趣、课程指导思想、课程总目标、课程内容与组织等内容，带有"诊断预检"的性质，它使许多课程在走上正轨前少走弯路。

每一个课程在实施阶段前，都先有评估阶段，由课程考评小组进行课程考评，标准是课程指导组制定的"课程实施前评价标准"。终评合格的课程被放行，不合格课程进入下一个准备阶段，而优秀课程会接受一段时间的跟踪。表3-10节选了严州中学梅城校区选修课程实施前评价标准中的部分内容。

表3-10　严州中学梅城校区选修课程实施前评价标准

环节	考评内容	优秀	合格	不合格
教学准备	教学环境适宜			
	物质准备情况			

环节	考评内容	优秀	合格	不合格
课程内容	大纲思路清晰度			
	难度适宜程度			
	吻合学校办学理念与育人目标			
相关活动	形式多样			
	实践性强			
	利于学生可持续发展			
课后反馈	作业设计科学			
	本地域化特色的后续活动设计			

（2）"焦点访谈式"考评

这种方式主要是对教师教学考评。考评教师通过制定科学合理的评价标准进行考评和采用访谈形式深入考评教师的综合表现。访谈式考评更有特色，以教师作为访谈内容的焦点进行考评活动。其优点在于从学生角度去解释和描述对教师的感受与课堂教学情况。访谈式考评是一种相对温和、客观的考评方式，尤其是被评价对象是自己的老师，如果采用一种严肃的量化表让学生对其进行考评，常常有失偏颇。

在2016学年的课程中，刘襄老师执教的"模拟导游"课深受学生欢迎，这从考评的过程中可以看出。一年中，学校曾对该课程教师刘老师的课程实施情况进行过多次学生访谈，现将其中与王同学访谈的部分内容摘录如下。

问：你为什么会选择刘老师的"模拟导游"？

生：听说刘老师经常带着学生实地讲解，这个比较有意思，能学到东西。

问：你觉得课堂氛围如何？

生：刘老师讲课幽默，课堂特别活跃，大家都争着参与。

问：学习这门课给你留下深刻印象的是什么？

生：刘老师尽职尽责的工作态度。虽然是选修课，但是刘老师却很努力准备每一次课，每次活动都让我们感觉收获满满。因为经常要走到校外，刘老师都特别关注大家的安全，总是叮嘱我们要小心、要注意等。

问:学习"模拟导游"这门课你有哪些收获?

生:学会了合作、分享,对严州的文化有了更深的了解;在做模拟导游过程中,刘老师不断鼓励我,我的表达能力也提升了很多……

(3)"角色转换式"考评

这种方式主要是对学生学习考评。考评学生采用多种形式对学生在课程学习及活动中的表现进行评价。具体操作中,可按照时段进行划分,如课中考评、课后考评、期末考评等;也可按照实施形式划分,如教师对学生的考评、学生对学生的考评和学生自我考评等。其中以课中三者综合考评(师生、生生、自我)最为典型,该方式使被考评对象参与整个考评过程,在"考评者"与"被考评者"两个角色中转换,对学生的自我提升十分显著。

在实际的考评学生环节中,课程指导小组根据学校课程的总体特点,设计了多种学生学习考评表(样表),教师根据自身课程特点做修改。表3-11是严州中学梅城校区选修课程学生课堂学习考评表(样表),考评中在相应结果打√即可。

表3-11　严州中学梅城校区选修课程学生课堂学习考评表

学生课堂学习考评表(样表)								
评价内容	学生自我考评			学生互相考评			任课教师考评		
课前准备	优	良	一般	优	良	一般	优	良	一般
课堂专注度	优	良	一般	优	良	一般	优	良	一般
课堂活动参与	优	良	一般	优	良	一般	优	良	一般
课堂目标达成	优	良	一般	优	良	一般	优	良	一般
小组活动领导力	优	良	一般	优	良	一般	优	良	一般
课堂小结完整性	优	良	一般	优	良	一般	优	良	一般
总评结果	优秀			良好			一般		

乡村服务站系列课程的学生课堂学习考评十分典型,尤其是对学生导师的考评。学生导师在课程实施前和实施中,既从学生的角度积极思考,又从导师的角度为大家"设梗";课程进行中和结束时,既是评价者,也是被评价的对象。通过课堂考评,学生导师有效地进行自我诊断与自我反思,甚至

给自己"设梗"然后寻求突破,促进他们持续、有效地提升自己的能力。

2. 特色化考核课程建设成效

特色化考核通过"星级证书""荣誉称号""学历说明"颁发,分别从课程、教师、学生层面考核课程建设的实效。

(1)颁发星级证书

颁发星级证书是对课程考评的一种特色做法,采用星级标准评价课程。星级从三星、四星直至五星。星级课程的评选结果也是学校上报各类精品课程的重要依据。严州中学梅城校区星级课程评选规则见表3-12。

表3-12　严州中学梅城校区星级课程评选规则

星级类别	调查满意率	综合评定等第	总数限定
三星级课程	学生满意率80%以上	良好及以上	无
四星级课程	学生满意率90%以上	优秀	5
五星级课程	学生满意率95%以上	优秀	3

2016学年星级课程评选结果中,"五水共治中的科学与服务""模拟导游"2门课程获得了五星课程的评价,"新家规家训""微探口述史"等5门课程获得了四星课程的评价,另有23门课程获得三星级课程提名。

(2)颁授荣誉称号

颁授荣誉称号是对课程开发与实施中教师的突出表现进行表彰的一种方式。荣誉称号的授予与星级课程的评选有一定的关系,但因不限于课程开发,所以非某课程的主要开发者只要参与授课,也在此颁证评选的范围内。

2011学年伊始,学校在课程教学改革上进行了很多尝试,颁授严州中学特色荣誉称号也是其中一个亮点。从最初为鼓励教师积极参与课改推出"课改之星"评选到现在课程建设蓬勃发展,颁授荣誉称号作为一种特色做法一直保留,至今已陆续开展了"校课程开发突出贡献奖""最美课程讲师""最受欢迎课程叙述人"等评选颁证活动。

(3)颁布学历证明

颁布学历证明是对于学生考评的一种特色做法,主要是颁发课程学习

经历证明、课程结业证书和部分特色课程的个性化证书等。

严州中学新生自入学起，课程学习即作为一种重要学习能力的考量标准伴随他们整个高中学习的过程。学校对每名学生参与课程学习情况登记在册，在高中毕业前获得一张学习履历证明，学分达到要求且表现良好的情况授予课程结业证书。此外，志愿服务性学习活动已在严州中学开展多年，与志愿服务相关的课程学习都会累计在志愿者课程学习履历中，在符合条件的情况下于学生毕业前颁发证书并在校园网发布相关信息。图3-7为证书样本。

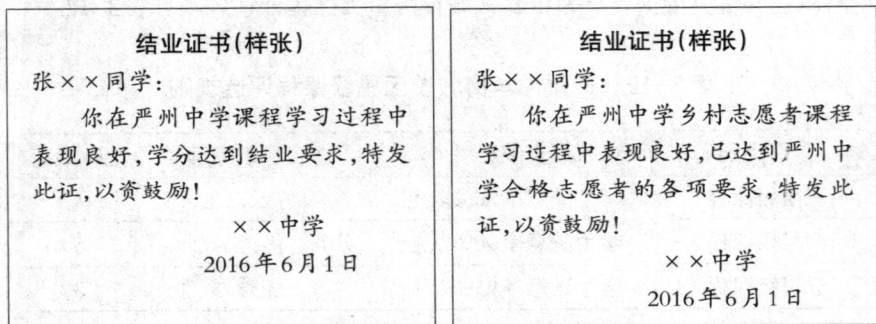

结业证书（样张）	结业证书（样张）
张××同学： 　　你在严州中学课程学习过程中表现良好，学分达到结业要求，特发此证，以资鼓励！ 　　　　　　　　××中学 　　　　　　2016年6月1日	张××同学： 　　你在严州中学乡村志愿者课程学习过程中表现良好，已达到严州中学合格志愿者的各项要求，特发此证，以资鼓励！ 　　　　　　　　××中学 　　　　　　2016年6月1日

图3-7　严州中学梅城校区选修课程结业证书

(二)质量评审团

质量评审团是"选修课程""乡村服务站""导师组合制"等运作的管理和保障。

1.科学的机构设置满足选修课程质量提升

质量评审团的组建形式灵活多样，力求务必保证团员的组合更全面、更专业，也充分考虑到评审的科学和便捷，从而满足选修课程质量的提升。

(1)分员组团：三三制，团员组成来源多元化

分员组团是通过对个体参与评审的热情以及职业能力的评定，按照"三三制"方式选择成员组建评审团。"三三制"是指按"3∶3∶3"的比例确定成员名单，即学生、教师、社会人员(家长、技术员、职能部门官员等)各3人，从而使评审更全面、更科学。

分员组团按推送招募通告→成员推荐→考核小组审核→公布成员名单并颁发证书四步操作。学校在公众号上推送招募通告；以自荐、他荐或组织推荐等形式拟定成员；由学生处考核学生成员的实践经历，由教师处考核教师成员的专业程度和评价能力,由学校选修课质量领导小组考核社会成员对教育的热情度及其专业技术水平;学校公布质量评审团名单并颁发聘书。

案例3-9:以"模拟导游"课的质量评审团组建为例。根据该课负责人刘骧老师提出的招募章程,学校向社会(主要是旅行社与导游培训机构)和全校师生招募。经自荐和组织推荐,拟定候选人员:社会成员35人、教师27人、学生28人,依据候选人参团热情和专业能力的考核结果,最终确定2017学年模拟导游课的评审团名单:社会成员9人、教师成员9人、学生成员27人,由学校颁发聘书。

(2)按类建团:分类别,团队组成类型课程化

按类建团是根据"美化乡村、助力'三农'、传播文明"三类课程的不同特色,选择具有专业技能的导师,分类别组建质量评审团,从而使评审更专业。

按类建团流程分分析课程特色→评审团候选人员专业能力→课程与能力匹配→按类组建评审团四步。即对课程进行特色考察,提炼其具有代表性的职业及能力要求;通过档案查询、问询等方式对候选人员进行专业能力考察;根据课程要求与个体能力匹配,选出最佳人员,组建质量评审团。

案例3-10:以"五水共治'选修课的质量评审团组建为例。社会热心人士周先生是污水处理厂的员二,对污水处理方法有深入研究,被聘为该课的质量评审团社会成员。聘请有排水管道维护能力和丰富实践经验的校后勤叶老师为评审团教师成员;王同学参加过多项保护水质、水源等的相关公益性社会活动,对"五水共治"有一定的理解,被聘为评审团学生成员。

(3)因地设团:求便捷,团队设置方法地域化

因地设团是根据因地制宜的原则,查实区域范围内的地域优势和人员优势;根据课程培养目标,在小区域内设立评审团分团;让时间和地域受限的专业人员也能加入评审团,使评审更便捷化。

因地设团的操作是按需审议区域→查实区域优势及人员优势→考察课程评审与区域匹配程度→设立评审团分团。因地设团的前提是评审协作的需要,条件是结合分团的区域优势、区域特色及人员优势,在匹配度高、有不可替代优势或者明显优势的地方考虑设置评审团。

案例3-11:以助力"三农"的"农村小信使"的质量评审团分团设立为

例。建德市有睦山农蓝莓种植服务站、绪塘村草莓种植服务站、圣江村西红花种植服务站。据调查发现，各经营者对蓝莓、草莓、西红花的种植经验丰富，因受时间限制，他们无法异地担任评审团成员，但愿意就近提供帮助。经商议，该课就按小区域设立评审团分团。

2. 高效的管理协作促进选修课质量提升

为了促进选修课程质量提升，我们从实效、样式、保障等角度将评审团分"点亮型和纠偏型""过程型和结果型""统计型和建议型"来实施评审团的协作。

（1）实效取向：点亮型和纠偏型的质量评审协作

实效取向是指从教学实效的层面评审选修课质量，旨在审定课程运行过程是否关注选修课质量的实效和提升。分"点亮型和纠偏型"两类实施。点亮型是对选修课程、乡村服务站、导师组合的教学亮点记录的激励式评审；纠偏型是对选修课程、乡村服务站、导师组合的查找课堂不足诊断的修正式评审。

点亮型评审的操作分为教学设计评审→课堂流程观察→课堂亮点记录→亮点推广四步。评审团成员主要记录教学设计和课堂教学中的亮点，并以集中反馈、经验介绍、开设示范课等形式推广亮点。

案例3-12：以选修课"模拟导游"之"金牌导游"板块教学为例。评审团审议该课的教学设计和课堂教学，经讨论形成集体评审意见，记录下本节课的亮点："幼儿团、老人团、学者团等大跨度的旅游团的校史馆模拟导游设计"，学生可以针对不同背景的旅游团，模拟体验导游活动的差异，有利于引导学生多角度思考和多种方式操作。该项活动在2019年5月杭州市普高选修课程骨干培训会上做了课堂教学展示，取得了与会者的一致好评。

纠偏型评审的操作分为教学设计评审→课堂流程观察→课堂不足记录→纠偏方案研制→二次评审五步。评审团成员主要评审教学设计中是否存在偏差，重点记录课堂教学中的不足，研制纠偏的具体方案，二次评审整改后的教学实效。

案例3-13：仍以"金牌导游"板块教学为例。这是一节由另一导师团队执教的同课异构的展示课。评审团记录了本节课存在的问题：让学生设计一个旅游团的模拟导游活动。纠偏建议：引导学生自主设计针对更多的不同人群构成的旅游团的模拟导游活动。这样的纠偏评审开拓了课程导师的提升空间,保证了选修课教学的实效性。

(2)样式导向:过程型和结果型的质量评审协作

样式导向是指从实施样式的层面评审选修课质量,旨在审定课程运行过程是否关注选修课质量的样式和需求。分"过程型和结果型"两类实施。过程型是对选修课程、乡村服务站、导师组合的运作过程监控的跟踪式评审;结果型是对选修课程、乡村服务站、导师组合的运作结果考量的定性式评审。

过程型评审分乡村服务站和导师组合的运行过程记录→运行效度评审→评审结果呈现→经验提炼或不足纠正四步操作,其核心是对过程的评审。

案例3-14:以"严州古城文化志愿宣传活动"过程评审为例。评审团成员观察记录该服务站内的教学前期准备:场地协调、严州古城相关资料、空白展板及其他材料。之后观察现场教学,课程导师对学生志愿服务活动的具体指导:引导学生分组进行场地、展板等的布置以及严州古城相关资料的自主学习。同时记录服务站对学生活动进行提供的运行保障:后勤给养、古城文化理解的深入指导等,并提出审核建议:以问题导向设计和实施对古城文化理解的实施方案。

结果型评审的操作分为评审团观察→进行评审→提供评审结果→予以表彰四步。通过问卷调查、学生成果考察等方式记录乡村服务站和导师组合的运作结果。操作的核心是对课程落地和育人功能的评审。

案例3-15:以"绪塘村草莓种植服务站"的运营结果评审为例。评审团在观察中发现,学生在绪塘村草莓种植服务站亲手进行了草莓栽植和养护,并通过有机肥的使用和病虫害的监管,成功培育了安全绿色无污染的草莓,学生获得了成就感和喜悦感。评审团一致认为"农村小信使"选修课导师的工作结果和绪塘村草莓种植服务站的运行结果促进了本门选修课的落地,具有极好的育人效果。校方依据审核结果,该课导师被评为优秀导师,该服务站被评为高质量服务站。

(3)保障指向:统计型和建议型的质量评审协作

保障指向是指从保障工作的层面评审选修课质量,旨在审定课程运行过程是否关注选修课质量的保障和完善。分"统计型和建议型"两类实施。统计型是对选修课程、乡村服务站、导师组合的实施提供保障的对账式评审；建议型是对选修课程、乡村服务站、导师组合实施中的保障不足提供整改建议的应对式评审。

统计型评审的操作按观察→统计→评析→定级顺序。根据保障制度，评审团观察各项保障措施落实情况，通过条目化、对标式统计，对每项保障进行审议，并给予 A、B、C 等级评定：A—优秀，B—合格，C—不达标。导师等相关人员依据评审结果，充实完善后续的保障工作。

案例 3-16：以"绪塘村草莓种植服务站"的"草莓栽植"第一课为例。评审团在观察中记录导师及服务站的保障工作：①提前购置草莓苗；②从仓库选出相应的劳动工具；③实践基地提前布置；④为学生准备瓶装饮用矿泉水；⑤草莓种植的技术指导。评审团的定级结果如下：①⑤为 A，③④为 B，②为 C。

建议型评审的操作过程是观察了解→梳理不足→整改建议→协助改良。评审团在观察导师及服务站运行的基础上，梳理保障措施中的不足，提出整改方向，并协助导师及服务站进行保障措施的改进和完善。

案例 3-17：仍以"绪塘村草莓种植服务站"的保障为例。评审结果显示，实践基地提前布置和为学生准备瓶装饮用矿泉水的保障是可以改进的：实践基地只需提前确定土地，其他布置任务可以引导学生自行完成，这样更有利于锻炼学生的自主学习能力；为学生准备瓶装饮用矿泉水可改为准备桶装水，可以降低成本，且渗透学生的环保意识。

四、课程实施的制度保障

课程是落实育人理念的主阵地。为了保障课程实施工作顺利推进，严州中学制定了《严州中学梅城校区课程实施办法》对课程实施工作进行总体部署。该办法要求成立专门的课程实施工作领导小组，下设课程工作实施小组和选修课程开发小组，规定了各小组的职责分工和实施要求。在此基础上进一步制定《严州中学梅城校区选修课程管理办法》《严州中学梅城校区选修课程走班管理手册》《严州中学梅城校区学生选课及学分认定办法》《严州中学梅城校区选修课程评价办法》《严州中学梅城校区选修课程指导手册》《严州中学梅城校区选修课程建设师资培训方案》等细则指导课改工作扎实推进。

第四章

大课堂:创新学生实践平台

　　课程实施是决定课程改革成败的关键,课程实施不仅要研究课程方案的落实程度,还要研究学校和教师在执行一个具体课程的过程中,采用何种方式落实课程。因此,课程实施平台对课程实施意义重大。课堂是育人的核心阵地。佐藤学教授在《静悄悄的革命》一书中强调:课堂改变,学校就会改变。严州中学以大课堂观为指导,积极探索符合育人方式改革的大课堂构建,创新学生实践平台。校外实践课堂、校内走班课堂是大课堂的亮点。"严中样本"秉承"生活教育"的理念,努力开拓课堂的时空边界,创造性地构建了诸如"乡村服务站""劳动实践园""家校协同场""校史教育馆"等全新的育人平台,呈示出一种别样的教育样态。

第一节　学生实践平台创新

选修课如果仅仅停留于设计阶段的美好愿景,缺乏有效的场景创设,实施载体就会缺失,课程育人实效就难以保障。尤其涉及语言、历史的选修课,更需要大量的语言与人文环境,实践调查、考察交流也无法在教室中进行。因此,构建有效的高中选修课实践平台是提升选修课教学质量的重要途径之一。

一、实践平台创建的依据

为确保课题的实施,学校从四个方面思考并创建实践平台。一是寻找课题实施的基石,建立开放的教学系统,即大课堂系统;二是抓住课题实施的内容,建立延展的课程知识拓展机制,即学科与生活联结;三是探索课题实施的方式,建立学校社会协同机制,即加强学校与社会的联系和资源共享;四是基于不同教师各自的优势,实现不同教师之间的优势互补。

(一)大课堂

严州中学的育人目标是培养具有"严州品性,时代精神"的新时代农村优秀人才,我们立足的是学生的终身幸福和未来中国农村发展的需要,因此学生成人成才是学校教育的关键。学校先在选修课教学中引入"大课堂"这一形态,并在此基础上探索了基于农村普通高中选修课教学的大课堂构建思路,在常规的教室之外积极探索开辟室外课堂、第二课堂。在学校引领下,调动家庭社会力量资源,促进学会知识、学会技能、学会感恩、学会生存。在志愿活动中,培养学生的自律、责任意识;在劳动实践活动中,让知识与生活对接,锻炼学生的适应能力、生存能力、抗挫折能力、合作能力等。目前,乡村服务站成为选修课校外实践的主阵地,加上校内的第二课堂、室外课堂、劳动实践园,共有超过100个学习资源点被激活,在实现跨班、跨年级、跨区域的"大走班"教学的同时,无形中促成了学生学习方式的转变。它强调课堂形式的灵活多变,校外实践课堂、"校内大走班"课堂是其中的亮点,即有学习活动的地方便是课堂存在的地方。

案例4-1:"五水共治中的科学与服务"选修课借助导师组合制有效解决了学科跨界的问题,由单一教师指导转变为导师团队育人,给学生带来了多元化体验,达成了良好的教学效果。"触摸严州文化"选修课作为开设时间最长的选修课,已被学生誉为"高一新生的必选课",一改过去选修课程知识育人的主线,以家乡情怀作为育人的切入口,致力于推动育人从单一的学业培养向核心素养培育的思路转变。在这样的学习氛围中,学生的知识、能力、兴趣、爱好、习惯、情感、态度、价值观都会得到不同程度的内化和提升。

(二)生活教育理论

"生活教育"是陶行知先生教育思想的核心,强调"社会即学校""教学做合一"。其内涵为:从定义上说,生活教育是给生活以教育,用生活来教育,为生活向前向上的需要而教育。陶行知认为,"生活就是教育",教育必须与实际生活相联系。他在《什么是生活教育》一文中曾明确指出:"生活教育是生活所原有,生活所自营,生活所必需的教育。教育的根本意义是生活之变化。生活无时不变,即生活无时不含教育的意义。"在陶行知看来,教育和生活是同一过程,教育含于生活之中,教育必须和生活相结合。据此,我们加强课程与生活的联系,利用课题实施的内容,把学科与生活联结,建立延展的课程知识拓展机制。这些课程更注重学生的实践锻炼价值,关注学生的实践能力及生活能力,将学生的学科知识转化为解决实际问题的能力。

(三)协同机制

协同理论认为,在整个环境中,各个系统间存在相互影响而又相互合作的关系,如不同单位间的相互配合与协作,部门间关系的协调,系统中的相互干扰和制约等。青少年的教育应该是全方位、立体式的教育。因此,学校从探索课题实施的方式入手,努力建立和谐的学校社会协同机制,即加强学校与社会的联系和资源共享。严州中学与相关企业共建了蓝莓园劳动实践基地、三都蜜橘种植志愿服务站、杨村桥草莓销售志愿服务站、自行车安装实践基地等实践教学基地,采用导师组合的方式进行施教。学校聘请具有丰富实践经验的教学基地管理人员或技术人员担任课程技术导师,参与课程教学、参与实施平台的设计与运作、参与指导学生实践活动等任务,保障人才培养与社会需求的无缝对接。此外,学校还鼓励教师打破界限,打造学科融通的协同机制。

(四)长板理论

互联网时代的企业,遵守的应该是"长板原理"。其核心观点认为:当你把桶倾斜,你会发现要装最多的水取决于你的长板(核心竞争力),而当你有了一块长板,围绕这块长板展开布局,为你赚到利润。如果你同时拥有系统化的思考,你就可以用合作或购买的方式补其他的短板。"导师组合"就是基于"长板理论",发挥自己的优势的同时,借他人之力补己所短,实现不同导师之间的优势互补,进而促进学生的全面发展。

二、实践平台创建的原则

严州中学课程实施载体不局限于校内的课堂教学,还拓展到了校外的乡村服务站和劳动实践园等学习活动平台,其创建务必要基于安全便利、以人为本、实践体验、可持续性等原则,既要保障学生和教师安全、顺利地落实课程,也要保障课程的可持续实施。

1. 安全便利

乡村服务站和劳动实践园都是校外学习实践活动开展的平台,所以安全便利是首要考虑的条件。校外教学活动必然存在安全隐患,尤其是实践园中从事劳动必然有身体损伤的概率,严州中学的"实践课程实施方案"中就把安全首位的原则放在了实施原则的第一条,建立一定的安全保障制度,同时避免一些潜在的安全隐患,并针对每一个校外课程要有详细的安全预案。学校从课程、班级、学校三个层面制订了安全方案,并配备了行政、教师、家长、学生四级安全员,以确保师生在实践中的安全。课程负责教师和随班教师对学生的安全负完全责任。

乡村服务站和劳动实践园的设立是严州中学在有效地利用周边区域的

教育资源,对其进行有效整合与有效流通,与其他兄弟学校、企业、校友合作实现教育资源共享后创建的新型的课程实施平台,它们的设点一般都要求交通便利、操作方便,便于教师和学生开展实践活动的教学。

2. 以人为本

以人为本的教育理念是时代发展的产物,它主张把学生放在第一位,以学生作为教育教学的出发点,顺应学生的禀赋,挖掘学生的潜能,完整而全面地促进学生的发展。学校通过乡村服务站和劳动实践园,结合多样化课程的实施,为学生的各种实践学习搭建了平台,引导学生根据自身特长,参与相关的志愿服务学习活动。在活动中学习课程知识,并把所学知识运用于志愿服务的实践活动中。通过服务活动,既展示和提升了自己的能力,也帮助了其他需要帮助的人,体现了人生价值与社会价值,培养了社会责任感和服务精神,这些都是学校课堂教学达不到的教育效果。来自各行各业的导师们,更是对学生进行了职业生涯指导、就业指导、心理咨询指导、创业教育指导等,帮助学生树立远大理想,促进学生的发展和成才。

3. 实践体验

"教育要通过生活实践才能发出力量而成为真正的教育。"这是我国著名教育家陶行知先生关于教育与实践关系的真知灼见。教育是一种特殊的实践活动,它突出体现在作为教育客体的学生同时又是学习过程的主体。实践育人强调实践是教育的内在属性,其根本目的在于逐步确立和发展学生在学习过程中的主体地位,使学生作为主体来变革自身,让知识结构、行为方式和道德品质等获得发展。严州中学将各种紧扣现实生活,有目的、有计划的实践活动通过学校的乡村志愿服务站和劳动实践园,结合运用于教学过程中,将学校、学生、社会三者紧密结合,突出实践性、自主性、趣味性、创新性,综合学生的知识与技能训练,在实践中学,在学中悟,寓教于乐,在活动中发现和解决问题,体验和感受生活,发展实践能力和创新能力,以此来实现学习知识、育人成才的教育目的。实践育人代表的是一种新的思维方式和教育观,同时也是一种新的育人模式。

4. 可持续性

可持续性是指一种可以长久维持的过程或状态。可持续性原则是实践育人工作开展需遵循的重要选择,构建实践平台的长效机制。结合严州中学育人目标,学校在育人平台创建过程中充分考虑其实用性和可操作性,选择创建项目既要充分考虑为当地农村建设服务,也要考虑其发展和前景,要让学生学有所用,毕业后能在当地充分发挥他们的才能,带动当地快速地发展,切实服务于"三农",支持新农村建设。这样的课程或项目才有生命力,这样的实施平台才可能持续发展。

基于以上依据,严州中学创建了乡村服务站、劳动实践园、家校协同场、校史教育馆等学生实践的平台。

第二节　乡村服务站

　　"乡村服务站"的构想缘于严州中学的志愿服务性选修课程群建设中的一些探索。学校尝试了"两条腿走路"——把课内通识类知识技能的学习和课外志愿服务活动相结合：知识技能的学习采用"课堂小走班"；社会实践采用"校外大走班"。"校外大走班"促成"乡村服务站"雏形的出现。受农村淘宝店经营模式的启发，严州中学大胆提出在学校周边乡村设立"学校驻村（社区）学生社会综合服务站点"的构想，经选修课实践证明，这些服务站点扮演了它们各自不可替代的角色，并被命名为"乡村服务站"。

一、乡村服务站的内涵

　　乡村服务站是指严州中学在本市镇村设立的，由具备一定专业知识和技能的师生、家长、技术员协作的，以提升学生志愿服务素养为目的、以提升选修课质量为目标、以服务当地村民为主要活动形式的服务基站。乡村服务站是提升农村普通高中选修课质量的有效载体，它既是严州中学选修课教学基地，也是学生实践基地，更是严州中学特色育人基地。

　　自2014年8月"乡村志愿者"课程研究启动至今，结合严州中学育人目标，乡村服务站建设不断推进，稳步升级，形成了"美化乡村、助力'三农'、传播文明"三大系列、九大主题，共计65个乡村服务站。其中，"美化乡村"涉及美学、设计、五水共治中的科学与服务等；"助力'三农'"涉及农业种植小知识、农业科技信息、电子营销的相关知识和操作、农民基本权利保证等；"传播文明"涉及严州文化、导游知识、新家规家训等。为提升乡村服务站志愿服务质量与乡村志愿者课程质量，根据"美化乡村、助力'三农'、传播文明"服务站的特点,分别提炼了"美育取向、责任导向和文明指向"的服务站分类操作方法。

二、乡村服务站的建设

乡村服务站对应"美化乡村、助力'三农'、传播文明"选修课程群而创建。

1. 据源选站:找优势,站点建设资源适切化

据源选站是在学校周边寻找有课程实施优势资源的村镇或社区并选址建站的工作。按照各选修课不同要求确定各自站点选择范围,形成站点资源库。这样的操作能使服务站点更科学,更顺应选修课质量提升的需求。

操作流程有收集站点资源→实地考察→筛选上报→领导小组形成意见→确定站点。负责教师根据选修课内容和实施需要,调查、走访当地自然和文化生态方面的资源包括风俗习惯、传统文化、社会建设、生产和生活经验等,筛选符合课程需要的资源点,以材料上报给学校,形成站点资源库。

案例4-2:以"庭院设计"课程的站点资源为例。课程负责人杨洪海老师了解到近10个村已经或者即将进行"美丽庭院"设计大赛。杨老师实地考察各村的设计主题、实施条件以及村民的需要,评估课程实施的可行性,最后确定了洋溪社区等5个资源站点,并把它们各自特征及实施课程的可行性报告等材料上报学校,由校课程组确认站点并纳入站点资源库。

2. 依课试站:验实效,站点建设过程实证化

依课试站是为保障选修课程质量,在拟定站点试课决定是否设立该站点。旨在在相同类别的站点资源中选择最适合选修课程实施的服务站,彰显了学校对站点设立科学、严谨的态度。

操作流程有站点设置论证→预设站点试课→确定设置服务站点。首先,根据设站申请进行论证,对课程实施客观条件进行审核;其次,学校牵头联系相关乡镇,探讨建站的可行性,争取村委、社区支持和政策保障;再次,组织相关教师讨论站点的目标与计划;又次,教师组织学生到预设站点进行试课,审查是否符合课程实施的需求;最后,论证是否设立该站点。

案例4-3：以"产销快递"课程的站点试课为例。周永康老师选择了本地区有代表性的果蔬资源：里叶村白莲、绪塘村草莓、松口村柑橘、章家村枇杷、丰产村葡萄等。学校通过对材料和报告进行论证，发现里叶村因离校太远，不宜实施课程。而其余4个点交通便利、群众基础非常好，可以进行试课。和村委联系协商后，周永康老师和胡宏老师分别试课，发现丰产村离城区较近，没有产销顾虑。学校根据综合意见，最后设立了绪塘村草莓产销服务站、松口村柑橘产销服务站、章家村枇杷产销服务站3个乡村服务站。

3. 分类设站：别门类，站点建设体系序列化

分类设站指对站点功能的统筹和整合，结合严州中学的育人目标，将服务站点分为"美化乡村、助力'三农'、传播文明"三大序列。分类设站既体现了各乡村区位和产业差异，是因地制宜、个性发展的需要；也与严州中学的育人目标相吻合。

操作步骤有站点功能统筹→站点类别确定→站点序列构建→站点数字运作。根据功能结合育人目标将它们分为"美化乡村、助力'三农'、传播文明"三大类别，在类别下构成序列站点并建立各站点的数字化管理系统。

案例4-4：以"美化乡村"系列站点建设为例。课程小组分析了洋溪社区等近20个服务站的功能，将它们归类为"庭院设计、五水共治和乡村绿化"几类，属于"美化乡村"系列，构建了如下表所示的序列化服务站点，最后纳入数字化运作。

"美化乡村"系列服务站

系列名称	主题名称	站点名称	负责人	站点工作人员
"美化乡村"系列服务站	庭院设计	洋溪社区服务站	吴志芳	杨洪海 刘灵利 唐利辉
		岱头村服务站	叶锡刚	
		桂花村服务站		
		滨江村服务站		
	五水共治	胡店村服务站	胡建根	李祝勤 李 华
		大兰村西坞坑服务站		
		莲花溪服务站		

系列名称	主题名称	站点名称	负责人	站点工作人员
"美化乡村"系列服务站	乡村绿化	西湖村服务站	童一飞	诸葛勍科
		大店口村服务站		李爱英
		新市村服务站		余卫成
		大同村服务站		董翠香

通过教师申请、实地考察、协商沟通、系统规划，严州中学已经建立"美化乡村、助力'三农'、传播文明"三大系列、九大主题，共计65个乡村服务站。

三、乡村服务站的运作

根据"美化乡村、助力'三农'、传播文明"服务站的特点，严州中学分别提炼了"美育取向、责任导向和文明指向"的服务站分类操作方法。下面以"美化乡村"系列服务站建设为例。

1. 美育取向：鉴赏型和创意型的服务站点操作

美育取向是突出"美育价值"的乡村服务站操作方法，在"美化乡村"类站点运行。分"鉴赏型和创意型"两类，旨在培养学生鉴赏美和创造美的能力。鉴赏型站点是学生鉴赏能力培养导向的服务站，如"岱头村庭院设计服务站"。创意型服务站点是学生创意能力培养导向的服务站，如"城西村庭院设计服务站"。

鉴赏型站点操作分为鉴赏任务设置→鉴赏环境创造→鉴赏导师组合→鉴赏活动实施→鉴赏成果评审五个步骤。鉴赏任务一般根据课程内容或服务内容确定。鉴赏环境包括服务站点本身的室内环境及周边自然风景、人文景观等。

案例4-5：以岱头村庭院设计服务站为例。该站是"庭院设计"选修课教学和体验的平台。站点根据课程内容设置了与庭院设计相关的学习和鉴赏活动任务，布置了以旧物利用为设计作品等主题展览室，并充分利用周边环境进行设计的农家庭院，特性比较明显的山坡(谷)、溪流或者公路等。站点确定该课程一般使用竞争型导师组合，在课程实施过程中，导师们设计如废旧物品重新利用的作品鉴赏、"环境与设计"主题鉴赏等教学活动。最后,站点组织评审团根据学生对设计案例作品中美的感受和理解等方面进行评审。

创意型站点操作分为创意任务设置→创意场所创设→创意导师组合→创意活动实施→创意作品评审五个步骤。创意任务是以服务的方式为村民个人、村镇委等进行一些设计、宣传等创作,以文学作品创作与演绎、绘画、设计等形式为主。

案例4-6:以城西村庭院设计服务站为例。站点人员根据城西村农户意向和要求,与课程负责人协商创意任务,为村民庭院设计简单的规划图。本课程由严州中学徐燕老师、杨洪海老师和园林设计师徐源校友及黄同学(严州中学计算机应用能力较强的美术艺术生)组成的导师团来实施。导师们组织学生进行满足农户需求的个性化创意活动,如在设计中体现与周围环境呼应的元素或突出废旧物品的使用等特点;活动结束后,整理创作成果,收集村民意见,对优秀成果进行展示并予以保存。

2. 责任导向:分享型和援助型的服务站点操作

责任导向是突出"责任担当"的乡村服务站操作方法,在"助力'三农'"类站点运行。分"分享型和援助型"两类,旨在培养学生建设家乡的社会责任感和振兴乡村的历史使命感。分享型站点是涉及农业小知识、电子营销等宣传的服务站。援助型站点是为农民提供基本权益咨询或种植销售技术援助的服务站。如基于"农民权益帮帮团"课程的龙山村农民权益咨询服务站。

分享型站点操作分为内容梳理→平台选择→活动实施→效果总结四个步骤。分享内容一般是种植技术信息或农民的健康保健、医疗卫生、民生权益等方面的政策或文件。

案例4-7:以圣江村西红花种植服务站为例。站点聘请了该村的西红花种植技术员刘军担任首席技术导师形成导师组合,并梳理了西红花品种改良、病虫防治等信息。以附近文化大讲堂为平台,开展分享活动,如首席导师的种植技术指导分享讲座、梳理简化西红花种植知识并编制成小册子和墙报在文化礼堂进行分享展示等。最后,评审小组带领学生跟踪记录西红花的生长历程,形成阶段数据,为药农服务。

援助型站点操作分为任务设置→方案拟订→导师援助指导→实施援助四个步骤。援助任务通常是基于村民个人或群体需求,如为村民争取个人的土地权益、农产品销售的渠道或电商技术支持等,因此这些任务往往具有偶然性和紧迫性。

案例4-8:以松口村柑橘产销服务站为例。因为橘子大量滞销,橘农沈某向站点求助。服务站负责人集合各导师,共同商议援助方案,制订出销售方案:一是制作微信推文,打开零售和采摘门路;二是联系水果批发市场,寻求批发商援助;三是制作专属品牌标志,提升产品规格。然后,导师们兵分三路,各司其职,指导各组学生投入服务活动。该操作模式使站点所在地区的果农普遍获益。

3. 文明指向:学习型和制作型的服务站点操作

文明指向是突出"传播文明"的乡村服务站操作方法。"传播文明"类站点运行,旨在弘扬社会正气,营造文明的社会氛围。分"学习型和制作型"两类。学习型站点是指提供传统文化学习和研究平台来传播文化知识、倡导社会文明的站点。如"十里埠村社会文明宣传服务站"是新家规家训的学习站点,严州中学的"校史研究服务站"是触摸严州文化的学习站点。制作型站点是指为文化宣传类活动制作作品提供平台和服务场所的站点。如"三江口严州渔业文化服务站"是进行九姓渔民的民俗文化研究和民俗艺术品制作的站点。

学习型站点操作分为学习任务确立→学习活动设计→导师指导学习→学习效果评审四个步骤。学习任务根据站点资源和课程内容决定。

案例4-9:以宝华洲社区严州文化服务站为例。该站点是课程"触摸严州文化"的实施平台。运用预设型导师组合的方式实施学习活动。在"触摸严州的牌楼文化"等学习任务中,设计了要求学生查阅站点图书馆内典籍,绘制严州牌楼分布图等学习活动。导师们指导和点拨学习重点,尤其关注学生对严州文化的评价。最后,根据学生的学习过程和学习结果对学生的发展及该站的操作实效进行评价。

制作型站点操作分为制作任务确定→制作物资保障→制作活动设计→

导师指导制作→巩固活动成果五个步骤。制作任务是村民、村镇委等需要的一些设计作品或者民俗手工作品,通常由村民或村委向服务站点申请或者由负责教师走访获取任务。物资保障是指设计或制作这些作品的基本材料。

案例4-10:以西门村文明服务站为例。西门村村民反馈要把新拟的家训用物化载体呈现出来。站点聘请了书法爱好者胡建根老师、民间绣师张爱莲奶奶、铜雕艺术家叶永健师傅作为导师。导师们根据活动需要上报所需物资,设计制作活动实施方案。指导学生根据特长分成十字绣组、书法组和木雕组,设计家训物化图并完成家训作品制作。最后整理制作成果,拍摄照片保存。

四、乡村服务站的推介

乡村服务站作为农村普通高中选修课程实施平台创新一个成功先例,在全校乃至全市范围内都属首创,它既接地气,又具有典型性、延续性和易操作性等特点,具有广泛的推广价值,其成功的操作经验是可以复制的,其操作范围也是可以拓展的。

(一)推介内容

1. 乡村服务站建站经验推广

乡村服务站创新了选修课实施载体,创立了校内和校外实践教学平台,实现了严州中学选修课质量的提升,同时也掀起了严州中学选修课教学改革的浪潮。乡村服务站据源选站、依课试站、分类设站的站点建设经验,我们提炼的"美育取向、责任导向和文明指向"的服务站分类操作方法,践行的"部门联动、师生培养、站点维护"的实施保障体系,都为我们研究其他的教学实施载体提供了样本和思路。

2. 乡村服务站的示范意义

乡村服务站不断成为严州中学教改的推进剂,在其辐射下,严州中学教学研讨氛围浓厚,教师们纷纷把乡村服务站应用到教育的其他方面,如职业生涯教育、家校协同德育,甚至在基础学科的教学中也取得了良好的效果,且收获了丰硕的教科研成果。

（1）基于乡村服务站的职业生涯教育

严州中学自2010年开始的基于乡村服务站的特色课程群建设，培养了一批德才兼备的乡村志愿服务者，同时也为当前的职业生涯教育奠定了基础，可以说学生在乡村服务站内进行学习和体验的过程也是对相关职业进行体验的过程。在对近3年的乡村服务站建设进行研究的同时，严州中学尝试引导学生在乡村服务站进行职业生涯教育。学生根据兴趣自愿选择乡村服务站及相应的课程，获得对应的职业体验，在导师的带领下在服务站进行理论学习、观摩活动和职业实践。在这种多元、综合又十分接地气的体验式教学情境下，学生不仅掌握了某职业的理论知识、技能和要求，更重要的是在这种及时反馈的交互活动中认识自己，超越了对自己的主观臆断、超越了测评结果，通过真真切切的体验看到自己的喜好、意志力、能力、价值观、创造力、人际能力等，形成对自己职业生涯发展的思考和规划。乡村服务站及其相关选修课程的培养目标开始由最初的培养乡村服务者逐渐向职业生涯教育目标转变。

至此，严州中学结合自身的办学特色，在已有选修课程研究与建设的基础上进行尝试，明确了依托乡村服务站进行普通高中职业生涯教育的可能。严州中学将研究的重点定义为依托"乡村服务站"的农村普通高中职业生涯教育路径创新。

（2）基于乡村服务站的家校协同德育

学生、学校和家庭以乡村服务站为平台，将学校的精品课程"新家规家训的学习与服务""庭院设计"等研制为项目实施家校协同德育。在德育项目研制和实施过程中，通过实践和反思，学生形成了正确的三观和健全的人格及高尚的道德品质。增强了家校德育的持续性、协同度，推动了良好家风的形成。

（3）基于乡村服务站的基础学科教学

乡村服务站是学科融合基地，以"大课堂观"为指导，实现了跨班、跨年级、跨区域的"大走班"教学。我们将这一平台迁移并应用到基础学科的教学中，以此促进校内课堂教学深度变革。面对当前农村普通高中学科课程教学单一教师主导而致使教学效益低下的困境，我们借助乡村服务站这一平台,探索能满足具有学科跨界、技能跨界、角色跨界等特征的课程实施方式——导师组合。"共享课堂系统"悄悄改变了我们的课堂结构,学科融合的特征也越来越突出。

(二)推介途径

1. 宣讲团推介

服务站最有力的推广形式就是由参与课程实施的学生、教师、家长以及接受过志愿者服务的群众形成的一个特殊的民间宣讲团,利用群众口碑强大的宣传和辐射力量,扩大服务站的影响力,从而实现我们研究成果的推广。宣讲团推广可以通过在志愿服务与学习活动中把服务站的功能向群众和社会宣传,也可以通过组织演绎活动(如新家规家训服务站的演出活动等),利用村镇板报等形式扩大服务站的影响力,从而更好地服务于村民,而学生也在这些活动中获得更多的知识与技能。

2. 媒体推介

媒体是最直接的推广途径。严州中学开辟如乡村服务站等选修课实施新路径,并获得了广泛认可和关注:2016年10月12日浙江教育报社副主编实地考察乡村服务站,并在该报第四版刊登《用课程联结乡村生活》一文,展示严州中学依托乡村服务站、尝试导师组合的选修课"大走班"模式,该文引起了广泛的关注。

3. 成果报告推介

成果报告是一种非常学术、非常正式的推广方式。专著《区域推进学校课程多样化的新范式》详细介绍了严州中学的乡村服务站;同时,该样式研究也促成了严州中学对学生培养的范式研究,在2018年被确立为杭州市第三届重大课题。2019年4月18日,严州中学承办杭州市农村中小学校课程改革研究联盟成立大会,乡村服务站受到了专家们的一致肯定,其间《教育信息报》记者对严州中学做了专访。严州中学精品选修课成了选修课改革的农村样式中的实例,如2019年5月7日,严州中学协办2019年杭州市普通高中选修课骨干教师培训活动期间,在服务站展示了"有感而赏,心品为鉴"主题的剪纸艺术选修课和"我是金牌导游"主题的模拟导游志愿服务活动选修课。

第三节　劳动实践园

2020年3月，中共中央、国务院印发《关于全面加强新时代大中小学劳动教育的意见》，明确提出要在大中小学设立新劳动教育必修课程，系统加强新劳动教育。对此，严州中学根据自身特点，结合当地实际，制订并实施了"严州中学'新劳动教育实践课程'方案"。严州中学把新劳动教育课分为生活性劳动、生产性劳动、服务性劳动三大模块，引导学生在劳动实践的过程中，掌握生活技能、培养劳动素养。其中，生活性劳动是必修内容，生产性劳动和服务性劳动则是选修内容。劳动实践园是严州中学新劳动教育实践课程建设的平台与载体。

一、劳动实践园的内涵

劳动实践园是新劳动教育的硬载体，它是严州中学在劳动实践课程开发基础上，构建的课程实施平台，是教师和学生进行新劳动教育课程教学与实践活动的基地。到目前为止，严州中学共开发建设了5个劳动实践园：农耕园、果乐园、工艺园、土木园和微创园。劳动实践园利用校内和周边的教育教学资源，实现了方圆百余平方公里区域内教育资源的有效整合与流通，如土木园利用校内图书馆门前的一块空地，开设了以人行道铺设、钢筋捆扎为主的劳动实践活动；果乐园设在校外，与附近农副业公司合作，以蓝莓种植来培养学生的劳动与智慧能力；农耕园设在学校周边的龙山村，与村（社区）协同管理；还有与兄弟学校合作，共同开设和实施了烘焙、菜肴烹饪等劳动课程实践，实现教育资源的共享；与政府部分实现协同，并建立有效的保障与协调机制，使资源的建设、流通与使用具有市场性，资源的效益得到最大发挥。

二、劳动实践园的建设

严州中学积极进行劳动实践园建设,使其更好地发挥育人功能。目前严州中学的劳动实践园不仅是学校新劳动教育实践活动基地,也成为学校开展德育工作的品牌工程。

(一)科学规划,合理布局

1. 加强组织领导

劳动实践园建设伊始,学校召开了动员会,详细深入分析了开展新劳动教育,建设劳动实践园的现实意义和深远影响,并确立了基本的建设原则,制订了新劳动教育实践活动的实施方案。劳动实践园建设主要以班级为主体,充分发挥教师、学生和家长的积极性、创造性,学校主要进行服务和引导工作。

2. 科学规划,功能分园

对应严州中学的新劳动教育实践课程分为生活性劳动、生产性劳动、服务性劳动三个模块,将所获得的实践基地资源整合为"五园",即农耕园、果乐园、工艺园、土木园和微创园,是新劳动教育实践课程的实施平台。

3. 躬身示范,行动育人

为让学生更好地学习和获得劳动技能,提升他们的劳动素养,学校要求课程教师根据实际需要,开展劳动技术教学,鼓励教师在课余时间指导和参加劳动实践园建设。每一次劳动实践活动,班主任、随班教师、行政领导也都是躬身示范,与学生一起劳动,用行动教育学生。

(二)严格管理,全面育人

1. 加强劳技教学

聘请有经验的教师担任技术指导,强化对班主任和学生的指导与培训。学校聘请经验丰富的蓝莓种植技术员为果乐园的技术导师,聘请社区农民为农耕园的管理员。蔬菜种植前,与镇、区农业技术部门合作,聘请专业技术人员,进行一次集中培训,从品种的选择、种植和管理等各个环节,详细指导;具体实施时,现场指导。为鼓励更多的教师参与新劳动教育,学校还将继续用好考核评价这根"指挥棒"，探索将教师参与新劳动教育的情况和课程质量作为评优评先的重要依据之一。

案例4-11：工艺园的劳动现场，"水电安装"课程负责教师盛建根正忙着指导学生安装家用电灯的双控开关。不久前，他得知学校鼓励教师开发劳动实践课程，便立刻报名参加。"水电安装"课怎么上，场地如何布置……为了上好这门劳动课，他将自己的闲暇时间都花在了课程开发上，仅是项目方案就修改了整整八稿。严州中学像盛建根这样的项目负责教师共有12名，该校初步建立了以学校项目负责教师为主、校外技术教师为辅的新劳动教育师资队伍。

2. 思想教育和劳动实践相结合

在劳动实践中，思想品德教育不可能自然而然地完成，学校有意识地加以强化和升华，积极组织学生利用自习课、劳动课时间、放学时间参加力所能及的劳动实践。每个学生在高一、高二阶段都必须轮换体验学校开设的所有必修课程，到了高三则可以凭兴趣自主选择体验部分选修项目。学校计划每月开展一次为期半天的集体劳动课，各班级也可以根据学生需要来开展班级劳动实践。高中三年，每个学生参与新劳动教育课的时间将不少于120课时。通过劳动实践，有效地增强了学生的劳动观念，提高了他们的思想认识和觉情，把思想教育富于劳动实践中，将两者水乳交融，有机结合。

3. 抓好安全教育

学校从课程、班级、学校三个层面制订了安全方案，并配备了行政、教师、家长、学生四级安全员，以确保师生在劳动实践中的安全。班主任对学生的安全负完全责任，组织学生开展集体劳动，班主任随班随时纽织、指导和管理。教师与学生共同劳动，不能只动口不动手，禁止让学生单独劳动。

三、劳动实践园的操作

2020年5月，随着严州中学的新劳动教育实践课程正式亮相，酝酿已久的劳动实践园也进入了公众的视野。严州中学有效地利用了校内和周边的教育教学资源，发挥了固有的新劳动教育领域的先天优势，经过科学规划和严格管理,创设了多个学生劳动实践活动园区。下面以农耕园、土木园及果乐园、工艺园和微创园为例进行说明。

(一)农耕园

农耕园主要对应实施"开心农场"等课程,由严州中学承包的龙山村20余亩土地,作为学生进行农耕种植劳动实践的基地,主要种植各种时令蔬菜以及韭菜、竹笋等长期菜种。旨在让学生通过劳动课程的学习和实践,初步了解农耕园种植基地的设计、规划与建设;能基本运用普通农业工具及器械从事农业生产;能依据二十四节气合理安排作物栽培与农事操作;掌握植物病虫害的综合防治技术;通过作物栽培拓展学生知识面,感受劳动的辛苦,强化团队合作能力,珍惜劳动成果,体会劳动带来的愉悦;培养学生学习的主动性,在农业操作过程中引起对新知识的好奇和兴趣。在农耕园里,每个班级认领一块地,班级自行决定安排种植什么农作物。学校聘请附近菜农负责园地作物的安全,平日的种植、浇水、除虫、采摘都由学生完成,学校在新劳动教育实践日统一安排班级进行除草。假期里农耕园的日常管理则由聘请的菜农来打理。

案例4-12:以"开心农场"项目操作为例说明农耕园的实施运作

1. 农场整地 在整地前集中进行规划,每个同学必须明确规划图及细则;高效地使用劳动工具,以现场活动促学习,实现"在做中学";团结协作,完成劳动任务,磨炼个人意志。

2. 农作物种植 对农场需种植的蔬菜瓜果进行种植知识补充;种植过程中按周做好一些记录,安排部分通校生轮流值日与观察;各个种植的小组分享劳动智慧,交流种植的经验。

3. 日常护理 与果乐园的蓝莓种植的维护相同,每周安排半天时间轮流由几个班级完成,主要涉及除草、施肥、浇水知识的实践前学习;现场确保学生动作的规范,实现"在做中学",整个劳动过程中确保学生安全,并实现劳动中不断提效的学生智慧。

4. 生态种植 生态种植是果蔬种植的高级阶段,需要在种植前按照时间、方位对整个农耕园进行规划;要确保农耕园的每一个角落有序种植,不断档。这些既是学生智慧的体现,也是全校师生团结协作的结果。

其劳动实施过程:制订班级种植计划→耕地认领→种植前除草、刨地、购买种子种苗等准备工作→种植农作物及日后管理→采摘分享。根据农作物的生长特点和生长周期(网络自行学习),学生与菜农协商好浇水、松土、除草除虫、采摘、轮种什么作物等管理安排计划。

案例4-13:2020年5月23日严州中学的农耕园正式亮相,高一年级的学生和老师一起奔赴农耕园基地,认领班级的耕地,分配农业用具,向菜农学习使用工具,学习如何刨地、除杂草。经过3小时左右的除草后,整个农场焕然一新。看着那些长势喜人的韭菜、黄瓜、地瓜、茄子、辣椒等,同学们累并快乐着,感受劳动的艰辛与喜悦,并领会到"纸上得来终觉浅,绝知此事要躬行"的道理。

(二)土木园

土木园是严州中学利用校内图书馆门前的一块空地,将其开发成劳动实践基地,用于学生进行"铺砌地砖"和"水泥浇梁、浇地的钢筋绑扎"模拟实践。土木园的劳动实践活动能培养学生一定的劳动技能,让他们加深对劳动锻炼身体、劳动创造财富、劳动产生美丽的认识,体会建筑工人的劳动艰辛劳动过程。

案例4-14:以"土木工程"项目操作为例说明土木园的实施运作

1. 人行道地砖铺设　基础性知识(铺设的基本步骤与方法)的学习,并且在进行现场劳动前做劳动分工(搬运、铺沙、砌砖、水平校正等)以及劳动安全教育。现场阶段先以实践促学习,可以现场反馈对原先的劳动分工略微调整,以体现各自的智慧和天赋;同样,在现场由学生教学生,促进技能与智慧的提升。而更进一步的是对人行道进行设计,包括基本形状、配色,是学生智慧的再提升与展现。

2. 浇地的钢筋箍捆扎　以学生的现场学习与实践为主,熟能生巧。现场一般只有两名技术指导,一部分学生"先学后教",学生对学生进行帮助,弥补技术人员的不足;同时让一部分同学成为质量监督员,对参与班级的劳动成果进行检验,现场整改。

其劳动实施过程:教师开发课程→教师授课与学生知识学习→专业技术员现场手把手教与指导→学生劳动实践大比拼→模拟劳动结束、材料复原以备下一个班级使用。

案例4-15：经过学校精心的准备，钢筋、沙土、砖块准备就绪，老师和专业技术员带领学生进入土木园基地。学生分为两组：地砖铺砌组和绑扎钢筋组。地砖铺砌组的同学分工合作运沙土、运砖块、测量画线、铺沙土、铺砖块，共同完成两个停车位、人行道与盲道铺设。绑扎钢筋组的学生在接受专业技术员培训后进行绑扎钢筋。虽然有时候会被小铁丝扎手，但是同学们仍然坚持认真完成作品。在烈日暴晒下，同学们满脸汗水，看着自己的作品幸福感十足。专业技术员对学生的作品进行点评，有些学生被评为"头号工匠"。

（三）果乐园

果乐园是严州中学与杭州睦山农实业投资有限公司合作开发的劳动实践基地，主要实践场所是其蓝莓培育和种植基地及蓝莓产品研发实验室，应对实施严州中学开发的"蓝莓精灵"课程。该课程旨在让学生初步了解种植蓝莓的步骤，让学生懂得怎样合理地、科学地种植；为学生提供观察农作物生长和动手种植的机会，促使学生积累生活素材；应用相关知识解决"蓝莓种植"中的一些简单问题；学生在劳动中能正确使用劳动工具，将所学的生物学科知识应用到日常生产中去；学生通过品尝劳动果实，懂得一分耕耘、一分收获的道理，深刻领悟付出与所得之间的关系。

案例4-16：以"蓝莓精灵"项目操作为例说明果乐园的实施运作

1. 除草、施肥、浇水等劳动

作为日常维护内容，每周安排半天时间轮流由几个班级完成。主要涉及除草、施肥、浇水知识的实践前学习；现场确保学生动作规范，实现"在做中学"。整个劳动过程中须确保学生安全，并实现在劳动中不断提升学生智力。

2. 蓝莓采收

主要是学习采摘的一些知识与技能，在实践中让学生学会辨别果实的成熟度与质量优劣，并形成一定的评判标准与能力；在劳动中实现团结协作的能力。

3. 树苗扦插、培育

让学生先掌握一些培育、改良的生物学相关知识；在现场的劳动中感受到生物栽培种植的智慧,形成自己的体验;与同学交流自己的培育经验,把个人的智慧与收获以语言表达和现场展示的形式告知同学。

4. 蓝莓深加工

重在深加工工序的熟悉,使学生对其衍生产品如果汁、酒品、果酱、果干等有一定了解,并且对蓝莓深加工能够形成新的产业链,允许学生发挥才智,并进行验证。

(四)工艺园

工艺园是严州中学将教师宿舍五号楼一楼临街约600平方米店面改造为工艺制作的劳动实践基地,用于学生进行"水电安装""严州纸韵"等劳动实践。以学生学习兴趣和内在需要为基础,强调教学过程中学生自主参与,以主动探索、变革、改造活动对象为特征,以实现学生主体能力综合发展为目的的主体实践活动。如通过剪纸活动引导学生积极参与文化传承和交流,开发学生非智力因素,陶冶情操,提高审美能力,促进学生个性的和谐发展。

案例4-17:以"水电安装"项目操作为例说明工艺园的实施运作

1. 家用常规电路线路安装 家用常规电路线路的知识学习,是学生对物理、通用技术学科相关知识基于生活经验的再学习,是对脑海中知识的再反思,智慧的再升华;在工艺园现场观察成品,学习基本步骤并进行分组协作实践;遇到疑问和困难向老师与技术员寻求帮助,并共同完成目标,实现了在做中学;实践后可将掌握技术与知识运用到家庭生活中,是一种智慧的再体现。

2. 家用常规水系统安装 家用常规水系统的知识学习,对已学知识的再升华;在工艺园现场观察成品,学习基本步骤并进行分组协作实践;在现场实践中学习,在今后的生活中运用。

3. 水电的设计 基于一定的水电安装的劳动与实践,对家庭装修中遇到的水管电路的常规安装进行合理的设计与安排,这对学生在水电安装当中发挥聪明才智提出了更高的要求。

(五)微创园

微创园是严州中学将体艺馆部分场地约1000平方米室内改造为产品制

作的劳动实践基地,用于学生进行"3D工艺""单车维修""剪纸装裱"等劳动实践。例如,"3D工艺"能运用3D建模软件设计简单的工具和小工艺品,发展立体思维空间;通过设计贴近生活的建模主题,培养学生利用3D技术及思维解决生活实际问题的能力。

案例4-18:以"单车维修"项目操作为例说明微创园的实施运作

1. 学生现场学习单车的结构,认识常用工具。认识自行车的结构及其功能,理解自行车的原理,能够认识和使用拆装与维护过程中所使用的常见工具。

2. 进行自行车的安装及拆卸训练。对常见故障排查和维修。

3. 分组进行劳动实践。在劳动实践过程中,培养和提升学生的沟通与合作等方面的素养,体会帮助他人的愉悦感。

其中1、2是对学生独立劳动的准备,属于"做中知"活动;3是在劳动实践中正确使用1、2获得的知识解决实际问题,同时还培养和提升学生的沟通与合作等方面的素养,并让他们得到服务他人的愉悦情感体验,属于"做中智"活动。

四、劳动实践园的推介

劳动实践园是我们学生成长道路上的一道亮丽的风景线!同学们了解了农作物从种植到收获的整个过程,丰富了课外生活,亲身体会到要想收获就要付出辛勤的劳动,懂得珍惜劳动成果,珍惜拥有的一切,激发了学生积极向上的动力。这一切良好的情感都会迁移到各学科的学习上来,从而对各科的学习起到积极的促进作用。因此,基于劳动实践园的新劳动教育值得广泛推介。

(一)推介主体

严州中学进行新劳动教育的推介主体主要有各类新闻媒体的宣传报道、学校周围的群众资源如家长、校友、周边企业及学校等形成的良好的口碑,使严州中学的新劳动教育享有良好的社会声誉。

1. 媒体推广

严州中学以劳动实践园为平台的新劳动教育实践活动受到了媒体的追捧,引起了极大的社会反响,收到了良好的社会效应。2020年5月23日,严州中学高一年级的400多名师生分班进入各个不同的劳动实践园进行了一场新劳动教育实践活动的现场展示课,吸引了来自新华社、《浙江日报》、《教育信息报》、《杭州日报》、《都市快报》等媒体记者的采访,活动新闻被新华网、浙江新闻、《杭州日报》、《都市快报》、今日头条、新华网外网等刊载,央视网、中国青年网、中工网、搜狐新闻、网易新闻、新浪新闻、广西新闻网、《潇湘晨报》、《兰州晨报》、《金华日报》等众多媒体也纷纷转载,受到广大网友点赞,社会好评如潮。新劳动教育再次受到社会和学校各个阶层及部门的关注,为推动全国中小学新劳动教育树立了典型和样板。本地和周边县市学校领导、老师多次来严州中学劳动实践园观摩严州中学学生的新劳动教育活动。

2. 聚能推介

严州中学的劳动实践园建设凝聚起了各种有形和无形的力量,形成了学校、家庭、社会、企业、校友、政府等各方团结起来,为学生的新劳动教育创设出一个和谐的社会氛围。严州中学与其他兄弟学校合作,实现了教育资源的共享;家长、校友参与实践园建设,出钱出力,为新劳动教育的实施提供了最大的保障;与政府部门实现协同,并建立有效的保障与协调机制,使资源的建设、流通与使用具有市场性,使资源的效益得到最大发挥。

(二)推介途径

劳动实践课程的最大特点在于其实践性,学生在实践活动中学会生活、学会劳动、学会审美、学会创造,从而达到磨炼意志、培养才干、提高综合素质的目的。因此,对于劳动实践园的推介,严州中学提出了体验活动的推介模式,实践活动的本身就是一种推介方式,而在活动中获得的知识和能力迁移更是推介的更高层次的成果。

1. 体验式推介

亲身体验是最能获得认同感的一种方式。学校鼓励教师、家长和校外人员指导与参加劳动实践园的新劳动教育活动。每一次劳动实践活动,班主任、随班教师、行政领导也都与学生一起劳动,亲自体验劳动的艰辛与快乐,赋予新劳动教育活动更深刻的意义。

案例4-19:建德市教育局党委书记、局长包海洋实地查看并体验了严州中学劳动实践园的相关活动,对这项富有教育意义的活动给予了高度的赞誉。他作诗称赞道:"什么是劳动? 劳动就是出汗。劳动就是俯地立身,劳动是播种收获,劳动是创造美好,劳动是诗和远方!"

2. 迁移式推介

迁移式推介是指通过一些延续性活动,使劳动项目得以丰富、劳动知识得以迁移,从而进一步深化新劳动教育的意义,让学生获得知识和技能迁移的能力。利用劳动实践园开展综合实践活动,培养学生劳动观念,提高学生综合素质、动手实践能力和创新精神,是我们创建实践园的初衷,也是我们永恒的追求。实践园自建成以来,我们一直为学生搭建平台,引导学生在劳动过程中发现问题、思考问题、解决问题。

案例4-20:在古镇导游志愿服务的实践活动中,高一(1)班的同学发现,周末来古镇的外地人特别多,由于对梅城古镇的交通管制措施不了解,经常在狭窄的单行线上因为有逆行车辆而出现拥堵。于是在劳动实践活动的总结报告中,该班级学生提出了整改办法:在入城口设置醒目的大标识牌及交通路线图板;在周末的实践活动中实行分工,除了导游志愿者外,还有部分交通疏导员,及时引导疏通交通,避免因逆行而产生交通违章和交通拥堵。这一整改措施得到了课题组的肯定,于是在古镇导游的劳动实践活动中增加了交通疏导的内容。

另外,劳动实践园建设与学科教学相结合也是我们坚持的重要原则。在劳动实践过程中,我们充分利用劳动实践园这一平台,服务于学科教学,让学生的学习技能和学习内容得到迁移,从而获得真正的学习能力。

案例4-21:生活英语是英语教学的重要内容,英语教师唐利辉带领自己班级的学生到农耕园一边进行劳作,一边教学生认识各种蔬果树木及其英文名字。有学生对这些作物产生了兴趣,把每一种作物都拍下来,返校后通过查阅搜索字典、图书、网络等工具,用英语为各种作物命名,并对作物的特点、习性做最简单的介绍,还联合其他同学别出心裁地用英语为各种作物制作了"名片"。

第四节　家校协同场

　　虽然当下家校协同理念已经逐步在学校德育中渗透,学校积极开展家校合作,如开办家长学校、召开家长会、定期走访等,但德育效果始终不尽如人意。当前的家校协同德育所暴露的主要问题为家校协同德育的持续性不足和协同度不高。对此,严州中学探索了"协同德育项目"实施载体和"理行评"一体化实施路径,创建了"家校协同场"这一德育实施新平台。

一、家校协同场的内涵

　　严州中学探索家校协同德育项目开发大致经历了三个阶段:活动导向的项目尝试期、主题导向的项目梳理期、策略导向的项目研制期。最初,我们努力寻找便于家校联结的、点状的德育项目,诸如新家规家训的制作、美丽庭院设计、五水共治、关爱老人等活动。首个成功的德育活动项目是"新家规家训的制作",这个活动很好地把学校和家长联结起来,达到了意想不到的效果:家长们生动地讲述了各家的家规家训及其育人的力量和作用,学校将社会主义核心价值观融入他们的家规家训中,指导家长形成新家规家训。此活动还引起了当地政府、某金融机构的关注,对家风好的家庭予以物质上资助和信贷上优惠。在实践活动中,孩子获得良好的德育熏陶,家长受到了政府的褒奖。受此启发,严州中学大胆地发动家长共同开发分年段的家校协同德育项目,家校就很多协同项目达成一致后由年级组牵头安排实施。接着,严州中学对这些点状的活动按"美化乡村、助力'三农'、传播文明"等主题进行梳理,共梳理出三大主题八类二十多个协同德育项目。如"传播文明"主题的新家规家训、红色研学活动、村落文化调查等项目。最后,探索策略导向的项目研制期,根据求同、孵化和补白等策略研制协同德育项目。求同策略旨在开发协同度更高的项目;孵化策略指向精品化项目研制;补白策略作用在于使家校协同德育的内容更加全面,捕捉新生事物和偶发事件,及时增添新的德育内容,开发新的协同德育项目。

二、家校协同场的建设

研究伊始,严州中学只尝试了新家规家训项目的实施方法,采用的是传统的协同方式,如家长会、QC、微信、钉钉、电话会议等,这些通用方式过于简单,协同度低,难以达到预期的德育效果。于是,严州中学在项目实施环节制定了具体的操作步骤,通过"引学、引思、引行"等一系列项目化的实践活动来指导学生和家庭实施新家规家训,从而规范学生行为,使他们懂得为人处世的原则。学校的德育实效提高了,家校协同效应也明显提升。在实践中,我们发现评价是不可或缺的环节,所以操作性强的评价方法成为严州中学另一个重点研究内容。经过不断的实践和反思,严州中学创新了"理行评"的协同德育路径,以求构建持续性长、协同度高的家校协同德育样式,并探索开发了这一样式实施平台——家校协同场。

1. 求同式家校协同场建设

求同式是指家校基于共同德育目标遴选家校协同德育内容并构建协同德育项目的策略。求同策略旨在更好地落实家校联结点,开发协同度更高的项目,采用的主要梳理方式为征集令、圆桌会和投票制。

(1)征集令

征集令是指学校从家长中征集适合家校协同德育的资源和意见以研制德育项目的方式,旨在让家长真正参与到家校协同德育中来,获得最充分的数据和资料。

其操作分为发布征集令→收集项目→筛选项目→项目上报→项目确定五个步骤。根据课题研究需要,学校政教处向各班家长发出家校协同德育项目征集令,从全校家长中征集适合家校协同德育的内容和实施方式,班主任负责收集和整理本班的征集结果,并做适当的筛选后上报课题组,课题组收集到整个学校的项目后,根据主题对项目进行分类,对同类型主题进行筛

选、合并、剔除等,然后就其中操作性强的确定为家校协同项目。

案例4-22:学校发布征集令后,高二(3)班廖同学家长提交了对孩子爱国主义教育的德育项目,学校觉得其德育功能明显、操作性强,便把它和同类主题的项目如参观双童纪念馆、千鹤妇女精神纪念馆等进行合并。然后,结合其他参观纪念馆的项目对廖家长的实施规划进行修改完善,确定为"红色研学活动"项目,其德育功能是培养学生的爱国主义情感和责任感。

(2)圆桌会

圆桌会是由学校牵头,学校和家长代表以圆桌会形式讨论并研制德育项目的方式,旨在真实掌握学校德育和家庭德育的重点,研制家校联结更紧密的德育项目。

其操作分为预选讨论项目→发出会议邀请→召开圆桌会→论证项目可行性→确定协同项目五个步骤。课题组在进行项目征集后,对其中部分德育功能较强但可能因为向家长表述不清的项目进行挑选并整理归类。由学校组织课题组、班主任和受邀家长一同参加圆桌会,与会人员一起讨论同一主题下不同的德育协同项目的科学性,并分析实施的可行性,探讨能达到的德育预期效果。

案例4-23:在项目征集中,我们收到了关于劳动教育的项目非常多,比如"有劳有获""自行车转起来"等项目都承载着很强的德育功能,但是不能清晰地表达项目内容,于是学校决定将它们预选为讨论项目,召集提交项目的家长、部分教师开展圆桌研讨会。其中,提交"有劳有获"的家长解释说是让孩子参加农地劳动,感受耕种时"汗滴禾下土"的艰辛,体会收获时"喜看稻菽千重浪"的喜悦;提交"自行车转起来"的家长说这个项目的内容其实就是自行车的安装与维修。在一起评论这些项目的科学性和可行性时,大家一致认为"有劳有获"项目缺乏场地,可操作性不强,剔除这个项目,但学校强烈要求保留该项目,会后向附近的龙山村租用了30余亩耕地。"自行车转起来"项目可以和家长开设在校门口的自行车店共同实施,既可以培养学生的动手能力,还可以获得助人的愉悦,更重要的是自行车的安装和维修中还有很多的物理与机械知识,真正的学以致用,因此这个项目被确定下来。会上还确定了其他的劳动教育协同项目:物品安装、我家的四道菜、农民权益帮帮团等。

（3）投票制

投票制是学校将拟定项目推送给家长并由家长选票决定研制德育项目的方式。得票高的被选为德育项目，这样的项目更具有代表性，家长的参与热情会更高。

其操作分为确定投票项目→推送选票→家长投票→投票结果统计→确定协同项目五个步骤。首先由课题组或班主任确定需要家长投票的项目，设计选票（利月麦客网进行投票），将选票地址推送给家长，通知家长根据要求进行投票。收集投票结果，并根据家长的支持率来确定是否实施该项目。

案例4-24：唐利辉老师想在班级实施"家长辅学"这一家校协同项目，邀请家长协助任课老师在晚自修时间参与班级管理，让任课老师有时间和精力给学生答疑，进行辅优补偏，但是需要得到家长的支持，并和家长一起实施才能真正有效。为了征求家长的意见，唐老师在麦客网设计了投票题，并把投票地址推送给家长，家长直接在手机上投票。投票结束后，结果显示：84.4%的家长赞同实施这个项目，59.4%的家长表示自己可以每周安排一次，26.1%的家长表示可以每月安排一次，9.3%的家长表示可以一个学期安排一次。导出投票结果后，唐老师和家委会共同编制了"家长辅学"的安排表，和家长共同实施该项目。该项目取得了非常好的协同效果，很快就在全校推广。

2. 孵化式家校协同场建设

孵化式项目研制是指对协同度高、效益好的项目进行培育，使其成为精品项目。孵化策略指向精品化项目研制，同时延伸和衍射德育功能与德育范围催发新的项目，主要利用特色村、联合体、同心圆等方式进行项目孵化。

（1）特色村

特色村是指具有村或社区特色的品牌项目孵化方式，旨在精品化项目建设，在实施区块产生一定的影响，形成德育特色村。

其操作分为确定特色项目→家长报名参与→确定实施区块→实施提炼

项目→形成精品项目五个步骤。首先课题组在所梳理的项目中选择协同度高、协同效益好的项目确定为特色项目。通过家长报名参加,选择报名集中的村镇或社区作为项目实施区块。家校协同实施项目,对项目进行跟踪提炼,使其品质不断提升,实施方式操作性更强,达到更好的德育效果,成为精品项目。

案例4-25:高一(1)班发动了"探寻家族之源"的家校协同德育活动,产生了良好的德育效果,被确定为特色项目。叶同学和父母一起寻根到新叶古村的叶氏祠堂,找到了祠堂里陈列的家谱中父亲和自己的辈分,录制了含泪齐诵祠堂墙上的玉华叶氏传承了800多年的家训的视频。学校审定后确定在新叶村深入开展此项活动,并以此为基础研制协同德育项目,"寻根之旅"成了德育运动的精品项目。

(2)联合体

联合体是将相关村或社区组成合作联盟经营共同德育场的精品项目孵化方式。这种项目研制方式旨在形成一个影响力"1+1>2"的联合德育场,孕育新的家校协同联合项目,从而进一步扩大家校协同德育的影响。

其操作分为梳理特色项目→打造联合协同项目→形成联合体三个步骤。课题组根据二次梳理特色项目,打通同主题的项目,使其连点成片,形成一个德育区块,在其中打造联合协同项目。

案例4-26:"我家来代言"的特色村庄推荐的德育协同活动,既加强了亲子交流,也让学生更爱自己的家乡,取得了非常好的德育效果,成为特色项目。课题组在二次梳理项目后发现学生推荐的特色村庄都有自己独特的文化氛围,是这些村落最具灵魂也最吸引人的东西。于是课题组连点成片,研制出"村落文化调查"这一家校协同的项目,让学生对乡村进行更深入的挖掘,把原来几个村的项目扩大到全市的各个角落。

(3)同心圆

同心圆是指特色项目衍射其德育功能并催发新项目的孵化方式,旨在通过与周边的村镇学生及家长协同实施对学生的德育教育,从而扩大家校协同德育的影响。

其操作分为聚焦核心项目→衍生相关活动→选定实施范围→确定新项

目四个步骤。首先由课题组根据二次梳理特色协同项目的德育功能,然后研讨其功能的延伸和衍射并形成新的协同项目。对新项目的可操作性进行考证,确定实施范围(如实施对象、学生年级、项目主题等),联合学生家长一起协同实施项目,形成以特色项目为圆心而衍射开来的一个同心圆形状的德育功能块。

案例4-27:"庭院设计"项目是家校协同德育项目中的一个精品特色项目,收到了良好的社会效益,很多村还举办了"最美庭院"比赛。这个项目不仅培养了学生的家庭责任感,也锻炼了他们的审美情操。在二次梳理特色项目时,课题组决定把该项目再提炼提升,除了秀庭院外,还可以秀家庭。征询家长意见后,课题组把新项目确定为"和美家庭秀",每期围绕不同主题设置,如敬畏生命、感恩等主题,高一以表演汇报的方式秀,高二以演讲、照片、视频制作的方式秀,高三以写作的方式秀。

3. 补白式家校协同场建设

补白式是指捕捉生活中新生事物和偶发事件并及时增添新的协同德育项目。补白策略使家校协同德育内容更加全面。研制方法主要有"新生地、偶遇角、民声墙"。

(1)新生地

新生地是指通过整合新生事物、社会热点等信息研制成家校协同德育项目方式。其意图在于研制热点德育内容项目,是对家校协同德育内容的重要补充。

其操作分为收集新事物信息→梳理德育主题→分析项目可行性→征求家长意见→确定协同项目五个步骤。负责新生地的是全体德育工作者,每周收集整理新生事物、时政要闻、社会热点、文件精神等信息上交课题组,课题组成员负责梳理材料中的德育主题,分析实施的对象(如考虑学生的年级、性别、地域等因素)和实施的可行性,然后征求相关家长的意见,最后确定协同项目,报课题组后即可实施。

案例4-28:2020年3月20日,中共中央、国务院印发了《关于全面加强新时代大中小学劳动教育的意见》,就加强新时代大中小学劳动教育提出了意见。课题组认为这是家校协同德育的极好内容,蕴含着丰富的德育主题。

课题组分析了开展劳动实践的家校协同德育的可行性后,就劳动教育事宜征求家长意见,得到家长们的一致赞同。课题组报学校建议在全校开展基于劳动实践的家校协同德育大项目,并提交了"××中学'基于劳动实践的家校协同德育'实施方案"。学校肯定了项目的科学性和创造性,并同意在高一、高二年级先行开展。

(2)偶遇角

偶遇角是指将偶发事件研制成家校协同德育项目方式,是捕捉型的补白式德育项目资源,其作用在于即兴捕捉德育项目资源。

其操作分为偶然事件梳理→德育主题捕捉→协同项目设计→确定协同项目四个步骤。在事件发生后,教师能迅速捕捉到其中的德育主题,并根据主题设计家校协同的项目,征求家长意见,协商项目的可行性,确定项目实施方案,最后报学校或课题组审核确定协同项目。

案例4-29:在一次班团课上,杨大为老师给学生播放了一部抗战影片,当日本侵略者肆意杀戮手无寸铁的中国人的画面出现时,有名学生笑出声来:"太假了,刀还没有砍到就倒下了!"惹得学生哄堂大笑。杨老师问他们为什么大笑,回答是杀得不精彩,这回答让人震撼,让人心痛。杨老师感觉到爱国主义教育只靠空洞的说教对学生不起作用。于是他和家长们一起讨论了"孩子的爱国主义教育"这个话题,提出"家庭电影院"的协同项目,组织观看"百部爱国影片",这一项目得到家长的支持,最后杨老师把项目方案报课题组确立了这个家校协同项目。

(3)民声墙

民声墙是将家长向学校发出家庭德育援助心声或诉求研制成家校协同德育项目的方式,是补白式德育项目的发源地之一。家长在民声墙上写下需要学校帮助处理的问题,学校根据他们的诉求研制家校协同项目。民声墙为发掘个性化家校协同德育项目开辟了主阵地。

其操作分为家长贴出诉求→教师解决问题→课题组梳理资源→研制协同项目四个步骤。家长或学生在墙上写下需要老师或学校帮助处理的事情;教师收到诉求后尽快帮助解决问题;课题组收到诉求和教师反馈的处理情况后对诉求进行梳理,挑选有德育意义的内容,打造新的家校协同项目。

案例4-30：高一(7)班的马同学妈妈在"民声墙"上贴出"孩子越来越沉默，周末回家基本上一句话都不说，怎么办？"的求助帖。班主任盛国新老师全面了解马同学的情况后，和马妈妈分析了原因，制订出"每日和谐对话五分钟"计划。在一段时间的实践之后，马同学的进步很大。学校据此制定了"家庭故事会"德育项目并推送给家长。

三、家校协同场的运作

严州中学为提高家校协同德育实效，依据德育目标不同的项目分类开展家校协同场的实践运行策略，主要有观摩式、劳作式、展示式三种方式。

1. 观摩式家校协同场的实施路径

观摩式是以访问学习、观摩感悟等方式，家校协同开展德育活动的模范引领路径。学校通过家长、村(社区)联系相关人员或场地，有效协同，确保项目合作的有效落实与有序推进。其主要路径有访乡贤、走研学、观影视。

(1)访乡贤

访乡贤是家校协同组织学生走访村镇的名人、五好家庭等从而实现榜样育人的实施路径。让学生在访谈交流中受到教化和影响，了解和丰富对本地优良传统与家风人文的认识、理解，观摩式是家校协同德育实施路径中最为直观的方式。

其操作分为走访约定→走访准备→走访活动及交流→二次交流反馈四个步骤。学校教师与家长约定走访对象；学生在走访前做好适当准备，准备走访材料及问题，如有必要在走访同学中建立若干学习小组；走访过程中认真记录，返校后学生间进行交流；如有必要，学生回家后与家长进行二次交流，并将情况反馈学校。

案例4-31：年级组陈瑞老师与家住十里埠的邵同学家长约定去他们村走访，该村是一个民风淳朴、家风建设杰出的村落。完成准备工作后，在邵同学父子两人的引领下，学校先后组织了约200人5个小队分批次走访了村里许多邵氏老人，同学记录下当地很多民俗故事和家族事迹。邵同学也通过这次活动了解了许多自己原先并不知晓的家族故事和优秀传统，并在汇

报中写道："作为邵氏后人，我从91岁的邵思议爷爷颤巍巍的双手上接过那一叠厚厚的族谱时，强烈的自豪感和责任感油然而生，我要将'孝、正、和'三条家规从此践行并传承下去！"

（2）走研学

走研学是家校协同组织学生深入家长的单位或者走访当地的名胜，从而培养学生乡情的实施路径。让学生在走中看，在看中体悟，在体悟中有所钻研，提升自我对家乡、对本地文化的认识和理解，产生对家乡的自豪感，并在活动中达到德育的效果。

其操作分为前期调查→研学准备→研学实施→交流总结四个步骤。教师调查研学地点，与家长约定时间、地点；学生提前做研学准备，教师指导同学建立若干研学小组，并确定研学过程中小组安全员，明确安全汇报制度；研学过程中认真进取，积极讨论，返校后再次进行学生间的交流；研学结束后，学校指定教师与家长进行反馈交流。

案例4-32：严州中学2022届致远1班教师与家委会共同组织了"探寻家族之源"的研学活动。活动开始前，对许多同学建议的研学点进行了调查，最后确定前往新叶古村的叶氏祠堂。对于当地的人文环境和民俗特点，同学们提前做了了解。活动中，同学们积极参与，班级里的叶同学和父母一起完成了一次寻根之旅，找到了祠堂里陈列的家谱中父亲和自己的辈分，让他们激动不已，父子俩更是录制了含泪齐诵祠堂墙上的玉华叶氏传承了800多年的家训的视频。在交流现场，许多家孩子一起讨论，一起歌唱；叶同学的家长和他本人还做了现场发言。

（3）观影视

观影视是家校协同组织学生观看经典影视，从而培养学生"三观"的实施路径。通过观影，学生思考在日常生活中自己表现的不足之处，家长思考如何在有限的时间与空间中发挥影片的育人意义，并在今后对孩子的教育中如何改进。

其操作分为教师准备→内容布置→亲自观影→影评建议→展示评价五个步骤。学校教师前期备课，确定观影的主题和要求，并确定要观看的影片；将影片的内容告知家长并与学生家长明确观影完成的时间和观影的小作业;学生与家长共同观看并交流彼此的想法,并做好简单的记录;学生在教师提供的主题限定的范围内完成观后感撰写;学校与家长进行意见交流,教师对学生的作业进行有针对性、展示性的评价。

案例4-33:高三(5)班组织了观看影视《肖申克的救赎》的活动,观影的主题是"在家庭中高中孩子可获得哪些自由而不需要经过家长的允许"。一时间引起了学生与家长的激励讨论甚至是辩驳,增强了学生对家庭责任与义务的认识,不少家长感慨:好的电影确实可以激励人,孩子长大了,也很有想法了,关键是现在他们懂得换位思考了。

2. 劳作式家校协同场的实施路径

劳作式是以劳动实践等方式家校协同开展德育活动的实践育人路径。依托学生家长所在的村(社区)开展一些劳动实践项目,并依托家校合作使一些劳作内容常态化,彼此配合,致力于形成固态化的德育学习基地。它主要有三种路径:传文明、进基地、制作品。

(1)传文明

传文明是家校协同组织学生传播时代新风和精神文明等活动,从而培养学生"文明、和谐"等核心价值观的实施路径。通过志愿活动帮助村民形成奉献、友爱、互助、进步的时代新风,推进新农村建设。同时促进学生树立社会主义核心价值观。

其操作分为约定活动内容→活动准备→备案分组→活动实施→活动总结五个步骤。由家长牵头,约定实践活动或者服务活动内容;学生在活动前做好适当准备;制订活动方案报学校批准,对班级同学进行分组,采取组长负责制;过程中安排专门的同学记录,返校后进行反馈交流;一周左右后,学生汇总感悟成果,学校将情况反馈家长及其所在的村(社区)。

案例4-34:在传文明方面,严州中学基于家校协同德育的劳作式实施路径开展了大量实践活动,也利用了目前学校的一些实践基地资源,使学生参与文明的讲解、宣传活动,获得了自我的提升,也让家校携手共进的德育协同项目得到持续发展,下表列出了近段时间的主要活动。

"传文明"主题家校协同德育项目实施表

实践活动项目	活动内容
导游志愿者活动	红色之旅：双童、蒋治、寿昌南浦等烈士纪念馆 绿色之旅：自然风光如绿道 古色之旅：严州古城、新叶古民居
新家规家训宣传	新家规家训的要求：征集宣传设计新家规家训等活动 活动地点：李村村、十里埠村、三都村
宣传设计活动	严州文化收集及整理、墙面(小报)的宣传画的设计与绘制 中华传统文化宣传手抄报

(2)进基地

进基地是家长与师生共同参与基地劳动从而培养学生劳动素养的实施路径。聘请一些家长担任学校"劳动安全员"和"劳动技术员"，为学生讲解相关领域的专业知识和技能，不仅能壮大学校德育队伍的力量，而且让学生了解更多在学校学不到的知识和技能。

其操作分为确定实践内容→家长招募→活动实施→活动总结四个步骤。学校以年级为单位确定进驻的实践基地及实践的内容；由班级教师负责招募家长担任班级安全员，并通过调查商议聘请本班中的几位家长担任技术指导；教师邀请家长现场查看实践基地并商议本班的活动计划；现场有序实施：学校安排教职员工担当班级安全员，班主任对班级安全总负责；邀请家长与有经验的教师担任技术指导；学生在活动结束后将活动心得与家长、老师、同学分享。

案例4-35：高二(1)班在劳动实践园(农耕园)的活动计划由教师与家长一同制订，并在班会上征求同学意见后确立，活动全程，学生积极认真，家长与教师配合默契。

时间:5月23日上午　　　地点:学校农场(农耕园)

活动安排:1.活动前特异体质排查,进行思想教育;2.周五下午熟悉场地,进行劳动培训;3.人员安排:全班32人,分成5组,每组设组长1名,安全员1名,家长1名,帮助指导学生劳动。

家长感言:

许多农活自己小时候随父母(孩子的祖父辈)下地参与过。看到自己的孩子这么卖力,有点回味自己的童年,也十分欣慰自己孩子的成长,也心疼孩子手脚磨出了泡;但更多的是给予一定的鼓励,毕竟吃得苦中苦,才知道学习的机会来之不易,没有家长希望自己孩子的未来还比不上自己。

(3)制作品

制作品是家校协同组织学生制作艺术作品或成果展品,从而培养工匠精神的实施路径。各种评比,使学生获得成就感,让家长有效把握德育契机,实现家校协同德育的预期成效。

其操作分为主题确定→作品制作→作品评比→作品展出四个步骤。教师、家长和学生共同商讨确定制作品的主题、基本的活动方案;学生与家长共同完成,并在完成过程中做简单的活动记录;以班级的形式对作品进行评比,家长、师生共同参与,评比充分利用微信等平台,实现家长都能参与;对优秀的作品进行全校范围的展出。

案例4-36:以"新家规家训"牌匾制作活动为例,首先是高一年级班主任通过家委会、班团课与学生、家长商定对活动主题达成了一致。作品制作环节,学校邀请书法家或工匠,组成载体物化组,他们和各个家庭商量后,根据家庭意愿,对新家训进行设计或书写,然后由学生和家长一起制作完成。最后,学生和家长在装裱师的指导下自己动手把这些作品装裱好,学生对制作的过程做了图片与文字的记录。这些作品完成后首先在学校的校园内、学生所在的村(社区)进行展出。"新家规家训"牌匾悬挂在家庭成员生活起居抬头即见,起到警醒、约束、勉励等作用,对家中长幼都有潜移默化的影响,是浸润式的育人与传承。下图为部分制作的家训牌匾。

"新家规家训"牌匾制作

3. 展示式家校协同场的实施路径

展示式是以成果展示等方式家校协同开展德育活动的实效激励路径。以家校合作方式在校内外开设讲堂、展示平台，邀请学生家长担任技术人员为学生的展示活动做技术指导，在学校、师生和社会中产生积极的影响。它主要以三种路径运行：设讲堂、晒成果、比技能。

（1）设讲堂

设讲堂是家校协同组织学生参与开设大讲堂活动展示德育实效的实施路径，邀请家长来校聆听或演讲的一种家校协同德育的展示式德育实施项目。通过这样的展示机会，增强了学生的自信，也增强了家庭德育的功效。

其操作分为规划安排→班级讲堂→学校大讲堂→体会交流四个步骤。除校友讲堂由学校统一安排外，学生讲堂和家长讲堂由学生或家长提出，由班级教师上报学校；安排一次班级演讲；在班级讲堂效果反馈的基础上，评定选择一些优秀演讲者开设全校范围的大讲堂；到场聆听的同学要完成心得体会并与同学、老师交流。

案例4-37：以一次家长讲堂为例。严州中学校友同时也是王同学的父亲提出为同学们讲校史，该活动首先在王同学所在的班级开展，后因反响强烈推荐到学校大讲堂进行，广大师生与部分家长代表共同聆听。会中有许多家长主动要求发言，他们结合自己的亲身经历与切身感受，生动讲述学校发展历程、光荣、传统及个人成长故事，对高中生进行理想信念教育，激励广大学生爱国爱校，把个人的成长进步融入推动国家发展、民族振兴的时代洪流中。

（2）晒成果

晒成果是家校协同组织学生通过多种形式的分享汇报等形式展示德育

实效的实施路径,能起到提升学生的家庭责任、荣誉感的效果。

其操作分为初定方案→征求审批→展示交流→总结建议四个步骤。一般由班级教师制订晒成果的方案;在班会和家委会发布并征求意见,然后上报学校;晒成果一般以年级为单位安排统一的时间、以班级为单位进行展示,允许跨班级展示与交流;结束后,以班级为单位上交成果报告,须有学生家长的参与,给予意见建议。

案例4-38:以高一(2)班学生晒基地劳动成果为例,杨老师策划晒成果方案后报批学校通过,周五晚上在教室举行。张同学母子晒出了一组劳动过程和成果的照片并感言:"劳动的过程中无数次的汗流浃背却让我很开心,我获得了前所未有的前进动力!"张妈妈说,劳动实践可以帮助孩子在紧张的学习下放松身心,并积累社会经验,希望多开展类似的活动。现场的照片成了班级文化布置的重要窗口,一张张成果报告被张贴在班级文化墙,部分家长留下的感言也让同学们有了前行的更大动力与勇气。

(3)比技能

比技能是家校协同组织学生依托亲子活动进行技能比拼的展示德育实效的实施路径。通过竞技活动培养学生勇于争先的奋斗精神。

其操作分为制订方案→学校审批→活动实施→活动总结四个步骤。由班级教师制订比技能的活动方案,明确活动的形式与目的,考查的基本技能等;在学生班会和家委会发布并征求意见,然后上报学校通过;活动一般以班级为单位进行确保全程的安全有序;在活动结束后,在征集学生、家长的交流成果与意见的基础上提交班级活动报告,巩固德育活动成果。

案例4-39:以2019学年第一学期高二年级各班举办的一次班级亲子技能大赛为例。这次活动,班主任和任课教师是主要策划人,获得到了学生与家长的广泛支持。方案上报学校后做了可行性、安全性评估,并予以通过和改进原方案。其中有代表性的是高二(1)班的单车装配赛、高二(4)班的擀面皮赛、高二(6)班的刺绣赛和高二(9)班的多米诺骨牌赛。活动中,展现了家长和学生的热情,也表现出了默契与快乐,许多家长还主动要求担任安全员并参与技术指导。活动结束,很多家长表示:"平时陪孩子的时间不多,但默契还在,在今后的家庭教育上,要利用这样的方式和机会与孩子真诚交流,让他们更加独立。"许多学生与家长的现场感谢成为本次活动报告的重要成果,对于家庭与学校德育都是有效的指导。

四、家校协同场的推介

(一)推介主体

严州中学进行家校协同德育场的推介主体主要有学生、家长、社会群众等群众资源良好的口碑,各类新闻媒体的宣传报道、社区村镇等文化活动中心的辐射,使严州中学的家校协同德育场享有良好的社会声誉。

1. 实施主体的行动推介

严州中学以家校协同德育场作为家校协同实施平台,为德育实施的主体教师、学生、家长实施具体德育项目提高了畅通的途径和多样化的场所,从而保证了家校协同德育的优质高效。德育项目的实施过程既是学生德育过程,也是家校协同场的推广过程。学生在访校友、名企项目活动中获得了学校的归属感和为学校增光、为社会贡献的责任感;在红色研学项目实践中获得了爱国主义教育,我们的观摩式协同场受到家长与学生的认可;在劳动实践活动中培养了责任意识和吃苦耐劳的精神,劳作式协同场成为固态化的德育学习基地;在村落文化调查中感受了生态文明,接受了地方传统文化教育,模拟导游项目培养了他们的职业素养意识和服务意识;在调查和服务中我们的展示式协同场走入了各个村镇群众家庭,受到群众的热捧。

2. 社会群众的口碑推介

"一个孩子带动一个家庭,一所学校影响一个社区。"家校协同德育项目的实施,也助力了良好的社会风气的形成。庭院设计项目由学校的德育协同项目升级为村镇"庭院设计大赛"项目,不仅美化了社会环境,还促进了邻里之间的关系。而协同项目中的精品项目"新家规家训"不仅使用于学生家庭,推动了良好家风的形成,更推广到社区和村镇,掀起了家风建设的良好社会风气。学校跟本市×信用社合作,把好家风星级评议和金融普惠信用贷款结合,推出"好家风无担保贷款"活动,即把好家风评议跟信用社金融普惠政策信用贷款挂钩,根据好家风评议不同等级,发放不同数额的无担保信用贷款。

案例4-40：吴同学的家庭在去年的家风评议中获得了五星荣誉证书。2020年春天由于疫情影响，他父亲经营的蛋鸡饲养场的鸡蛋滞销，资金回笼困难，眼见饲料因欠款难以为继。于是他启用了家风信用卡，顺利地从信用社贷款20万元，解了燃眉之急。

这些获益的家庭和群众对学校的家校协同德育项目及其效果给予了高度的评价，通过群众的良好口碑宣传，学校的家校协同场获得了非常好的社会效益和声誉。

(二)推介途径

家校协同德育的实践过程本身就是一种推介方式，而在活动中获得的知识和能力迁移更是推介的更高层次的成果。

1. 参与式推介

体验是最能获得认同感的一种方式。在协同场中实施家校协同德育的过程中，教师、家长、学生不仅是参与者，也是推广者。访乡贤、走研学活动把家校德育协同场直接和社会联结起来；制作品、晒成果中，学生通过实践把自己的劳动成果当作艺术品或展示、或悬挂，供人参观更是最直接的成果推广活动；传文明、设讲堂中，学生更是以主人翁精神感受文化、传承文化。……通过观察、聆听、实践、反思，学生获得比学校说教式德育更深刻的感受，从而促进他们形成正确的"三观"，培养健全的人格和高尚的道德品质，实现立德树人根本目标。

2. 衍射性推介

家校协同德育样式的研究，把学校德育与家庭甚至社会联结起来，形成了一个完整的德育场。由学校和家长基于共同德育目标遴选凝聚家校协同德育的内容，构建适合家校运作的德育项目，到追求一村一精品，再到延伸和衍射德育功能与德育范围催发新的项目，这样的研制过程，让项目由学校走向家庭，由家庭走向社区、走向社会，德育阵地不断扩大，德育影响力也不断加强。不仅增强了学校德育效果，也促进了社会风气的建设。"新家规家训"项目就是典型案例。学校以该项目为抓手，搭建多样化的家校互动平台，使学校、家长、学生共同践行优秀的家规家训，为学生营造健康文明的学习和生活环境，涵养学生的道德品质，有力地推动了良好家风的形成。

第五节　校史教育馆

一、校史教育馆的内涵

"不忘来路艰辛，才能砥砺前行。"校史是一所学校独有的文化资源、信息资源与教育资源，校史文化是校园文化的重要组成部分，育人功能在校史文化的使命与功能中占有举足轻重的地位。严州中学作为一所百年名校，其厚重、深沉的校史是浙西地方传统的积淀、严实精神的承载、严州文化的映照。学校的档案室记载着学校发展的点点滴滴，前人的足迹和成功先例是学校育人效果的最好体现。学校坚持以校史育人，并对其育人路径进行了深入研究，创造性地提出了校史感悟式育人、探究式育人及展示式育人等全新的育人路径，创建了严州校史馆这一全新的育人平台。利用这一平台，学生可以从真实的历史背后提炼出内涵丰富的严中精神和严实文化，这都将成为广大学子成长成才道路上的助推剂。

二、校史教育馆的建设

1. 校史馆建成

2018年初，严州中学校史馆建成，它展陈丰富、设计精巧、品位典雅，吸引了无数校友和社会各界人士纷至沓来。2019年10月，按照社科普基地的属性要求，学校又对校史馆进行了提升。现在的展馆具有六纵（六大阶段校史展厅）、六横（六大主题教育展厅）十二大展厅，以及器材室、体验室、古籍室等10余个展室。校史馆着重展陈学校光荣的历史和优秀的传统，具有很强的教育意义。

另外,2019年9月,学校还对校史馆中特色的"红色校史"部分进行了挖掘和整理,并开辟了"严中红色足迹"党建长廊,作为校史馆的延伸。长廊由"红色摇篮、红色故事、红色传统、红色荣耀"四大板块组成,已经成为一个著名的党建示范点,为学校开展校史教育增加了一处有力的阵地。

随着120周年校庆的临近,学校将进一步完善校史教育工程。学校正在编写《严中岁月》《严中故事》《严中骄傲》的校史三部曲,并预备在此基础上建立"严州文化公园"。这些工程必将推动学校育人目标的更好达成。

2. 讲解团形成

学校已经建成一支教师数十人、学生数十人的校友解说员队伍。两年来,他们接待各级领导、各届校友、省内外研学团体达数百场,积累了丰富的解说经验,已经成为校史教育的主力军。学校"五月花海"大型文艺晚会,2017年以"严中印象"为主题、2018年以"严中故事"为主题,演绎了严中人的历史故事。学校美术生以"严中符号""严中名人"为主题,开展了画展、剪纸展。各个班级每日德育微课常以校史为素材,学校的各种大型活动都深入挖掘校史元素。在严中,校史教育以多种形式、多种视角开展起来,得到了广大师生的一致欢迎和好评。

三、校史教育馆的运作

利用校史教育馆设计和实施活动,探索了感悟式、探究式和展示式三条育人路径。

(一)感悟式育人路径运作

感悟式育人路径是让学生通过观察、阅读、访谈等方式经历与校史相关的故事和发展,从而从内心自发地产生对学校、对家乡的认同、自豪、责任、眷恋等情感。主要通过观史馆、读史书、访校友等方式来运作。

1. 观史馆:感悟校史底蕴,唤醒学生的归属感

国以史为鉴,校以史明志。校史馆是实施素质教育的重要基地,是以史育人最具活力的窗口。为提高校史馆的育人作用,首先,我们将严实校史馆作为新生教育重要的基地,对新生进行校史教育是学校育人工作的一个重要起点;其次,我们将参观校史馆纳入每学年教育教学计划,开设"严实第一

课"列入课表,规定学时,要求每位学生每学期至少进校史馆一次,通过校史文物、实物与图文并配以讲解员的讲解,了解学校的历史、校友、名师、现状与发展前景,通过撰写参观心得,增强认同感和自豪感,同时对学校光辉发展史和艰辛发展历程的更深认知也能唤醒学生对学校的崇拜与敬畏之心。下面是一名学生的参观心得。

在参观校史馆的过程中,我们都是惊奇和兴奋的。在九中小学部"好学生信条"展板前,同学们将一条条信条对照自己的行为,议论纷纷,有骄傲也有惭愧。

在"辗转办学"展板前,我们了解到抗日战争时期的学生求学之艰难:白天到乌龙庙上课,敌机来了就躲到松树林里上课,晚上回学校,两个学生共用一盏桐油灯苦读。一些平时喜欢抱怨学校条件差的学生醒悟了。

在一张《年青的一代》的剧照里,大家看到了还是初中生的马胜荣。马胜荣因为参演了学校师生共同演出的话剧《年青的一代》,将感受写成文章《一颗红心 两种准备》并发表在《浙江日报》上,从此走上新闻写作之路,直至成为新华社副社长。听完介绍,同学们纷纷表示以后要积极参加学校组织的各种活动,锻炼自己的才干。

在"校友荣光"展板前,我们看到自己学校的校友与国家领导人的合影,备受鼓舞。学长解说员鼓励我们说,这些校友走过的就是我们今天生活的校园,他们能得到的荣誉我们也能得到。

总之,参观了校史馆,我对严中有了更多的了解,我知道了馆名"严州中学校史馆"由1950年校友、原人民日报社社长邵华泽中将题写;首任校长王韧"做事不做官"的风骨成为严中人宝贵的精神财富;状元蛋的故事则反映了古代严州学子刻苦求学的意志品质……我更爱这个学校,我为自己选择在这里求学而庆幸,我为我是严中学生而自豪。今天我以严中为荣,将来严中一定会以我为荣!

2. 读史书:品读百年校史,激发学生的爱校情

校史是记录学校建立发展和变迁的文献资料,以宝贵的文物和历史资料展示学校丰硕的育人成果。读校史是学生了解学校的过去最直接的方法。为了深入了解严中历史,并将厚重的校史文化更好地传承,学校一般会

为每个学生在高中期间组织两次"品读严中"读史活动：入学阶段的高一新生和毕业阶段的高三毕业生。

新生入学阶段，品读一些校史沿革等书籍，如《百年严中》《严中校志》等，让新生了解学校。在班级活动中以游戏或讲故事的形式进行来检测学生的读史情况，这使得原本较为枯燥的校史变得精彩有趣，在学生的讨论及问答的同时将校史教育融入学生心中去，这样不但能达到校史教育的效果，还能促进老师与学生之间、学生与学生之间的交流和理解。

毕业阶段，品读的校史是一些较为深入的内容，如"严中人物""严中故事"等，达到让学生读懂学校的目的。将要毕业的学子对学校不免有些眷恋及不舍，让学生在离开学校时读懂学校，这样不仅让学生出社会后铭记在校教育，让学生为学校而自豪，愿意回报学校、支持学校，也有利于学校的发展。以下是高一(1)班林同学在"品读校史"的读书分享会上的发言稿。透过这些文字，我们可以看见一代代严中人身上对母校深深的眷恋之情。

今天我看了《百年严中》这部校史。那么大、那么厚的一本，让我感叹百年名校的枝繁叶茂。最让我激动的是，我竟然在书中找到了我爸爸的名字！没错，老爸是我的学长！1993届(3)班的毕业生！爸爸是个优秀的学长，高中毕业后，他考取了杭州科技大学，虽说是中专，但他是我们村的第一位大学生，是全村人的骄傲。大学毕业后，他走上了工作岗位，工作认认真真，多次受到领导嘉奖，后来经历了单位转制、下岗、打工，在温州认识了我妈妈，两人返乡办厂，勤勤恳恳，把厂办得红红火火。爸爸说他没有给母校丢脸，无愧于"严中人"的称号。在爸爸的鼓励下，我考取了和他同一所高中。学生时代爸爸是班长，妈妈是班长，现在我也是班长。现在努力学习，将来努力工作。我也要像我爸一样，让自己的名字书写在这本沉甸甸的泛着墨香的校史上！

3. 访校友：感受奋斗担当，培养学生的责任心

走访校友，收集他们的基本信息，并让同学们与校友进行一次近距离的交流和对话，聆听校友的谆谆教诲，分享校友的人生经历，感悟校友的心路历程，共同探讨社会与人生发展的意义。这对于同学们来说，无疑是一次宝贵的学习与交流机会。对于校友而言，这也是了解母校发展状况，与当代高中生交流畅谈的好机会。当青春邂逅年华，当相距几十年的两代人直面对

话,对学生会有不一样的启迪。

"走访校友"按五步操作。第一步,访前准备。做到"五备三定":"五备"是一备访谈对象、二备访谈问题、三备访谈工具、四备访谈预案、五备访谈主题。"三定"则是定访谈计划、定访谈分工、定访谈提纲。第二步,访中互动。各小队依据特定情况自行组织适当的互动。如校友是企业家,可到车间亲身感受。对于条件允许的校友,如在梅城镇的,可安排时间邀请老校友一起重游母校,感受母校的变化。第三步,完成访谈。采访结束后与校友合影留念,完成专访稿及自己的心得,并整理照片或视频。第四步,制作校友访谈录(见表4-1)。收录队友们写下的专访稿、校友的寄语和签名、采访照片以及队友采访心得,在校内进行宣传,扩大影响力,并以这些校友成功的经历激励鼓舞学生找到奋斗的目标及动力,奋勇向前。

表4-1　林焰伟校友访谈录

访谈对象	林焰伟		指导教师	刘灵利
年　龄	39岁		联系方式	
工作单位	建德市朝美日化有限公司		职　位	总经理
住　址	梅城镇××路××号		访谈方式	面对面
兴趣爱好	二胡		严中毕业时间	2002年
组长:何××	班级	高一(1)班	访问日期	2020.4.5

本次访谈目标:
1.了解林焰伟校友在严中的求学经历、毕业后的人生经历,尤其是创业经历
2.了解林焰伟校友的企业应对疫情所采取的措施及企业现状
3.作为校友,在青年节时寄语年轻的学弟学妹

任务分工:
1.访问者:周×;2.观察记录:高××;3.录像:邓×;4.联系员:何××;5.文字记录:刘×

受访者信息:林焰伟,严中2002届校友,建德市朝美日化有限公司总经理。1月22日,林焰伟表态:"今天厂里的订单总量已经激增到8000多万只。企业以3倍工资把周边能够联系到的员工尽量召回,安排过年期间仅除夕当日休息半天,其余时间全力保障生产,并且承诺口罩的出厂价格不变。"作为国内市场占有率35%的呼吸防护用品研发制造龙头企业,面对激增的市场需求,朝美公司迅速展开应对

访谈问题设计	1.您是严中2002届毕业生,能聊聊你在严中读书时的情形吗? 2.您记忆中的严中是什么样子的?毕业后回过母校吗?感觉母校有哪些变化? 3.今年春天对您和朝美来说一定是有着巨大压力和挑战的。现在朝美的生产情况怎么样? 4.全国人民都为您和朝美点赞呢,您当时是怎么想的呢? 5.根据目前口罩的需求情况,您对疫情有什么看法? 6.是否方便带我们到车间里参观,让我们感受一下朝美人抗击疫情的斗志。 7.今天是五四青年节,您对年轻的学弟学妹们有什么期待吗?	访谈过程中想到的问题
注意事项: 1.林焰伟校友很忙,约定的时间一定要守时 2.如果去车间参观,一定不能影响工人工作 3.谦逊有礼,尊重他人		

(二)探究式育人路径运作

探究式育人路径是指利用校史教育馆提供项目与场所给学生以实验、体验和实践等活动去主动学习知识、掌握解决问题的方法与技能,架构自己的认知模型。主要通过拓碑文、寻古迹、走古道等活动实施。

1. 拓碑文:拓读校史碑文,追寻严实之源

拓碑是保存文物的方法之一,在摄影术发明以前,多数文物依靠拓本保存至今。与摄影相比,拓本更能显示文物的风貌韵味与大小比例。如果原物已毁,拓本更是弥足珍贵。碑帖还具有很高的观赏价值,能给书法艺术提供极好的研习摹本。碑记还是政治、社会、经济、宗教等方面的重要文献。

我校已有百余年历史,历经晚清、民国和中华人民共和国,现有石碑6块,分别是文渊书院碑(有碑文,未录入)、双峰书院碑(有拓本,未录入)、六睦学堂碑(碑文已录入)、严郡中学堂碑(碑文已录入)、建造教室碑(有拓本)、添设高中碑(有碑未拓)。

现场拓碑体验让学生们兴趣盎然。他们二人一组,薄薄的宣纸覆在硬

硬的石碑上，用力不能重，更要均匀，否则不是皱了，就是破了，需要足够的精心和耐心。对碑刻技艺的实地体验，让学生们第一次亲身感受到了中国传统手工艺的精微之处。让学生在了解这门技艺的同时，进一步弘扬和传承中国优秀传统文化。

拓碑文的教学过程分为导入活动、展开活动、后续活动和展示活动。导入活动：拓碑任务说明、教师示范、工具使用说明；展开活动：洗碑、上纸、槌纸、烘干、上墨、推拓、揭拓；后续活动：考证方法说明、寻找参考工具书、利用校史资料研习碑文；展示活动：将小组合作成果进行集中展示。对活动过程和成果进行综合评价。

学生通过推拓校园石碑、研习碑文内容，考证学校历史的过程中，自然而然地感受到学校悠久的办学历史和深厚的文化底蕴，而通过拓碑树立的文物保护意识、文化传承意识以及由此培养起来的高雅情趣，则更是让学生终身受益。

2. 寻古迹：踏遍古迹美景，镌刻严实精神

此处的古迹是指严中校友在历史、文化、建筑、艺术上的具体遗产或遗址。寻古迹是走访具有严实精神的严中校友的"足迹"，其中不乏革命先烈抛头颅、洒热血的壮美画卷，更有各尖端领域优秀人才的奋斗之路。这些古迹有些在校园之内，有些散布于周边村落，但无一不凸显校史环境育人的积极作用和意义。

(1)红色长廊

红色长廊是严中校史教育的成果体现。它的落成经历学生寻访古迹并在所获史料上进一步加工，由严中崇德美术班的学生参与制作，他们将故事绘制在墙上，其中就有严中校友的光辉历程——《童祖恺的革命人生》，包含"演说""开会""调查""被捕""就义"等部分。

案例4-41：源远流长的母亲河，流淌出感人至深的故事；苍劲青翠的群山，记载着严州历史的变迁。2016年4月18日，严中党员带领学生课余党校学员来到大洋镇"双童烈士墓""童氏宗祠"，在祭奠严中校友、中共建德首任县委书记童祖恺，以及其姐童润蕉烈士的同时，寻访先烈的足迹及其氏族遗存，感受其艰苦卓绝的革命历程。在活动现场，大家学习了烈士童祖恺校友

在九中成长、开展斗争、建立县委、领导起义、不幸被捕、英勇就义的奋斗经历,对童祖恺牺牲前高唱的诗歌"慷慨少年志,从容作楚囚;快刀如饮雪,不负少年头"赞叹不已。

大家当场聆听了《祭双童烈士文》,祭文缅怀了"童氏祖恺,生乃人杰。心向共产,加入我党。振臂狂呼,追踵前贤。转战大洋,成立县委。发动民众,领导起义。一以当百,震动浙西。狱中斗争,不屈不挠。可歌可泣,敌酋束手。慷慨赴死,血染赤旗"的英雄事迹,赞颂双童烈士"为国为民,侠之大者。忠义之光,其华流照。专后人以英名,缔千秋之宏基"的精神和意义。

会后,课余党校学员在寻访的基础上撰写了童氏先烈可歌可泣的故事,并使之成为红色长廊的重要组成部分。

(2)严中十景

"严中十景"是严中校内的典型场景,其中饱含了严中学子的文化足迹和奋斗人生,是严中师生、校友所认同的具有代表性的历史与文化遗存。一方水土养育一方人,严中十景是在校师生和历届校友时常寻访之地,其中所充斥的是浓浓的母校情,也是凸显校史环境育人的实效之地,更是当下在校学生成长的摇篮(见表4-2)。

表4-2　严中十景

编号	十景命名	具体位置
1	桂子问古	校史馆前
2	烟榔伴读	图书馆前
3	望亭思范	丽泽湖一隅,思范亭周边
4	屏石生趣	男生公寓楼前,假山构图
5	梧桐引凤	学校大门林荫道
6	百年寻迹	百年校庆纪念碑周边
7	桃李满园	桃李亭周边
8	严实树人	教学楼前,"严实"巨石
9	双榉竞秀	操场北门处双榉树
10	宏宇兴业	严实广场,综合楼远景

至今，"严中十景"是严中学子、教师、校友日常的打卡胜地，是每日伴读的伙伴，也是校史教育拓展与提升的日常路径之热点。与此同时，语文教研组还推出了一系列和"严中十景"相关的活动，如"大美严中，诗文飘香"——"大美严中"诗文创作大赛。

3. 走古道：重走求学之路，汲取严实力量

走古道主要指学生重走到严州中学求学的五条古道，即重走求学路。中华人民共和国成立前国家战乱不断，但经过几任校长的励精图治，严中不断壮大，尽管地处山城，但学校人文底蕴深厚，加上抗日战争时期，很多优秀教师因躲避战乱而就职于严中，尤其是严济宽执掌严中以后，管理教学更上一层楼。学校声名远播，使得浙江省内外学子不远千里辗转来求学，形成了诸多求学古道，主要有五条：严浦古道、严婺古道、仙霞古道、铜官峡古道、胥岭古道。

走古道，不但可以传承艰苦奋斗的作风，强健学生体魄，锻炼学生意志，还能进一步培养团结、合作、友爱的精神。为了让学生深切感受前人的求知之心切、意志之顽强，学校挑选适宜的一条古道，组织学生重走求学古道。考虑到山路崎岖，我们选择了胥岭古道，据考证，这是昌化、分水以及桐庐部分地区的人来梅城的主要官道，另有一条通儒岭古道则属于第二选择，两条古道到了乾潭，最终都要经乌龙山岭脚古道抵达梅城。桐庐东部地区和新登、富阳地区的人来梅城一般选择沿富春江逆流而上的水路。我们组织学生从乾潭出发，经乌龙山岭脚古道，徒步抵达梅城校区。

学生心得

这个周末，学校组织我们走古道，平日里，我只听说过走绿道，对于古道，非常好奇。带足了水和干粮，跟着大伙儿，从乾潭出发了。

天气挺好，带队老师跟我们说着沿途的景和物，大家的心情也挺好，一路有说有笑的。我家在乾潭，平时我从家里到梅城，都是坐汽车去，一袋零食没吃完，学校就到了！而脚下这条古道，几乎都是石头路，路面很窄，高低不平，老师说已经把难度降低了好几个档次，为我们选的是最好走的路。唉！真难以想象，在那个没有汽车、没有高铁的年代，要读点书真不容易

呀！翻山越岭，忍饥挨饿，还要提防路两旁的野兽毒蛇，半天甚至一天，才能走到梅城。老师说他们还要自己扛着一袋米去学校，太辛苦了，难怪他们读书那么用心，校史馆里，有那么多优秀者。

灰头土脸、一瘸一拐地好不容易才走到学校，我一屁股坐到了草地上，脱了袜子，一瞧，不用猜，左右各一个水泡。那一刻，突然有了想好好读书的冲动！

(三)展示式育人路径运作

展示式育人路径是指通过演讲、报告、演出等展示活动，给学生提供对校史资料的提炼和融汇，让学生获得知识的同时，得到综合素质的全面发展。

基于校史的展示式育人路径包含三种主要途径：其一，构建大讲堂，通过讲述与聆听优秀事迹、报告、讲座等形式使学生深受熏陶；其二，通过学生自导自演的方式，将校史人物事迹重现，使学生以演员或者观众的身份沉浸到校史的濡染之中；其三，借助学科文化节这一平台，让学生在知识和思想层面获得校史教育带来的积极影响。

1. 设讲堂：宣讲严中荣光，传承严实之风

首先，邀请知名校友回校讲学。对校友来说，既是对母校的情感寄托，更是精彩人生的加油；对学生而言，通过聆听讲座，精神上会受到激励和感召，进一步增强他们的爱校之情。

讲座之后是学生现场采访环节：一是对前面讲座问题的追问；二是描绘记忆中严中的印象；三是对在校学生的寄语。

其次，邀请退休教师回校讲校史。学校许多退休老教师非常关心学生们的成长成才，他们熟知学校历史和教育规律，时间也相对充裕，是校史育人工作中一股不可多得的宝贵力量。我们将发挥老教师的育人作用，定期组织他们为学生上校史课，举行报告会、座谈会，结合自己的亲身经历与切身感受，生动讲述学校发展历程、光荣革命传统及个人成长故事，对高中生进行理想信念教育，激励广大学生爱国爱校，把个人的成长进步融入推动国家发展、民族振兴的时代洪流中。

最后,鼓励在校老师和学生上大讲堂。在职教师可以根据自己的专业特长和兴趣爱好,就某种事物做经验介绍,做辅导。例如,心理健康老师可以给高三学生做高考前的心理辅导;爱生活的女教师也可以介绍生活小妙招;学生也可以上大讲堂,锻炼自己的各方面能力,扩充知识(见表4-3)。

表4-3 "严实大讲堂"实施情况

序号	讲座人	职务或职称	时间	讲座内容	受众
1	马善贤	中科大副教授	2017年5月	核物理的基本原理	奖学金获得者
2	朱睦卿	地方史专家	2017年9月	严州文化和严州诗词	高一学生
3	吕培顶	中国海洋大学教授	2018年3月	南极科考的基本情况	高一、高二部分学生
4	过承祁	建德作协主席	2018年5月	古琴中的中国精神	高一学生
5	刘来水	火箭军装备部总工程师	2018年10月	中国导弹的常识	高一学生及物理选课生
6	方泽民	原武钢工程师	2019年5月	中国钢铁业的历史	致远班学生
7	陈志红	省特级教师	2017年3月	高考复习及志愿填报	高三学生
8	罗贤琼	退休教师	2018年3月	两双鞋的求学故事	高二学生
9	骆汉先	退休教师	2018年11月	三严校长:严济宽	高一学生
10	杨红海	美术教师	2019年4月	中国文人画演变历程	高一学生
11	王清华	心理老师	2019年9月	高考,你准备好了吗?	高三学生
12	李佳颖	高一(2)班学生	2019年11月	青春,万岁!	高二学生
13	黄刚玮	高三(1)班学生	2020年4月	母校,我想对你说	高一学生

2. 演史剧:再现先贤事迹,演绎严实赞歌

演史剧是严中历年"五月花海"文艺晚会的固定节目。校史育人必须依托学校的各类教育活动,渗透到各种活动中,并生成新的校史作品,才能使校史育人深入人心,而鼓励学生根据校史编写课本剧,并搬上舞台使先贤事迹历历在目,对学生具有广泛的激励作用,实现传唱严实赞歌的效果。

演史剧活动经历三个阶段:剧本创作阶段—舞台表现阶段—观看感悟阶段。剧本创作阶段,学生在教师的指导下依据校友的事迹进行剧本创编活动,其中文学社的同学是中坚力量;在确定剧本之后,由师生将其搬上舞台,其中演出的主力是学生,教师主要担任导演和摄像工作;最后是舞台剧的观看和其后的观感的撰写与交流活动。舞台剧活动主要借助"五月花海"这个展示的平台,向师生、家长呈现严中历史的闪光点,在趣味和掌声中点燃学生对校史教育的热情与积极性。其中,《六睦学堂创立》《革命星火》等依托校史改编而成的舞台剧是代表作品,具有深刻的教育意义。

"少年智则国智,少年强则国强……"王韧正在学堂教学生《少年中国说》。慷慨激昂,这时候严州知府刘宗标走了进来。他此行的目的是商请王韧筹建新式学堂,并由王韧出任堂长。一个是为官一任,造福一方;一个是推行教育,开启民智。在这两个人的谈话中,六睦学堂建立了,现代新学在严州大地扎下了根,生动演绎了首任校长王韧先生"做事不做官"的风骨。

——舞台剧《六睦学堂创立》侧记

20世纪二三十年代我校学生参加反帝爱国运动,建立浙西地区第一个共产主义小组所迸发出的热情和所做出的牺牲让人动容的故事。剧中的童祖恺等青年进步学生在进步教师的带领下,投身工运学潮,积蓄斗争经验和革命力量。一个个青年学生介绍自己的经历,让我们看到了革命之火在建德这片热土上正熊熊燃烧起来。最终,他们加入了中国共产党。"革命星火"正是为我校师生讲述了革命火种如何在建德点燃的故事。晚会当夜,入党誓词在操场上空响起,为国为民奉献终生的激情在同学心中回荡。

——舞台剧《六睦学堂创立》侧记

此外,严中还要将民国初年爱国学生凌凤梧在南昌绥靖公署军法处看守所所长任上帮助闽浙赣省苏维埃政府主席方志敏的故事搬上舞台;我们还将演绎"严济宽吓退强盗""两双鞋的求学故事""一担白梨谢师恩"等感人故事。严中将校史教育融入校园文化活动的每一个具体环节当中,让校史不再是空洞的说教,而是具体可感,深入学生的内心,于无声处打动人、影响人。

3. 融学科：融通学科校史，书写严实新篇

融学科是将校史资源融入学科文化节的各个活动中。学科节是严中学科文化建设的一次集中的盛会，它涵盖了所有学科，是彰显具有严中特色的教育教学资源的大荟萃，其中不缺乏校史资源的进一步开拓。通过一系列的展示性活动，使校史资源可观、可感，学生各尽其能，发挥特长，书写严实新篇章。

学科节活动主要经历阶段：准备策划阶段—制订学科方案阶段—活动实施阶段—总结报告阶段。准备策划阶段是对学科节进行整体筹备，确定总体目标：2019学年学科节的关键词是"济宽"，其重要目的是为纪念严中的"三严校长"严济宽先生。其后是以各学科的教研组为单位制订学科节的活动方案，其中语文组的校内拓碑活动、历史组的校史馆导览、美术组的校园剪纸等活动有效地利用了校史资源的育人功能，对学生思想境界的提升成效显著。活动实施阶段分学科、分场地进行，学生可自由选择参加，但活动后期的成果在全校的公共区域展示，也有着很好的教育意义。最后是总结报告阶段，活动素材的收集整理和活动总结内容以学生完成为主，相关的教师做统一的收集、整理。以下列举说明历史学科、美术学科的相关活动情况。

（1）历史学科

严州中学作为一所百年老校，"邂逅百年严中——传承严中基因，争做国家栋梁"是本次历史学科节的主题。历史不仅是重大国家、重大事件的发展史，也包括乡土发展史，甚至是学校发展史。学生通过了解学校的发展史、校友的奋斗史，可以树立起以学校为荣的思想，树立起主人翁意识，深入践行家国情怀等历史核心素养。

案例4-42：经过紧锣密鼓的筹备，2019年11月22日下午4时20分，高一各班由领队带领的11人小分队来到校史馆门口，驻足欣赏形美质优的海报。高一各班从百年校史取材，以艺术海报的形式集中展现了学校蔚然风采，引来参观学生阵阵惊叹。

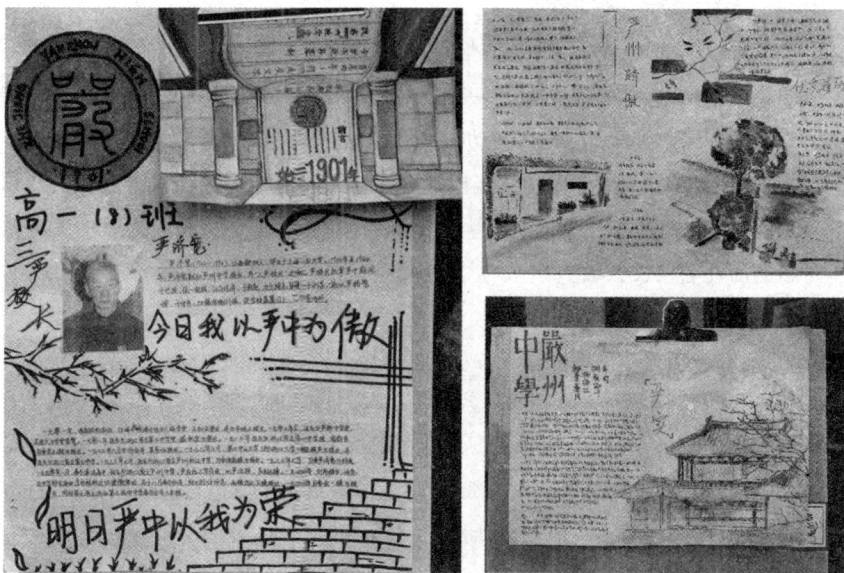
校史介绍的手抄报

本次活动的重头戏还在校史馆的参观上。11位校史馆解说员整装待发，在各自的展区迎接同学们的到来。多日的精心筹备，亟待一吐学校锦绣华彩。高一各班在学生领队的带领下逐一参观展厅，12个展馆，充盈着文物影像，向学生展示了学校的发展史、知名校友的奋斗史，真正使学生零距离对话严中，从厚重的百年校史中领略严中的风采，凝聚严中人的风骨与自豪。随着参观走向尾声，各班来到一楼参加严中历史有奖问答环节，十道简单的选择题检验他们身为严中人对严中校史的入心程度。两位老师现场批阅，以总分由高到低排列，取一等奖1名、二等奖2名、三等奖3名。捧着新鲜出炉的奖状，学生们绽放出如花的笑靥。通过本次活动，学生不但树立起了传承严中基因的目标，也明确了争做国家栋梁的决心。

（2）美术学科

美术学科节致力于利用美工的手法再现严中的记忆。用剪刀裁剪、刻刀镌刻展现严中厚重的校史，用相对抽象的形式发挥校史独特的育人功能。美术学科节活动涉及校史教育内容的主要有二："严中剪忆"和"校歌篆刻"（见表4-4）。

表4-4 "严中剪忆"和"校歌篆刻"活动方案

活动一：严中剪忆

活动目的和背景：严州中学诞生百余年，涌现了几十位校长，他们励精图治、开拓创新，直至今日。通过剪纸艺术使学生了解严中的发展历史，并向为严中发展做出贡献的历任名校长致敬。

活动对象：高一年级

活动地点：综合楼五楼剪纸教室

活动口号：回顾百年校史，剪贴严中名人

活动流程：

1.选择热爱剪纸艺术的学生进入剪纸教室，发放资料及工具进行前期创作准备

2.活动当天进行集中展示，地点剪纸教室

3.集中展示，活动现场有学生志愿者负责维护秩序，地点：行政楼一楼大厅

活动二：校歌篆刻

活动目的和背景："严江浩浩，龙山崿崿……"这首校歌传唱了百年，每当全校师生共唱校歌时，都感到无比骄傲自豪，也希望校歌能一代又一代传唱下去，学生通过此活动，利用篆刻的形式，继续传承下去。

活动对象：高二年级

活动地点：美术教室1

活动口号：演绎活字印刷，篆刻严中校歌

活动流程：

1.组织报名学生进行前期预选，根据校歌字数确定人数

2.组织报名学生进行课堂教学，根据教师指导进行创作

3.集中展示，活动现场有学生志愿者负责维护秩序，地点：行政楼一楼大厅

通过以上两个活动，学生不但熟悉了两种常见的美工技艺，更是于愉快的活动中感受到了学校厚重的校史积淀。学生作品展示给人以强大的视觉冲击，也使在校学生感受到了校史教育的深沉力量。

四、严中校史馆的推介

校史馆是严州中学开展校情、校史教育的重要基地,是展示学校办学历程和办学成果的重要窗口,是广大师生员工和校友的精神家园。校史馆的建成,意义重大。在校史办公室的宣传推广下,各年级在校学生纷纷利用课余时间参观校史馆,增进对学校的了解与认识。经推广,严中校史馆成为建德市首批中小学生研学基地,本市各中小学纷纷组织学生对校史馆进行参观学习,近两年的总接待人数达5万人次。目前,严中校史馆更是在进一步完善工作的基础上,积极与市教育局、社科院、旅游局等相关部门沟通配合,充分发挥校史馆在教育中的重要作用。

(一)推介主体

1. 师生推介

在校师生是负责校史推广的中坚力量。在校史办公室、校团委等的支持与配合下,校史馆已建成一支学生讲解员团队,能提供全面、深入、多语种的讲解。各单位均可在常规时间到馆参观。

2. 校友推介

校史馆有利于增强校友对母校的认同感和凝聚力,有利于吸引更多人关注学校的建设和发展,为学校建设创造更为有利的条件。自严中校史馆开馆以来,校友们纷纷回校参观,释放他们对母校满腔的眷念和深情以及反哺母校之恩。其中不乏知名校友,如杰出校友徐永清、郑秉谦、汪思孟、廖竹本、叶庚清、倪婷等,校友们还发起了"严州学子·爱心接力"励志阳光助学基金,用于帮助来自寒门的学弟学妹们完成学业。校友们的后辈也纷纷来校寻找先辈奋斗过的足迹和故事,校史馆凝聚了强大的校友力量,产生了较好的社会反响。

3. 行政推介

严中校史馆也得到了各级领导的关注和支持,建德市委、市人大、市政府、市政协,市级各部门、梅城镇党委政府对严州中学建设发展给予了重视和支持,各级市领导多次来指导和巡查校史馆的建设工作。同时,杭州市甚至浙江省各相关部门也纷纷参观考察严中校史馆,为校史馆的建设和提升給予了極大的支持。他们的肯定和重视也为严中校史馆的进一步完善与提升工作起了推动作用。以下是一些上级巡查记录。

2018年4月27日下午，杭州市拥江办副主任、钱江新城管委会主任郑翰献率钱江新城管委会一行参观考察严州中学校史馆。

2018年5月8日，杭州市地方志办公室主任蒋文欢、中共杭州市委党校文化学教授周乾松带领"'拥江发展'战略视野下的杭州市历史文化资源调查及保护发展研究"主课题调研组成员一行来到严州中学校史馆参观考察。

2018年8月14日下午，浙江省社科联科普处处长郁兴超、省社科联科普处副调研员方福明、省社科联学会处处长郭春瑞、杭州市社科联社团处处长陈炜、建德市社科联主席严卫华、建德市社科联副主席蒋秀英一行来到严州中学梅城校区调研考察严州中学校史馆。

2018年10月18日下午，杭州市政协主席潘家玮在梅城镇调研古镇发展之际，专程来到学校考察严州中学校史馆。

2018年11月5日上午，杭州市财政局纪检组长陈平，杭州市财政局党委委员、预算执行局局长万强，杭州市财政局预算执行局副局长、国库支付处处长郭顺利专程来到学校考察严州中学校史馆。

2018年11月28日上午，浙江省政协原主席李金明、省政协原主席秘书唐建生在杭州市人大常委会主任于跃敏、杭州市人大常委会原主任王金财、杭州市政协党组副书记副主席翁卫军的陪同下，专程来到学校考察严州中学校史馆。

2019年1月7日下午，长三角经济协调会办公室主任姚新借调研梅城美丽城镇建设之际，在建德市常委、常务副市长俞伟的陪同下考察严州中学校史馆。

2019年2月13日下午，杭州市城市大脑总构架师王坚博士借调研梅城古城镇保护及美丽城镇建设之际，考察严州中学校史馆。

2019年3月14日，杭州市网络作家一行借在梅城古镇采风之际，在杭州市委统战部常务副部长金志强、杭州市文联副主席唐龙尧的带领下，来到严州中学校史馆参观访问。

2019年9月29日下午，杭州市发改委巡视员朱利民、杭州市发改委社会处处长范诗武、杭州市教育局基教处副处长汤一鹏等一行参观考察严州中学校史馆。

（二）推介途径

1. 接待推介

严中校史馆作为严州中学对外开放的"窗口"，承担着展示形象、宣传文化、服务社会等重要职能。现在学校每年都会有多次家长会等学生、老师与家长共同探讨的活动，在介绍学校情况的时候，校史馆就成为必访之地，学校招生也经常用到校史馆作为宣传，开学季，很多学生和家长正是通过学校校史馆来了解学校的历史底蕴与教学水平、质量，从而做出择校选择。此外，校史馆也承担了众多校外领导、来宾、专家、学者的参观接待任务。通过这类展示宣传，扩大了学校的赞誉和知名度。总之，校史馆就是学校的门面，是对外宣传的金名片。

据不完全统计，严中校史馆近两年的总接待人数达5万人次，并被省社科联授予"浙江省社会科学普及基地"，同时被建德市委授予"建德市中小学生第一批研学旅行教育基地""德文化示范基地""建德红色旅游联盟成员单位"。

2019年9月19日下午，研学基地迎来首批客人——新世纪实验学校初一年级的300余名同学。

在校史馆里，讲解员带领同学们参观了"学堂古韵""九中风采""严中荣光""世纪新程"等展厅以及教具陈列室、古籍藏室等场所，并一一做了详细的介绍。"状元蛋"的故事，让同学们了解到前人刻苦求学的精神；首任校长王韧三拒八抬大轿的故事，让同学们感受到了"做事不做官"的严中风骨；严中的先贤倾囊办学不给子孙留下一分钱的故事，让同学们震撼唏嘘；在九中小学部一至六年级的"好学生信条"展板前，同学们齐声朗读了自己年级的好学生信条，并对照信条反省了自己平日里的行为习惯……

学习不能局限于课堂，更应走进生活，做到知行合一。研学之旅开阔了同学们的眼界，丰富了阅历，"读万卷书，不如行万里路"。最好的课堂在路上，最大的收获在心中，相信这次研学之旅将永远定格在同学们的记忆中。

2. 活动推介

让校史馆真正走进学校，走进师生，真正发挥其精神家园的作用。严州中学校史馆结合各种学校活动，举办了各种形式、不同主题的图片展和实物展，把精彩的校史信息送进师生中，经常给师生提供高质量的精神食粮，这种方式很受师生欢迎。每次同学们都认真听着讲解员的讲解，同时也提出自己的问题，这为他们扩大知识面起到了很好的作用。只有走进学校，才能倾听学校的呼声，了解师生的需求，建立起必要的联系。只有和老师交流，才能了解每个阶段学生的知识结构、文化需求、价值取向、素质状况等问题及校史馆在学生素质教育中所起的作用、师生对校史馆的期盼等，在与师生之间的相互交流、了解中，校史馆吸引了大批学生和家长，让他们真切感受严州中学和梅城古镇历史文化的博大精深，使校史馆的作用在教育领域得到长足的发挥，并产生深远的影响。

严州中学堪称建德红色革命的摇篮，在这里举行了建德第一次的反帝爱国运动，播下了建德第一粒的革命火种，诞生了建德第一个共产主义小组，九中学生童祖恺成立建德县委并担任第一任书记。校史馆利用其丰富的红色资源，2019年春节期间推出了以"探访红色基地，弘扬民族精神"为主题的小学生寒假实践活动，吸引了一批又一批的小学生及陪同家长前来参观学习，接待了来自新一小、新二小、新三小、实验小学、明珠小学、明镜小学、梅城小学等学校的学生及家长700余人次。这次严州中学校史馆的红色之旅，已然在小学生的心灵深处播下红色的种子，必将在他们将来的人生路上产生积极正面的影响。

在严州中学校史馆，讲解员带领同学们了解了"红色摇篮""红色故事""红色传统""红色荣耀"四大板块的内容。同学们聆听严中先烈们为共产主义事业抛头颅、洒热血的英雄事迹，中华人民共和国成立前，唐公宪、竹均之、张石樵、童祖恺、严汝清、祝光煮、蒋治等众多九中革命师生前仆后继在建德开展共产主义运动的斗争史让大家感动震撼，纷纷表示要传承好红色基因，不辜负老师、家长的期望。

在革命篇展板前，聆听先烈们为共产主义事业抛头颅、洒热血的英雄事迹，许多小朋友齐声唱出了"我们是共产主义接班人……"这首《少先队队歌》；在体验室，许多小朋友争相换上军装，拍照留念。一位五年级的小学生换上军装后就不舍得脱下，表示以后一定要成为一名军人。

3. 情怀推介

校友深受母校文化的熏陶，尽管毕业后身在各地，但是对母校的怀恋非常情深，怀恋中最易触发的就是母校的文化，校史馆的建立无疑提供了一个热爱母校、交流释放情感、宣泄思绪的平台，它成了校友们的精神力量源泉之一。

自严中校史馆开馆以来，校友们纷纷回校参观，释放他们对母校满腔的眷念和深情以及反哺母校之恩。其中不乏知名校友，如杰出校友徐永清、郑秉谦等，还有1942届校友汪思孟，1981届校友廖竹本，1998届校友叶庚清，2002届校友严陵居士、倪婷等，他们发起了"严州学子·爱心接力"励志阳光助学基金，用于反哺母校，帮助来自寒门的学弟学妹们完成学业。例如，从2013年秋季始，2002届严中校友、优秀企业家倪婷，带着深深的母校情怀，开始资助母校的贫困学子。她每年拿出10多万元帮助30余名困难学生缴纳学杂费。直至今日，有120余名学子在"倪婷助学金"的帮助下，顺利地完成了高中学业并考上大学。此外，倪婷校友还经常联系母校，积极为严中学子大学毕业后提供良好的工作、培训平台，帮助他们就业。据不完全统计，近几年，校友对母校捐资助学达1000多万元，大大地助推了学校的发展，真可谓"反哺母校，赤子情深"。校友们还纷纷捐出自己当年求学时的各种珍贵纪念品以及一些个人的珍贵藏品，不断充实着校史馆的藏物，如王根照校友向严中校史馆捐赠了两颗恐龙蛋化石，为校史馆里添了非常珍贵的藏品。

2019年6月8日，上海市杭州商会党委书记、严州中学上海校友会原会长胡元明，1986届校友、海军军医大学病理生理学教研室主任章卫平教授，2000届校友、上海新沪商联合会常务副会长邵卫红回到母校，参观严州中学校史馆。在校史馆里，上海校友及随行人员饶有兴致地观看图文资料，认真听取现场讲解，并不时沟通交流，一张张图片、一段段文字、一件件实物将大家带回了学校曲折而光辉的发展历程中，大家在众多珍贵照片前驻足流连，感知学校厚重的文化积淀，领略校园的内涵、风采和底蕴，了解众多优秀学子的骄人成绩，深切感受着一代又一代严中人励精图治、艰苦奋斗的创业史。

上海校友们对母校校史馆给予了高度评价,认为完全可以成为宣传梅城的一张金名片。他们表示,严州中学校史馆记录了历代先贤们呕心沥血办学培育英才的情怀,记录了众多爱国志士不朽的足迹,记录了一大批杰出人才勤学苦读的事迹;严州中学校史馆浓缩了一百多年的悠久历史,是学校办学精神、办学理念和校园文化的具体体现,先贤者们在严州中学历史上留下的进步的、革命的足迹和优秀的个人品质及为了民族进步永不言弃的献身精神,永远是母校不断前进的精神动力,是可供传承的优良传统,是万千学子引以为豪的精神寄托,是学校永续发展的遗传基因。

不仅仅是曾就读或任教于严中的校友或老师通过校史馆寄托着对母校深深的眷恋及感恩,他们的后代也纷纷循着他们的足迹,寻找先辈当年工作学习的故事。如第二任校长吴逢庆先生的曾孙吴黛云兄妹,第四任校长叶诰书先生的两位孙女叶丽云女士、叶燕云女士携叶氏后人,柏永铭老师后人等就先后访问严中校史馆。他们在介绍自己先辈的宣传板前久久驻足,回忆了祖辈呕心沥血办学培育英才的事迹和情怀。

4. 媒体推广

严中校史馆还利用严州中学公众号、建德电视台、今日建德、浙江新闻、《杭州日报》、搜狐新闻、新浪等众多媒体对校史馆的情况和活动进行介绍与宣传,通告开馆时间和参观事宜。校史馆开放半年多就接待了一百多个单位或团体万余人次的参观,受到了众多领导、专家和校友的肯定,在省内外产生巨大影响,取得较好的社会反响,凝聚强大的校友力量,从而大大提振了严州中学的学校文化自信和办学信心,让社会各界看到了学校未来发展的希望。

第五章
优化师资:铸造创新型师资基本盘

新型师资基本盘是对学校师资力量进行重组、提升的结果,是师资队伍成为育人方式改革中的助推力量。教师是学校发展的灵魂,师资队伍是保证一所学校持续、稳定、高效发展的重要基础和先决条件;而伴随学生的成长,一所学校的师资力量也会发生悄然的变化。育人方式改革,教师是主力军。提高师资水平是实现育人方式改革成功和学校持续发展的基本保证。如果教师只是传授知识,那么只要求教师通晓所教学科的知识,并懂得教学方法即可;如果教师要担负起全面育人的重要任务,那么还必须具有更丰富的教育学和心理学的知识,精通某方面教学的艺术。严州中学的育人方式变革之所以称为"严中样本",是因为其育人理念的独创性。对于教师来说,需秉承"开拓创新,为学生提供引导和服务"的宗旨,开展教学与育人的活动。严州中学的育人方式变革离不开师资队伍的优化;优化师资既不能脱离理念的革新,也不能与严州中学校本课程建设、教学变革的要求脱节。因此,铸造创新型师资基本盘成了严州中学育人方式改革进程中的缩影。

第一节　转变教师育人理念

教师的理念需要与时俱进，也需要与学校整体发展相契合。严州中学的育人方式变革之于师资队伍的优化，首先是转变教师的育人理念。

一、严州中学师资发展的现状

《道德经》曰："善人者，不善人之师；不善人者，善人之资。"《说者》曰："善人，有不善人，然后善救之功著，故曰'资'。"师资指的就是能当教师的人才。一所学校师资发展的状况不仅看师资结构，还要关注教师业务能力水平和育人观念更新。以下从两个方面对严州中学师资发展的现状做具体分析。

（一）综合素养

教师作为履行教育教学职责的专业人员，其综合素养高低对学校育人产生巨大的影响，对严州中学教师综合素养的分析涉及师德素养、专业素养、学习素养、心理素养四个方面。

1. 师德素养

师德素养是教师素质的核心与灵魂。教师首先要具有完善的人格，要在思想境界、道德情操上堪为师表，以良好的师德风范影响学生。以人格影响人格，以素质造就素质。孔子有言："其身正，不令而行；其身不正，虽令不从。"教师的师德素养对学生有着潜移默化的熏陶作用，教师从事的是太阳底下最光辉的职业，肩负的是培养祖国未来建设者的神圣使命。

严州中学历来对师生的道德素养有高要求，倡导他们秉承"严以修身，实于做事"的校训，教师也十分注重自我修养，师德素养普遍较高。良好的师德素养对严州中学学生的道德意识有着积极作用，为他们未来的人生奠定基础。无论是老教师还是青年教师，都能做到爱岗敬业、吃苦耐劳，为学校、为学生甘于奉献。这样的踏实精神使学校涌现了一批师德高尚的模范教师，未曾出现过一例教师师风不良的事件。并且，涌现了一批省市级师德楷模、美丽教师、教育先进工作者，如省师德先进个人、市十佳美丽教师等。

2. 专业素养

教师是从事教育工作的专业人员，是学生学习活动的组织者和引导者，必须具备一定的专业知识素养。教师首先要对自己所教学科的内容有深入的了解，同时提升自己的学科素养乃至学科融通教学的能力。有言曰："资之深，则左右逢源。"一名教师的专业素养决定了一所学校育人的深度。严州中学的教师具备较高的专业素养，每年在学科各项竞赛中获奖100余人次，每学年撰写教学反思、论文、教师小课题逾200篇，教师教育随笔更是不计其数，杭州市政府备录的高级人才近50人。随着近几年众多高学历新教师的加入，学校教师专业素养的综合水平不断提升。同时，严州中学教师专业素养培养体系也不断完善，其中"菁华班"成了青年教师专业素养提升的摇篮。

3. 学习素养

"教师的技巧，并不是一门需要天才的艺术，但它是一门需要学习才能掌握的专业。"苏联教育家马卡连柯[1]如是说。学习是发展之本、进步之源，学习是教师发展进步的第一要务。育人方式改革对教师提出了更多、更高的要求，同时教师要熟悉和掌握的东西也越来越多，唯有加强学习，主动掌握新的知识技能，才能胜任本职工作。相对学生这些奔涌的后浪，教师应该是一条奔腾不息的河流。所以，教师要学为人先，与时俱进，生命不息，学习不止，做适应时代要求的学习型教师。

严州中学不仅在新教师专业素养的培养上做了独特的规划，也通过各种形式的教师自我充电提升他们的学习素养。近几年承办了杭州市级学术

---

[1] 安东·谢苗诺维奇·马卡连柯：生于苏联乌克兰苏维埃加盟共和国，提出了集体主义教育体系。

交流活动,涉及选修课程建设、新课程改革、美好教育等多方面。此外,学习素养的提升离不开学校的常规建设,如每一学年的教学反思评比、不定期的读书征文以及学科文化节、教师技能大赛等。学习素养的提升不仅是从学校层面驱动的结果,也是教师自身内驱力的体现;唯有这样一批勤学好学的教师队伍,才能带动全校教师学习素养提升。

4. 心理素养

教师肩负着神圣的育人使命,但育人者必须先受教育。要让学生有良好的心理素质,教师首先要克服自身心理障碍,具备一定的心理素养,比如豁达的心境、健全的性格、融洽的人际关系和百折不挠的勇气。具备了这些积极心理的表现,才可以带着积极的人生态度去影响学生。

严州中学在提升教师心理素养方面进行了多方位的努力:一是帮助新教师过渡适应期,师徒挂钩,开设"菁华班"学习;二是努力为教师营造团结、奋进、和谐、宽松的良好氛围,关心教师生活、工作的方方面面,为教师搭建学习、生活的平台;三是为教师提供心理服务和帮助,健全学校的各项管理制度,尤其注重改进评价的制度,正确处理评价结果,尊重教师的劳动成果,提升了教师队伍的凝聚力。严州中学教师在这样的大环境下表现出了工作、生活的积极热情。教师心理测评结果显示,严州中学教师的职业幸福感人数占比超50%,有明显职业倦怠的教师占比不足10%。有了这样一批心理素质过硬的教师,学生心理困难与心理疏导的难题迎刃而解。

(二)育人理念

育人理念是育人主体在教育教学实践及教育思维活动中形成的对"育人应然"的理性认识和主观要求,包括育人宗旨、育人使命、育人目的、育人理想、育人目标、育人要求、育人原则等内容。它建立在教育教学规律基础之上,是理性认识的成果,是对育人现实的自觉反映。严州中学教师育人理念强调整体性,也存在差异,即不同的教师会呈现为不同的状态,既有可取之处,也有明显的缺陷。因此表现为积极与消极、发展与停滞两种对立面。

1. 积极与消极

严州中学倡导教师落实积极进取的育人理念,且多数教师在育人上表现出一定的积极性,他们愿意学习新理念,乐于接受新事物,也善于且乐于倾听。他们以生为本建构课堂，开展一切育人活动，这是积极育人的主要表现。也有一些教师表现出了消极的态度，表达了自己的困惑："教师是学校育人的参与者，更是课堂教学、日常教育的实施者，自身丰富的人生经验、生活经验是育人的出发点；对于学生的要求能满足则满足，对于一些不成熟的想法不应该过多地去迁就；育人的效果不佳，不如不说，有些问题无法解决不如告知其家长，也是尽到了育人的责任……"

2. 发展与停滞

青年教师是严州中学的重要群体，他们是师资队伍建设中的鲜活血液，也是各项工作开展与实施的主力军，更是育人的中坚力量。育人理念使他们持续发展，可能自身尚存在许多不足，但是他们乐于接受，不抵触改变。从人生的阶段来说，他们正经历着发展期向成熟期过渡；从教师的生涯来说，他们正处于专业成长与教师智慧发展的黄金阶段。学校也尤其关注他们的成长，"菁华班"新教师培养工程、青年骨干教师培养体系，正是基于这样的理念而形成与完善的。当然，也有部分教师的育人理念是相对停滞的。他们或认为育人的新理念以及新时代下的新事物不再是易于接受的；或是受教学经验的制约，僵化的思维成为他们转变的巨大障碍，不愿过多地改变。

二、改变教师的育人理念

基于育人方式变革，严州中学在教师理念的转变上，强调摆脱传统教学理念的钳制，发挥教师的积极主动性，特别是有效发挥青年骨干教师的作用，使其成为严州中学育人方式变革的中坚力量。

(一)育人理念转变的趋向

教育理念转变是基于对当下育人成功经验的总结与借鉴，是在严州中学育人的不断探索中归纳形成的产物，且与育人方式变革思路高度一致。严州中学的育人理念转变主要是从教师自身、学生主体、培育与评价三个方面出发的。

1. 改变自我

育人理念转变，首先从教师自身开始。教师成就感在于觉得自己是学生所需要的，是学生所感到亲切的，是能够给学生带来欢乐的。教师把学生看作天使，他便生活在天堂里；把学生看作魔鬼，他便生活在地狱中。相反，如果学生不喜欢自己，是因为自己还不够让学生喜欢。严州中学的"建德市十佳教师"蔡爱芳老师，被学生称呼为蔡妈妈，她视学生为自己的孩子，不仅关注他们的学习，也融进了他们的生活，耐心、信心、恒心是她不断展现给学生的。可见，要想有所改变，首先得改变自己；只有改变了自己，才可以最终改变属于自己的世界，才能影响、激励、改变学生。

2. 塑造学生

育人的本质是塑造学生。教师的真正本领不在于他是否会讲述知识，而在于是否能激发学生的学习动机，唤起学生的求知欲望，让他们兴趣盎然地参与到学习中来。严州中学在对教师教学评价的时候，十分关注学生学习兴趣培养的效果，同时做了大量的问卷调查与数据收集。学校引导教师对于学生的评价也是一样：不要一味地赞美；要意识到学生的差异化，若是小草，就让他装饰大地，若是参天大树，就让他成为栋梁之材。因此，学校从塑造学生的角度出发，指引教师在育人时遵循人才成长规律，关注学生成长与发展的每一点进步，帮助学生发现自己、肯定自己。

3. 敢于放手

放手不意味着放弃，反而是一种积极育人的态度。严州中学在此方面进行了许多有益的尝试，比如，主题值周活动，让学生参与到学校秩序的日常管理中；学生自管会，对班级卫生、早晚自习纪律以年级为单位交由学生进行自主监督与管理。此外，在班级常规工作中，给学生一些权利、一些机会，让他自己去体验。比如可选择的志愿服务活动；给学生一点困难，让他自己去解决，比如研究性学习活动；给学生一个问题，让他自己找答案；给学生一种条件，让他自己去锻炼；给学生一片空间，让他自己向前走。因此，育人要强调，教材、教室、学校并不是知识的唯一源泉，大自然、人类社会、丰富多彩的世界都是人生的教科书。

4. 善于赏识

赏识，有助于学生的成功；抱怨，可能会导致学生的失败。严州中学对于学生的评价，十分重视赏识的作用，比如评价中多采用展示性的评价，让学生获得更多人的赏识。让赏识存在于一言一行中,所以教师应从多角度、多侧面评价学生,让每个学生在自信中快乐成长。学校引导教师,要善于发挥学生的长处,揣测他们的能力,了解他们的程度,考验他们的天资,巩固和鼓励其优点的一切趋向,并帮助他们发展,同时使他们肯定自己的长处。每一个学生都希望自己是成功者,都期待着收获肯定和赞誉。无论失败或成功,他们都最需要安慰或鼓励,最期待教师公正的评价和积极的肯定。教师积极的赏识,能减少学生失败后的灰心,增加学生成功后的信心。

(二)育人理念转变的探索

落实教师育人理念的转变,首先从自身进行挖掘,进行有效的育人经验总结与学习;其次是借助外力,加强持续发展的育人理论学习。

1. 总结校本化育人经验

严州中学教师队伍中,有一批兼具丰富育人经验、较强时代敏锐感与积极进取精神的骨干教师。他们在日常育人活动中已积累了大量育人的经验,有成功,有挫折,有理性,有人文;相比许多外校典型育人成功案例来说,严州中学的育人经验是一种即插即用式的育人范例,在全校范围内开展征集活动,从中筛选、整理、归纳、润色,形成了《严州中学梅城校区育人经验归纳60条》,现摘录其中细节如下。

案例5-1:《严州中学梅城校区育人经验归纳60条》

……

4.上课怎样开头,怎样结束,要反复推敲。开头要激发兴趣,结束要让人回味。开头结束都力求短小精悍,切忌拖泥带水。板书演视要清楚明了,重点关键要突出鲜明。坚决守时,决不拖堂。

5.上课要关心每个学生,要使绝大多数都能真懂。在让学生思考、操作、讨论时,优秀生和后进生应有所区别,体现出因材施教。要使优秀生感到一定难度,要使后进生感到在进步。

6.要善于提出恰当的问题,要让学生有独立思考和独立操作的时间。一堂课要有动有静,有张有弛,有严肃有笑声。每一节课的最精华之处,一定要放慢速度,让学生能铭刻在心。

……

11.对成绩优秀的学生,真正有效的促进方法,是让他们深切地知道:不进则退。考试要让他们感受到一定压力,保持必要的张力。避免他们盲目自满,但不能伤害他们的自信与自尊。

……

15.要鼓励学生提问题。要将学生的问题集中起来进行系统研究。努力做到针对性强,切实帮助解决学生提出的问题。从问题到问题,学无止境。

16.对学生好的言行,及时给予肯定的回应;对学生不好的言行,及时给予否定的回应。大多数应是肯定回应,否定回应只占少数。

17.每一学年都要调查统计学生喜欢什么样的教师。力争在自己最弱的一项上有所改进。不断提高自身素质,重在提高教学的艺术性,体现出审美和立美,艺无止境。

18.每上一节课,要设想全人类都在倾听,要认真负责、实事求是、力戒偏见。

19.要以自己的全部智慧来上好一节课,让学生如沐春风。生命和使命,价值统一。

20.要珍惜时间。力争以较少的时间,让学生掌握较多的知识,培养较强的能力,学会独特的审美,发展良好的人格。知识、能力、审美、人格是不可分割的整体。

2. 学习持续发展的育人理论

引进育人理念,开展各种形式的学习活动;保持育人理论学习的持续性、发展性。其一,积极进行育人理论学习的规划,定期开展集中学习活动,学习理论知识和汲取总结的育人经验;引导教师适度利用课余时间进行有针对性的学习,并且定期对教师的学习进行考核与评价。其二,开展育人理论书籍阅读的主题季活动,如"简约课堂""刻意练习"[①]等主题阅读活动,教师们撰写读后感,对自己的育人情况进行反思和未来育人进行遐想。其三,邀请知名的育人专家来校指导,举办讲座,如多次邀请温州瓯海中学的郑小

---

① 刻意练习:安德斯·艾利克森的同名著作。

侠来校为教师讲学,传授育人理论与成功的育人经验。

在实施上,育人理论学习的原动力还是来自教师本身,教师的成长和持续发展是理论与实践相结合的成果。教师育人理念的根本转变是,育人实践与反思的不断深入和育人理论不断深入学习的结果。

三、师资队伍的优化

师资队伍的优化,一是立足教师发展,二是坚持学生本位。师资队伍的优化,在狭义上指对教师队伍结构、教师能力、协作方式三个方面进行优化;但在广义上,除上述三个方面外,还包括培养学生,使其成为教学的重要组成部分。

(一)立足教师发展

基于严州中学教师队伍的现状分析和教师育人理念的转变策略,从推进育人方式变革的意图出发,严州中学研究并实践了师资队伍的提升对策,其中不乏创新点。

1. 培育年轻教师队伍

帮助新进教师适应新环境。除进行新老结对、师徒挂钩等常规措施外,主推多维度、全方位促进新教师发展的"菁华班":定期进行集中研讨,如德育沙龙、教学困惑互助;组织校内新教师比武,如说课比赛、解题比赛、教学设计等;定期推荐自主式的理论学习,如批注式阅读、教育教学辩论会等。"菁华班"让众多新教师较快地摆脱教育教学浅水区的束缚,在思想上和行动上都逐渐走向了深刻。

严州中学的"菁华班"培养制度,要求教龄在3年(含3年)以下或新调入学校的老师依照"菁华班"培养计划接受三年一期的培养,完成所有计划内容并接受考核,其结果作为评优评先的参考。规定了青年教师的培养目标、培养过程和考核办法,旨在教学和德育两个方面培养青年教师尽快成为思想过硬、业务精良的教育教学能手。每个学员结对一位"教学师父"和一位"德育师父"并签订结对协议,接受一年一阶,三年一期全程、全方位的指导。青年教师在三年内完成"七个一"工程:一次说课(或模拟上课)、一场教学比武、一次德育沙龙、一篇心理案例、一本批注式阅读、一篇教育教学论文、一次研题,每次活动由学校组织的评价小组打分、建档,其结果作为考核依据(见图5-1)。

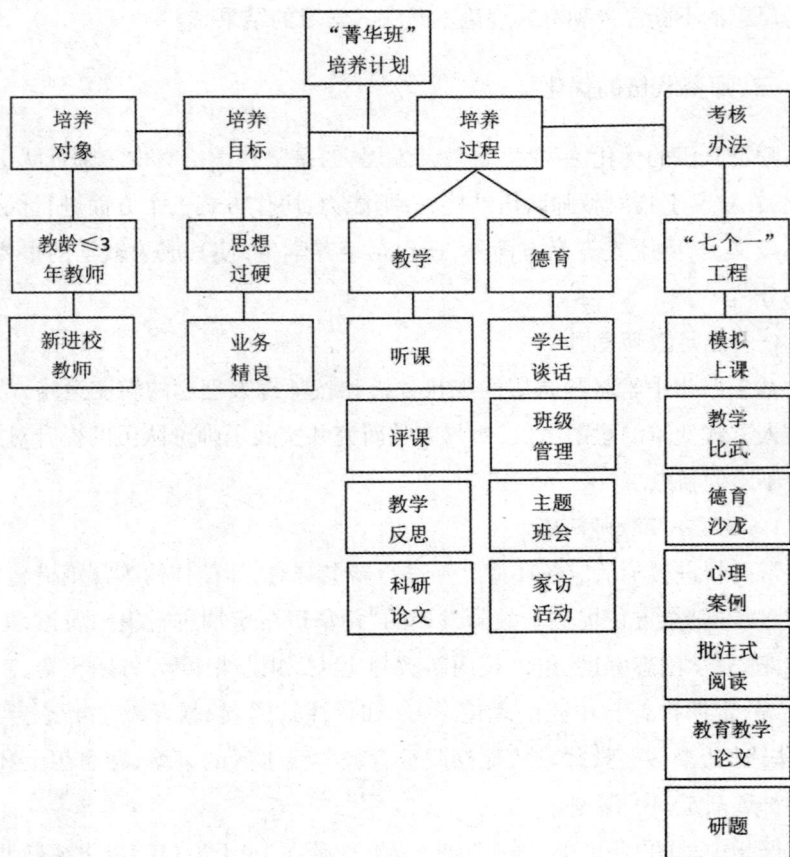

"菁华班"培养计划

培养对象	培养目标	培养过程		考核办法
教龄≤3年教师	思想过硬	教学	德育	"七个一"工程
新进校教师	业务精良	听课	学生谈话	模拟上课
		评课	班级管理	教学比武
		教学反思	主题班会	德育沙龙
		科研论文	家访活动	心理案例
				批注式阅读
				教育教学论文
				研题

图5-1 "菁华班"培养计划

2. 发展骨干教师队伍

重点培育青年骨干教师。创设教育科研核心组,使各学科组中优秀的青年教师代表汇集一堂;研究教育教学的新趋向,以理论学习武装头脑,指导教学实践;立足于相对丰富的教学经验,发挥其刻苦钻研的精神,向学科带头人的方向努力。

3. 探索导师组合路径

聚合各教师的特长、优势,提升课堂教学的整体水平,满足学生学习与发展的需求。基于选修课程建设的需要,引入导师制度,同时为满足学生持续发展的需求,并且努力提高课堂学习效率,对不同学科、不同定位的导师进行组合,并创新地加入了一些校外人员(学长、技术员)或者学生。家长、技术员、学生的加入使选修课程的实施主体大大丰富,有效提振了学生学习的信心,提高了学习的效率。随着导师组合的不断发展成熟,学校也迎来新的挑战,在改革中不断前行。

(二)发挥学生价值

师资队伍的优化是立足于学生为本的基础之上的:一方面,教师的发展应顺应学生发展的需求和学生自身表达的诉求;另一方面,设法从学生的维度出发,在锻炼学生能力的同时达到以教促学的目的。学生成为师资队伍中的有机组成部分,是坚持学生本位的师资队伍优化的重大创新。

1. 发挥学生导师职能

坚持学生本位就必须充分发挥学生导师的职能。学生导师是导师组合中的一环,和学生小助手、小老师有着质的区别:其一,学生导师参与导师们的集中备课,对课堂设计提出意见、建议,而学生小助手仅仅参与课堂教学前的预习任务布置;其二,学生导师职能中的重要部分是课堂教学中扮演讲解者、记录员的角色,但学生小助手仅仅是参与课堂教学的观察或辅助教师完成一些教学动作而非独自登场进行教学活动;其三,学生导师是以提升其自身能力为主要出发点,而学生小助手则是以辅助教师完成教学活动为目的。

2. 培养小导师

小导师是在学生导师的基础上发展而来,是在导师组合框架外在常规育人与教学情境下的一个相对更独立的个体,可以看作学生导师的升级或创新。小导师的培养进一步体现了学生本位的理念,更突出学生个体的重要性及其自身的持续发展需求,重点不在于教导和帮助其他同学的意义,而是在这个指导的过程中使自己获得成长价值。为有效地培养每一名小导师,学校为他们安排了结对教师,为他们私人定制成长方案,并定期开展小导师之间的交流活动,促进他们更快地成长。

第二节　开拓导师组合新思路

　　学校师资队伍的优化与发展,是不断研究与发掘教师潜力、反复探索与开拓师资力量提升新思路的过程。开拓导师组合新思路,即从学生的学习与发展需求出发,聚合具备不同特点、知识、技能的教师,实现学科内、学科外的融合。导师组合制度是基于选修课程建设成果与满足常规的国家基础性必修课程教学的需要,旨在提升课堂教学的整体水平。同时,为满足学生持续发展的需求并且提高课堂学习效率的初衷,尝试对不同学科、不同类型的导师进行不同的预设,依据不同功能与效果搭建不同的组合。特别是家长导师、技术导师、学生导师的加入使课程的实施内容与形式变得丰富,又灵活多变,有效提升了学生学习信心与学习效率。

一、导师组合的形成

　　导师组合的形成与发展自有其相对较长、不断演变的过程,以下从其缘起、发展、成型三个阶段进行叙述。

(一)缘起:导师组合的萌芽阶段

　　学校选修课程建设与实施中面临的困境,是导师组合萌芽的原点;而导师组合的探索,实现了选修课程的真正落地,提升了选修课的育人效果,开创了选修课实施的新路径。

1. 选修课程建设遭遇困境

　　基于区域内的教育教学资源,严州中学开发了一系列具有自己区域特色的校本选修课程,但也出现了一些问题,如学生对选修课的兴趣不升反降,许多精品课程开设困难。对此,学校进行了深入调查,发现了其中的症结所在。

（1）选修课程未能真正落地

选修课建设常常随着精品课程的评定而终结。然而，选修课建设不仅仅限于课程开发，更看重实施质量，更要让选修课程落地生根。

如图5-2所示，严州中学对于高二年级400名学生的抽样调查发现，学生对选修课的兴趣并未真正达到预期，多数学生的学习兴趣有明显下降，对学习前景未知或者放弃的人数明显增多，这表明很大一部分学生对选修课教学并不认同。

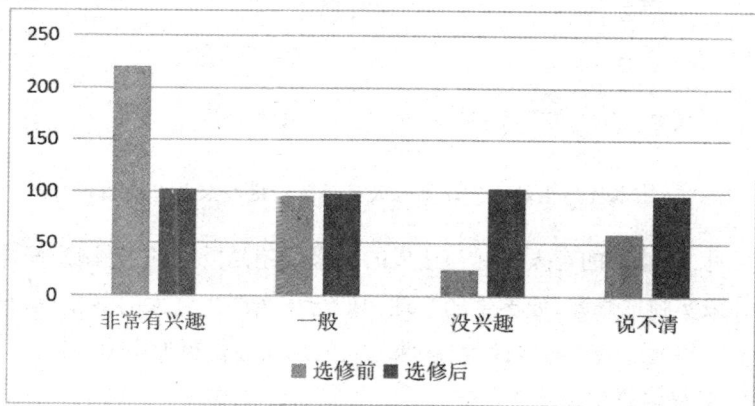

图5-2　学生参加选修课前后兴趣对比

另外，选修课的课堂效果依旧欠佳。从对本区域4所普通高中的高二学生近2200份问卷调查的数据来看，在问及"你乐于接受现在选修课老师的上课方式吗"时，只有21.3%的学生回答为"是"，且有近30%的学生表示"说不清"。可见，多数学生在教师教法上和心理预期是有差距的。

显然，多数农村普通高中的选修课程显现为生命力不强，且并未真正落地。通过进一步调查学校发现，4所高中的35门精品选修课中，目前仅有8门课依旧照常开设；15门选修课正在修订调整中（或暂停开设）；另有12门选修课已基本终止。

（2）选修课的育人效果欠佳

农村普通高中选修课的育人效果欠佳。选修课育人目标包含三点，即学生的关键能力、必备品格和正确的价值观。而当前多数学校依旧抱着升学目的，忽视了对学生的情感态度与价值观的培养。学校对此进行了调查，图5-3是本校师生对选修课育人效果总体评定指数与目标指数对比。

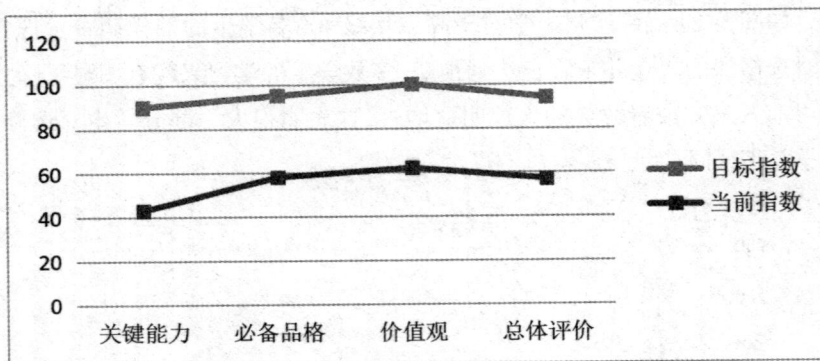

图5-3　本校师生对选修课育人效果总体评定指数与目标指数对比

可见，选修课的育人目标与达成的结果反差是巨大的，复制必修课的育人方式来实施选修课，使学生的心理预期与现实产生巨大的落差，从育人的效果上看却远远低于必修课，选修课育人的意义显得更加不值一提。

2. 课程实施路径亟须创新

选修课的实施不同于必修课，对于教师的知识体系乃至跨学科知识领域的能力提出了一定的要求。而教师的能力并不能在短时间内实现质的提升，这就亟须创新选修课程的实施路径。

基于对"单一教师是否可以胜任一门选修课"方面的疑问，严州中学对"选修课实施路径合理性"做了调查。主要涉及以下问题：你觉得目前单一教师能否胜任一门选修课？你觉得目前选修课涉及的多学科知识丰富性如何？你觉得目前选修课授课地点、内容的灵活性如何？你觉得你在选修课中可以扮演学生之外的其他角色吗？调查对象为高一、高二共983名学生，结果如图5-4所示。

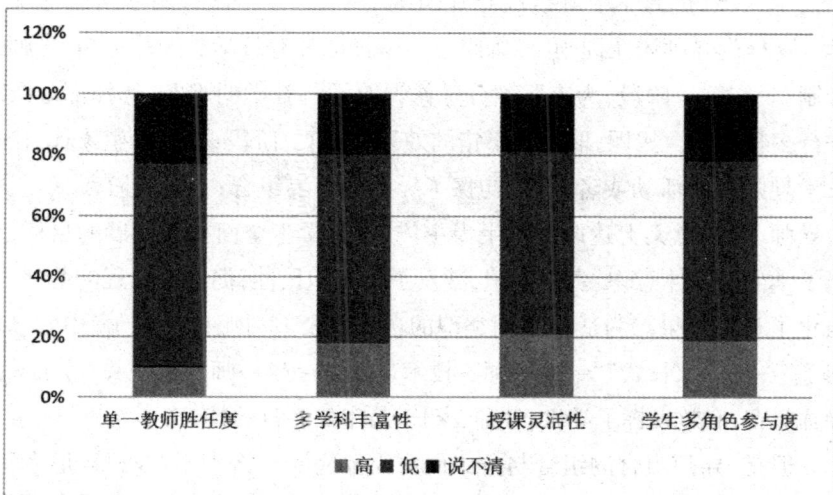

图5-4　选修课实施路径合理性调查结果

　　可见，单一教师并不能较好地胜任知识体系相对复杂的选修课教学。而跨学科瓶颈阻碍了选修课教学的研究与发展，单一教师并不能有效实现选修课的育人目标，于是采用了类似于大学的"导师制"进入高中的选修课教学：在选修课程实施路径上，让多个教师参与一个选修课程的教学。

　　3. 探索选修课实施新路径

　　起初，学校构建了这样的课程实施路径：将选修课程的教学分成若干板块，不同板块选择适合教学的教师，开展符合他们特点的教学活动，同时也让学生充满新鲜感，提高学习的积极性与效率。然而，这对学校的师资力量的调配来说是一种巨大的挑战：部分教师业务繁忙，分身乏术；学生的选课也很不平衡，课程之间人员调配困难。

　　而"乡村志愿者"选修课程的实施，带来了选修课实施路径再优化的契机。乡村服务站的创设，让一些技术人员、家长与学校、教师形成联系的纽带：家校沟通、校外合作使他们在培育学生的过程中形成了良好的默契。于是，在导师制的基础上发展校内外导师合作育人、合作授课的设想浮出了水面。

　　在"乡村志愿者"选修课实施路径上，学校尝试了以教师、学生家长、专业技术人员、优秀学生等组成导师团队，并依托乡村服务站落实选修课教学。这样的导师团队即为"导师组合"，这样的教育教学制度被称为"导师组合制"。在第一阶段，为克服部分选修课跨学科教学的难题，选择部分课时进行多教师同台授课，取得了不错的效果；在第二阶段，引入学生家长、校外技术导师辅助活动或者教学，初探了导师的跨界组合；在第三阶段，引入学生导师，真正意义上达成以学生为主体，适应学生全面持续发展的目标，增强了学生的主体意识、责任意识，激发了学习积极性，促进了课程的落地，并强化了育人效果。为适应不同类型的选修课及乡村服务站，严州中学已探索了"一生一家长式""一生一师一技术员式""一生一师一家长式"等不同的导师组合，有效发挥了学生、教师、家长、技术员各自的特长。

但是，导师组合的组合与方式研究需要完善。区别于"乡村志愿者"选修课程，其他的选修课和常规的必修课仅以三种简单的导师组合式进行适配显然不切实际。因此，导师组合在"乡村志愿者"课程中的成功探索转变成全面推广的样本，还需要一个相对漫长的发展阶段。

（二）发展：导师组合的蝶变阶段

蝶变意味着质变与飞跃，导师组合的蝶变是从学校育人领域就师资角度的巨大创新举措的成功、实质性的推进。它基于理念的革新、改革的践行、体系的完善。

1. 理念引领

大课堂理念是切合严州中学选修课程发展的基础理念，强调选修课堂形式的灵活多变，校外实践课堂、"校内大走班"课堂是其中的亮点，即只要有学习活动的地方便是课堂存在的地方。有效利用与选修课程匹配的学习平台，最有代表性的就是乡村服务站。在大课堂的基础之上，导师组合便有了发展的空间、时间、人员等条件。

同时，育人方式改革作为国家教育发展变革的战略高度，具有显而易见的指导意义；除去选修课程，严州中学的国家基础必修课程在已有的日常教学平台——智慧教学（平板）系统的基础上，有效地运用导师组合，从时空上打破了原有的教学局限。

2. 改革推进

以课堂改革的践行实现真正意义上的导师组合进课堂。导师组合由校外选修课教学迁移到校内课堂教学，实现导师组合教学和常规教学相结合。改革推进的关键在于两点，一是教学内容的整合，二是课堂导师组合的运作。在教学内容整合上，除学科自身要求的知识目标、能力目标之外，要有与学科特点相对应的农村生产、建设与发展相关的知识目标、技能目标，甚至是情感目标（乡土情结），而且，教学内容必须体现育人方式改革导向。在课堂导师组合的运作上，每学科每本书设计2～3节课的导师组合教学形式。

导师组合依据课型实现了组合形式和实施形式的多样化，并更加侧重于发挥学生导师的重要作用。校内的必修与基础性选修课程可通过学科内和跨学科教师与学生导师构成导师组合的实施，适时邀请校外导师参与。实施过程中，学科组长和备课组长定期组织教师研课、磨课与改进，完成较为成熟的课型和操作。

3. 体系完善

导师组合不是孤立的，它的实施不可缺少各科课程（必修＋选修＋自主开发的校本课程）、教学平台（除教室外的其他课堂载体，例如严州中学的特色——平板系统、乡村服务站）、富于变化的教学实施主体。此外，也不可缺少相应的对导师组合教学的评价系统。以上四个方面共同构成了导师组合的实施与运作体系，可谓"四位一体"。

就评价方面而言，重点在于改变传统的评价方式，构建一个相对多元化的评价体系。让生生评价成为课堂评价中的常态，让合作评价、共同评价成为趋势。引入由教师、学生、家长、专业人员参与的课堂质量评价综合团队——质量评审团，并对于导师组合的课堂教学进行有效的教学观察与评价。在评价过程中，需要评价人对导师组合教学的一些项目进行评价，并商讨形成统一规范的"导师组合课堂质量评审量化表"。

（三）成型：导师组合的成熟阶段

导师组合成熟的标志是形成适应必修课、选修课各自特色的导师组合实施路径，且在不同的课程之间（即便同是选修课，但课程内容不同）采用不

同的导师组合。指向导师组合的全面发展,在选修课和必修课领域形成不同的典型范例。

1. 明确课堂操作的基本模式

导师组合课堂操作的基本模式具有共性与普遍性,适用于选修课与必修课的课堂。它以"课堂操作基本模板"的形式呈现,其制定人员主要是几位具有"乡村志愿者"课程开发与教学经验的骨干教师。"课堂操作基本模板"经多次教师教学实践的检验、课堂教学改革小组的一致认可,最后向全校教师推广、学习(见表5-1)。

表5-1 导师组合课堂操作基本模板

类别	课前	课中	课后
教师导师(2人)	1.导师角色分工(课前和课堂分工);2.导师设计教学目标;3.导师整合教学内容;4.导师编写导学案;5.导师编制课堂作业;6.确定学生导师(学生兴导师除外)	根据不同导师类型设计课堂教学环节,安排导师任务。首席导师为导演,实施各导师的教学时段及内容,若有即兴导师,灵活调整课堂教学	1.导师编制课后巩固作业(含探究性、实践性或实验性作业);2.作业扫描纠错;3.二次组题推送。以上工作强调导师团队的强强合作
学生导师(2～3人)	1.检查预学任务;2.统计疑点、难点;3.解答部分难题;4.反馈导学案的质量及使用情况	根据计划,学生导师完成相应的教学任务	1.检查学生复习情况;2.协作老师汇总典型错题;3.解答个性化(出错率低的少部分学生作业)问题;4.协作教师收集相关资料

2. 完善导师组合分类与运作

逐步形成并完善导师组合的分类机制与运作方式。在导师组合的分类细化程度上,达成在同一课程不同课时内容的前提下,采用不同的导师组合类型的目标,形成完善的导师组合分类方法和具体类型。在导师组合的运作上,形成每种不同的导师组合类型对应一种相契合的运作方式。

3. 形成导师组合的教学范例

导师组合的教学范例具有推广价值。而"导师组合课研究月"的成功落幕是严州中学在"导师组合进课堂"取得的关键性成功,也标志着导师组合的最终成型。从成型到成熟的过程中虽然经历了曲折,但在必修与选修课中,学校在涉及各个学科的案例当中找出了典型、示范性的导师组合运用范例,供其他教师交流、参考与学习。下面的导师组合范例,以历史学科的一次导师组合运用为例(见表5-2)。

表5-2 历史学科《中国古代的科学技术成就》中的导师组合

必修三专题二第一课 中国古代的科学技术成就		
导师组合类型	以竞争型为主(以3位学生导师带领各组收集驳斥韩国结论为主要内容,评选最具说服力的小组)	
课前	课中	课后
教师导师任务: 1.导师设计教学目标; 2.导师分工: 王叶帆设计"四大发明简表",帮助学生落实教材基础知识。刘灵利负责梳理中韩印刷之争过程并布置任务"驳斥印刷术起源于韩国",课中介绍史料的分类。 学生导师活动: 检查各组成员"四大发明简表"落实情况;带领各组成员收集史料驳斥韩国观点;整理小组收集的史料并筛选出最有说服力的史料	刘灵利老师:讲解史料的分类方法和不同史料的价值;和学生导师根据各组史料信度评选出最具说服力的导师及小组;引导学生了解二重证据法、双方论证、三方论证。 学生导师1:根据各组材料出处分析史料信度。 学生导师2:从二重证据法的角度分析各组史料信度。 学生导师3:从双方论证的角度分析各组史料信度	教师导师任务: 1.历史小论文:《四大发明对西方社会的影响》; 2.作业扫描纠错。 学生导师任务: 1.学生导师筛选出本组最佳小论文; 2.协作老师汇总典型错题; 3.解答个性化(出错率低的少部分学生作业)问题

二、导师组合的内涵

导师组合的内涵主要涉及导师组合的概念及意义、导师组合的分类方式、组合类型与导师组合保障四个方面。

(一)概念及意义

1. 基本概念

导师组合指为满足不同课程及课程相应的实践活动的需要,由具有一定理论知识和实践经验的学生、老师、家长与技术人员等成立导师小组并共同实施课程教学的创新形式。

2. 主要意义

导师组合的意义在于两个方面:一是增强课程教学的灵活性,使其与学校的育人方式变革的出发点相契合;二是提升学生学习的自主性,让学生有更多的自我创造性的学习与实践机会,使其不断磨砺自我。而就严州中学的必修、选修课程实施路径而言,其实践价值在于逐步形成课程教学的新样式,填补"导师制度"在普通高中课程实施中的空白,并且在学校育人的大环境下实现了创新的形式。

(二)分类方式

导师组合的分类方式原本应是灵活自由的,为避免出现近似的导师组合类型难以归类的情况,学校采用了三种不同的分类方式,在统一分类维度下,使导师组合呈现为两种截然对立的类型。经过反复的研究和斟酌,学校主要按导师组合中的导师功能、导师来源和导师关系三个维度来对导师组合进行不同的分类,即形成了三种不同的分类方式。

(三)组合类型

从导师功能、导师来源、导师关系三角度切入,形成"两两一组"的六种组合方法。具体表现为:从导师功能角度分为"首席型导师组合和对等型导师组合";从导师来源角度分为"预设型导师组合和即兴型导师组合";从导师关系角度分为"合作型导师组合和竞争型导师组合"(见图5-5)。

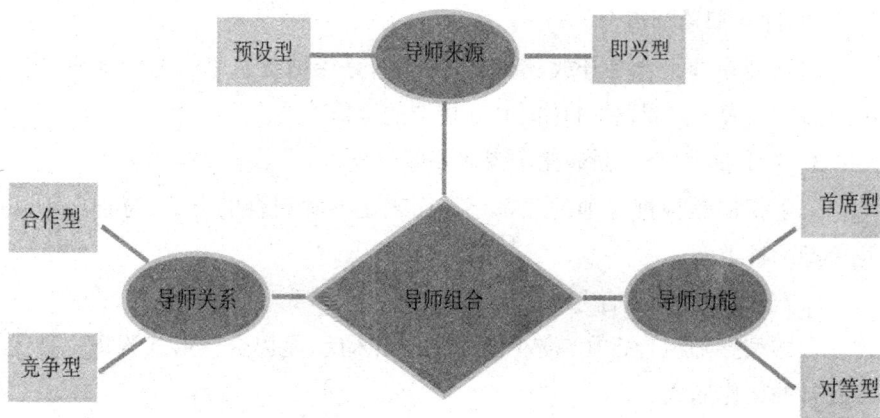

图5-5 导师组合分类

1. 功能取向:首席型和对等型的导师组合

功能取向是根据导师的功能分类而确定导师组合的方式,分首席型和对等型两种类型。

(1)首席型导师组合

首席型导师组合指由某位导师担任首席角色,其他导师辅助的导师组合形式。它多为"1+N"形式,即"首席导师+教师导师或学生导师或家长导师或技术导师……"便于发挥关键导师的核心作用。

(2)对等型导师组合

对等型导师组合是指保持所有导师职责、权利、义务对等的运作方式,旨在激活学生导师的积极性和其他导师的责任感。它多为"A—B—C——"的形式,即"教师导师—学生导师—技术导师—家长导师……"

2. 生成导向:预设型和即兴型的导师组合

生成导向是根据导师的生成方法来确定导师组合的方式,分预设型和即兴型两种类型。

(1)预设型导师组合

预设型导师组合旨在保障教学活动稳定、高效,是指所有导师共同备课,一同设计教学活动,商议、协调并完成各自的教学任务的运作形式。

（2）即兴型导师组合

即兴型导师组合是开放、动态、多元的，是指捕捉选修课堂中随机产生的"意外"资源，即时评估并临时聘请授课的运作方式。

3. 关系指向：合作型和竞争型的导师组合

关系指向是根据导师的关系差异而确定导师组合的方式，分合作型和竞争型两种类型。

（1）合作型导师组合

合作型导师组合旨在营造团队氛围、融入度，是以合作形式构建一种优势互补的运作形式。

（2）竞争型导师组合

竞争型导师组合彰显时代感，旨在发掘学生潜力，是指同质异组导师以竞争的形式推进的运作形式。

（四）导师组合保障

导师组合保障主要是两个方面措施：一是对导师组合课的课堂质量进行量化评审；二是以学科组为单位对导师组合课提前进行规划，供广大教师参考。

1. 评审量化

采用"导师组合课堂质量评审量化与反馈表"对导师组合课进行评价，除了逐条列出基本的评价标准以外，评价人需对本课中导师组合运用的亮点和不足进行记载与总结，包含人员组织、导师活动、现场反馈等几个方面。除去量化打分外，一般在教师授课结束后会进行说课环节，由参与评审的老师旁听并现场进行交流，促进导师组合课进一步改进（见表5-3）。

表5-3　导师组合课堂质量评审量化与反馈表

项目		评价标准	满分	得分
教学设计	教材处理	在突出教材重难点、课型特点的基础上，根据人才培养的基本要求设置教学内容和设计教学活动	5	
		选择合理的导师组合类型，课前、课中、课后都一以贯之	5	

项目		评价标准	满分	得分
教学设计	设计思路	立足学生兴趣,落实普高人才培养的基本目标,利用各种形式的课堂活动,有效地合作探究,提升学生的综合素养	5	
		教学设计中包含"导师组合"的相关内容,课堂各环节的导师工作、活动内容要有详细预设	10	
教学过程	教师组织	导师组合的课堂运用是否合理,是否与教学设计的目标一致。各教师导师、技术导师是否体现了各自预期的价值	10	
	学生活动	落实以学生为主体的基本原则。重视学生导师的价值,是否全程参与了课堂的管理,且发挥了应有的作用	10	
	教学方法	多媒体、教具彰显创新性,满足学生持续发展的需求,知识与技能学习和专业能力培养接轨	10	
	教学活动	在达成课时目标的前提下,导师组合能否有效实现跨学科的融合,为学生创设学习的异步或者同步的教学情境	15	
	学生参与	学生导师作用发挥,学生是否参与到了与"以实践为导向的人才培养"的相关课堂活动中,是否具备了相关意识	10	
教学效果		导师组合的应用实效如何,不同教师导师之间、教师导师与其他导师之间是否配合默契	5	
		学生导师表现如何,是否在学生与导师之间发挥好串联作用,不同程度的学生是否均有相应的发展	5	
		通过本课学习,学生能否建立起与课程内容相关的认知,是否在一定程度上能与人才培养的基本目标挂钩	10	
总评得分			100	
本课时导师组合实施中的亮点(人员组织、人员活动、现场反馈等)				

项目	评价标准	满分	得分
本课时导师组合实施中的不足(人员组织、人员活动、现场反馈等)			
实施建议			

2. 学科规划

以学科组为单位集中研讨教材,结合本学科教学的特点与学生成长目标的需要,对本学科导师组合课提前进行规划,制定各学科独有的导师组合课教学建议表,供广大教师参照准备。以下列举数学、英语、地理学科的导师组合规划(见表5-4至表5-6)。

表5-4　数学学科导师组合规划表

教材	章节	操作建议	导师组合
必修1	2.1.2 指数函数图像及其性质	1.基于梅城美丽城镇建设,让学生收集梅城每年游客人数,并给出方案1和方案2,预测实施两个不同方案后游客人数,列出表格 2.结合信息技术,画出实施两个方案后游客人数关于年份的函数图像,从而引出指数函数图像及其性质	对等型导师、合作型导师、即兴型导师 数学教师+学生导师(即兴型)+技术导师(信息教师)
	2.2.1 对数与对数运算	1.学生分组收集有关对数由来的历史资料并整理成报告形式 2.分小组展示成果,讲述对数由来	对等型导师 合作型导师 预设型导师
必修2	1.3 空间几何体的表面积与体积	1.学生分组收集并学习"祖暅原理"的相关资料 2.每个小组模拟上课,讲解"祖暅原理",并由"祖暅原理"推导体积公式	竞争型导师 分四组比赛

教材	章节	操作建议	导师组合
必修5	1.2 正弦定理和余弦定理应用举例	学生参观梅城美丽城镇建设,并完成教师是前布置的运用正、余弦定理测量河道宽度和南峰塔、北峰塔高度问题	首席型导师 合作型导师
选修2-1	2.2.1 椭圆及其标准方程	1.教师提供实验所需器材 2.学生实验,画出椭圆 3.讨论并推导椭圆的标准方程	首席型导师 即兴型导师

表5-5　英语学科导师组合规划表

教材	章节	操作建议	导师组合运用
必修1	Unit4 Earthquake	1.地震逃生 2.建德地震可能性报告	英语教师+学生导师+技术导师(地理老师)
必修2	Unit1 Cultural relics	学生收集"文化大革命"对梅城古文化破坏的资料(照片、口述、文献)	预设型导师(生1、2) 即兴型导师(家长或收集资料过程中的亲历者)
必修2	Unit3 Computers	参观梅城镇首家机器人全自动管理的特色民宿"梅莊",感受"人工智能"走进乡村生活	合作型导师 民宿负责人、从事机器人销售的家长、教师
必修3	Unit1 Festivals around the world	学生按地域分组调研建德本地的专统民俗习惯,课堂展示调查研究成果	对等型导师 (每组学生若干)
必修4	Unit2 Working the land	建德本地特色农业或农产品及其前景的调查	首席型导师 农技员或农产品销售管理员、英语教师、生物老师等
必修4	Unit5 Theme Parks	依据文章的结构和语言,模仿写一篇介绍梅城的几个特色景点的旅游指南	竞争型导师 分两组进行比赛

表5-6 地理学科导师组合规划表

教材	章节	操作建议	导师组合
必修1	1.1 地球的宇宙环境	1.听大洋镇技术导师朱吉明的星空观测指导,参观大洋桃缘观星台 2.学生观察组完成"月相观察"活动,并与同学分享和交流	首席型导师 朱吉明+地理教师+学生观察组
	4.1 地形对聚落及交通线路分布的影响	1.学生查看建德的卫星地图,得出建德的地形特征 2.了解和对比中华人民共和国成立后梅城、新安江两城镇及建德重要交通干线分布及变化特点 3.学生分析建德地形对梅城形成和发展的影响	预设型导师 (学生4人) 即兴型导师 (熟悉梅城发展的相关研究人员或"老梅城")
必修2	2.1 城市的空间概念结构	1.参观梅城镇美丽城镇展示馆 2.了解梅城城市用地状况及主要功能区特征及形成因素 3.了解和探究梅城形成与发展的主要区位因素,尤其是三江交汇的区位对梅城的影响 4.探究浙江城市分布与河流、海洋、铁路的关系	首席型导师 馆长、教师 合作型导师 (学生参观后,选取2名学生制作课程讲解3、4)
	3.2 农业区位因素和农业地域类型	1.了解近40年绪塘农业的发展变化——参观绪塘村草莓种植站 2.探究绪塘水稻种植业向草莓园艺业转型的原因 3.了解草莓园艺业的特点以及近些年的生产及经营效益变化	专家型导师(草莓种植学生家长) 草莓种植家庭的学生导师(2~4) 教师导师(地理教师+祁帆)

教材	章节	操作建议	导师组合
必修3	2.3 湿地资源的开发和保护	1.以梅城三江口的开发和保护为例讲解 2.学生可以围绕湿地概念、作用,结合三江两岸、美丽乡村和美丽江城战略发展热点来分组讨论是开发还是保护为主,并陈述理由和事实	竞争型导师分两组进行
	2.4 流域综合治理和开发	1.了解美国流域开发和治理的成功经验 2.面对杭州拥江发展战略,打造钱塘江流域世界级滨水大公园,作为建德人,你有什么想法和建议 4.你未来将怎样参与和努力	合作型导师(地理教师+梅城三江两岸建设指挥部专家现场指导或视频访谈录+学生导师)

第三节　培养小导师

学校师资队伍的优化与发展是在学生为本的基础之上的。除了通过不断研究与发掘教师潜力、反复探索与开拓师资力量来满足学生需求外，也要设法从学生维度出发，以锻炼学生能力方式使其成为师资队伍中的有机组成部分。学生导师已成为导师组合中的重要组成部分，足以印证小导师的研究与探索具有自在的价值。

一、小导师的形成

小导师的形成与发展是学生成长的诉求，是学校育人改革与发展的必然趋势，它经历了一个不断发展、演变的过程，以下从其缘起、发展、形成三个阶段进行叙述。

（一）缘起：小导师的起步阶段

小导师的构想是严州中学在育人变革过程中提出的一种师资队伍优化的举措。它不同于传统定义的"小老师""小助手"，学生因此真正从教学的后台走向了前台。它缘起于部分学科在自身教学局限与瓶颈下的"主导学生上讲台"的创新理念，也是导师组合中学生导师实效的再发挥，从某种程度上说是"学生导师"的升级版。

1. 小导师是教学瓶颈的突破口

受传统教育理念的影响，当前许多理论性知识较多、逻辑思维较强的学科依旧大量采用讲授式，将知识与方法"注入"给学生，或者更武断地进行"填鸭式"教学，往往缺乏活力。

高中数学教学更是这样的典型，大多数数学教师乐于采用一种单向交流的方式,对课堂教学进度把握度高,但对学生的知识掌握度无法实时掌握,往往只能通过随堂作业、测验等形式做侧面了解。而高中阶段是学生认知与能力发展的分水岭,教师对学生需要更多的了解,无论是基本概念的理解、公式定理的强化,还是逻辑思维的培养,都需要教师因人而异地进行梯度式的教学。

严州中学数学组赵老师在"小导师"方面率先进行了一些尝试:她在作业讲评课中,时常选择一些内容让程度好的学生担任小导师来主讲;每当有小导师分配到讲课任务时,都会在赵老师的辅导和帮助下完成一遍乃至数遍的演练,确认试讲没有明显纰漏才确认第二天的讲评任务,赵老师由作业讲评的焦点成了幕后策划并帮助"小导师"讲课的导演,效果非同凡响。之后,数学、物理等学科教师纷纷效仿,让各自的小导师参与作业的讲评活动。

2. 小导师与学生导师不谋而合

小导师是严州中学教师在微观层面育人方式转变上的一次尝试,实质上与严州中学导师组合探索方面的学生导师培养的意图不谋而合。导师组合作为"乡村志愿者"选修课程实施中的创新举措,在一个阶段的育人实践之后,学生导师在导师组合中的作用越发明显,事实证明,学生导师不仅能成为教学中的小助手,能立于后台,也能站在前台,担当现场教学的重任。从某种程度上说,小导师是导师组合中学生导师的升级与独立的版本,学生可以不再是一个多元的教学团体中的组成部分,只要有教师的支持与帮助,在课堂的一些授课环节也能成为一个教学的主体,而且其与广大学生的心灵的距离比师生之间要小得多,在某种情境下和一定程度上其育人实效可能会高得多。

(二)发展:小导师的提升阶段

小导师的提升阶段,重在突出小导师在教学之中独立担当的地位,并且在教学的过程之中实现自我培育与提升。

1. 学生在教学环节彰显主导作用

小导师起初是让学生参与旳一种合作式、协作式教学形式,以学生为主体,教师为主导,通过让学生参与教学全过程以激发学生学习热情。以小导师参与作业讲评为例,从本质上看,这样的小导师依然只是扮演了教师辅助者的角色,小导师的选择、教学内容的框定都是在教师的基本意愿下实施的,并没有使学生实现独立意识,即学生尚未在担任小导师的这个教学环节中实现主导的地位。

严州中学的技术组在原有基础上,在信息技术课教学中明确了契合高中学生发展的小导师培养原则:小导师不应该是老师指派的,而应该根据一阶段的课堂表现使其成为大家公认的;即使成为小导师,也不是一成不变的,当他不称职或者在学习上对自己放松的情况下可以撤职;另外,关于小导师的认定标准不是一成不变的,在某些具体的课堂学习中,小导师可以是完成任务较快的学生,也可以是作品做得较好的学生。

一段时间的实践表明,学生在小导师的指导下更乐于思考,有了疑问更敢于表达和质疑,课堂的氛围更加活跃。同时,小导师在短暂教学的教学环节,对于讲授内容与方式有着自己的选择权。如在信息技术教学中,由小导师自主选择计算机现场演视的内容,在准备过程中也以小导师为主,教师不做严格的限定而是以解答疑惑为主,后期的课堂评价也以小导师的自评兼顾教师评价,留给小导师足够的发挥空间。

2. 学生在实现育人之外达成育己

上述小导师进课堂的举措,让任课教师和小导师都获益匪浅。一方面使教师意识到了小导师在教学活动中所迸发出的巨大力量,发掘了在学科学习中的排头兵、领头羊,便于教师实时关注与改变自己的教学策略;另一方面让一部分学生树立了学习的自信,不但助学校育人一臂之力,也从更多层面提升了自我,实现自我培育,同时缓解了教师育人的压力。

(三)形成:小导师的完善阶段

小导师的完善主要体现在两个方面:一是完备小导师教学和培育的外部支持,二是实现小导师间的沟通与协作。

1. 完备小导师教学和培育的外部支持

确保小导师的有效教学和实现小导师的培育离不开外部支持。为确保小导师获得有效的外部支持:严州中学在各个学科、行政班级对应的任课教师以外,允许每名小导师自主选择一位校内的导师;在教学资源与环境的支持上,开放固定的多媒体室,供小导师们备课以及与导师进行磨课等;在个人成长上,导师帮助小导师制订一份个人成长计划;在评价与表彰方面也给予足够的支持,按照"一学期、一评价、一表彰"的原则,给小导师颁发荣誉证书,特别优秀的给予额外奖励。

2. 实现小导师间的沟通与协作

培养小导师的目标定位是育人,而育人的最终目的是百花齐放,实现学生的有教无类,一同发展。遵循此原则,小导师发展的最终目标不是单一实现从小导师择优,而是实现小导师的批量成长和传承。所以,实现小导师间的沟通与协作势在必行。充分发挥小导师之间的团队精神、合作探究能力,将有助于提高学生的主观能动性,增强小导师之间的互动交流,实现生生激励成长。

二、小导师的内涵

小导师的内涵主要探讨小导师的概念及意义与基本类型两个方面。

(一)概念及意义

1. 基本概念

小导师指为适应不同课程学习与实践的需要,由具有一定理论知识、实践经验、较强学习能力和应变能力的学生分担部分课堂教学任务并参与实践环节、内容的一种育人创新形式。

2. 主要意义

小导师的意义在于两个方面:一是广泛调动学生的积极性,激活课堂的多重模式,对于教师本身是一种挑战与提升;二是实现育人的双重目标,小导师与广大学生都获得了自我提升,就小导师而言,其提升是显而易见且全方位的。

(二)基本类型

小导师从功能上看,主要细分为四种:导学小导师、课堂小导师、实践小导师、批改小导师。他们分别对应课程教学的课前环节、课中环节、课外实践环节、课后作业环节。

1. 导学小导师

导学小导师是在课前落实学生导学任务的学生小导师形式。可避免在预习和导学环节教师与学生之间心理和认知差异幅度大的问题，使预习与导学的预设更明晰、有效。在导学或预习环节，从课前资料的收集到课堂活动的组织，全部由小导师来完成，让学生在其引导下完成学习。

2. 课堂小导师

课堂小导师是课堂某一环节扮演主讲或指导角色的学生小导师形式。主动申请参与课堂中某个教学环节，在教师的辅导和帮助下完成教学设计并进行试讲，可能是一遍甚至数遍，确认试讲没有明显纰漏才敲定讲课流程；授课当天，由小导师在该环节主导，教师旁听，如课堂遇突发状况尽量以小导师自己解决为主，必要时教师介入。此刻的小导师具有双重身份，既是"老师"又是"学生"，由他们组织的教学活动常与大多数学生认知心理更加契合，形式更加新颖，学生学习的积极性和兴趣更高涨。

3. 实践小导师

实践小导师与课堂小导师类似，主要出现在课堂教学中的实践展示环节，如物理、化学、生物等学科的现场实验环节，或广泛出现在选修课程的课外实践活动中。实践小导师的现场操作与讲解更符合学生的成长规律，往往对于学生有更直接的借鉴价值。

4. 批改小导师

批改小导师是在课后作业评价阶段协助教师进行作业或测验批改的学生小导师形式。协助教师进行作业或测验批改显然不是以为教师减轻负担为主，而是让学生在批改中避免再犯类似错误，巩固相关知识点，同时形成对于试题得分点的踩分意识。因此，批改小导师往往不是某个学科成绩特别优异的学生，而是待加强的同学。

三、小导师的实施

小导师的实施过程即小导师通过参与教学活动、借助成长规划实现小导师培养的过程。下面从小导师的实施原则、小导师的分类运作、小导师的培养规划三个部分进行阐释与举例说明。

（一）小导师的实施原则

1. 自愿原则

自愿原则即依据学生本人的意愿,小导师主要由学生自主报名产生,而非教师进行指定;如有必要,也是在教师圈定的候选人之中逐一征求本人的意愿后方可以确定最终人选。基于学生本人意愿,各教师选拔的小导师可以是一名也可以是多名,在征求学生意愿后可以建立相应的小导师备选人才库。

2. 自主原则

自主原则不等同于自由,而是一个相对的概念,是就小导师所参与的某一教学活动中自身主体价值体现程度而言的。自主表现为小导师在这部分的教学活动中扮演着一个主导的角色,包括准备环节、实施环节,教师这段时间扮演一个幕后指导者的角色。

3. 自立原则

自立原则强调的是小导师在所参与乃至主持的某一教学活动中要确保最大限度的独立。特别是应对一些突发的事件,在不涉及安全问题的前提下,教师不是优先地介入,而是保持教学观察的状态,让小导师保持独立自主地对教学活动中的一些小困难进行积极应对。

（二）小导师的分类运作

小导师的分类运作,即导学小导师、课堂小导师、实践小导师、批改小导师四类小导师参与教学活动的具体运作过程。四类小导师遵循基本的运作流程:学生报名,教师确认,演练准备,实施反馈。

1. 导学小导师的运作

导学小导师的选择考虑因素较多,一方面考虑学生的知识和能力基础;另一方面考虑学生的组织能力。如果是语文、历史、政治等学科,还要综合分析小导师的语言表达力和感染力。在确定导学小导师后,要对导学的内容进行准备与演练,关注导学环节是穿插在几个课时教学之间的。除了常规的准备工作之外,还需要教师与导学小导师形成教学的无缝对接以确保课堂的完整性与流畅度。最后,教师在一个主题教学完结时对导学活动进行简单评价与反馈,便于小导师再改进。

案例5-2：导学小导师的具体呈现因学科和课型而异。比如，语文学科中"古诗文"的导学环节需要大量的字词辨认与语句停顿基础上的诵读，常常可以让小导师领着同学去读，这对小导师的执行力和管理能力提出一定的挑战，外语学科也与此类似；数学学科的导学环节需要小导师将数学公式和简单的方法讲给同学听，其中数学学科的科代表需要时常扮演小导师的角色，许多时候也需要学生自主决策与发挥，物理、化学等学科与此类似；历史、地理、政治等学科的导学环节，小导师常常会带着任课教师的预习任务而来，需要引领同学去细致梳理与简单探究课本相关的文字材料，形成对某一个章节中某个知识点的整体建构；技术学科、物化生中的实验课等操作性较强的导学内容，由导学小导师做一些课前的示范，让同学们对这部分内容形成初步认知与感受。

2. 课堂小导师的运作

课堂小导师是小导师中最普遍的一种类型，这里特别强调的是小导师参与课堂教学的环节。就课堂小导师来说，每一学科都要设立小导师备选库，在这其中，学生的学习能力可高可低，教师要针对教学内容对应的不同意图进行选择：有些较简单内容便于基础较弱、学习能力一般的小导师树立信心；有些较难内容可以刺激小导师进行钻研，乃至竞争上岗。但通常情况下，任何学科教师起初都会选择一些内容相对简单的课先让程度好的学生担任小导师来主讲，然后再向程度较好乃至程度一般的学生延伸。

为了确保课堂教学效果，小导师在正式进课堂前，必须进行试讲，且只局限于教师和极个别学生。在试讲过程中会发现一些问题，并及时进行改正。然后是课堂教学。这是最为重要的一步，师生角色互换，课堂由学生自行掌控，从知识讲解到课堂提问到解答疑惑到课堂讨论，完全按照平时教师授课的形式进行。教师则成为听讲者，同时也可以起到维持课堂教学秩序的作用。最后，老师对小导师的教学加以点评，使其改进不足之处。

案例5-3：例如，在学习语文课文《一个人的遭遇》时，教师以问题形式导入新课："同学们，今天我们学习的是一篇以反战为主题的课文《一个人的遭遇》，为什么作者会称这是'一个人的遭遇'？今天让一位特殊的老师给我们揭开谜底。"之后将接下来的时间先交由导学小导师完成。小导师先为同学们简单介绍了作者和写作背景(这些都在教师指导下提前做好课前预习和准备),然后朗读课文段落,让同学们一边听一边思考:"文中的主要人物都有哪几个? 作者是沿着怎样的思路展开写作的?"朗读完毕后,同学们"听"出了课文中多个人物都是不幸的,这时小导师将主人公的名字写在黑板上,同时引导同学们在文中找出众人不幸之处。然后让同学们默读课文,选出同学代表发言:为何众人都是不幸的,这里却以"一个人的遭遇"为题。在小导师的导引下,大家几乎得到了一致的答案:主人公是战争年代不幸人的缩影,本文不关心战争的政治厚因,关注的是人这一个体。小导师及时总结导学内容,为下一个环节教师登台授课做好预设。

3. 实践小导师的运作

实践小导师的选拔与演视的环节通常是合二为一的,和其他几种小导师略有差别,他们不仅要做出标准、规范的操作,而且要在教学过程中讲出操作的要领、步骤及注意事项。因此,这对于有意向成为实践小导师的学生的现场应变能力要求较高,并且需要他们兼有一定的沟通能力、一定的语言表达能力。

由于选拔结束后是进一步的演练,那么深入的演练更多的是小导师与教师之间的交互式操作和多方位的沟通交流,以确保实践操作演视以最佳的方式呈现。在展示的现场,小导师在预设的实践演视环节登场,语言与行动配合将教学的意图告知所有同学并加以指导,同时不断与其他学生沟通,把操作过程中需要掌握的操作要求、方法等教给学生,而且要及时发现问题、分析问题、解决问题,比如学生操作错误,小导师需要立即给予讲解和纠正。因此,实践小导师通常需要同时配备多名,且在他们内部也很容易形成竞争与合作兼具的教研氛围。

案例5-4:严州中学的体育教师钱利民在执教"原地单手肩上投篮"一课的时候,虽然经过反复的动作示范,仍然发现很多同学完成这一技术动作并不标准。针对此种情况,他灵机一动,现场选拔5名动作标准的同学进行深入指导,并且从这5人当中在征求意愿的情况下,确定了一名实践小导师,在

下一次的篮球课上登场亮相。第二次课在实践小导师的加持下,学生的掌握度有明显的提升,于是钱老师决定将班级同学进行分组,就地再确定几名小导师,采用分组指导的方式让小导师们进行实践指导,而自己在一旁进行分组巡视指导。他不仅在这些小导师的身上看到了决心与信心,也感受到了耐心与诚心。在所有人的共同努力下,全体学生都完美地掌握了该技术动作,这也让钱教师欣喜异常。

4. 批改小导师的运作

批改小导师的选拔条件相对宽松,任何学生出于个人想法都有机会参与到其中来。具体某次批改人员的最终确定受批改意图的影响。常规测验的批改评分和基于学生知识点补漏试题的批改评分截然不同,后者明显针对优等生,而前者面向大众。在批改前会有一个师生交流的环节,主要帮助小导师们建立对问题命题意图、考查目标的认识,可以说从了解批改标准到完成批改的过程,是小导师们对知识、问题的认知和理解不断提升的过程。批改结束后要进行所有学生对批改的反馈,这些反馈内容会进行汇总告知小导师,使其自我反思与改进。

案例5-5:批改小导师在语文、历史、地理、政治等学科的主观题评判与批改中有积极的作用。原本有许多教师会在一些测验的评价中让学生自行批改或者交换批改,实现所有学生共同参与的目的,但与小导师的批改模式相比,学生的参与明显过泛,且针对性不强。批改小导师则不同,他们可以像教师集中阅卷那样有针对性地进行流水作业,学生可以主动要求批改内容,对于相应的知识点来说,学生在教师的指导下进行批改,在其后二次指导下聆听讲评,其掌握度自然相当高了。据不完全统计,自推行小导师以来,高三历史备课组3位老师每月培养批改小导师近100人次,解决学生许多难点知识的掌握问题,历史学科的增量也尤为突出。

(三)小导师的培养规划

1. 聘任小导师的成长导师

小导师的成长需要教师关怀与指导,但受学科因素、小导师分类培养制等影响,许多小导师成为教师争抢的红人,受到不同育人风格的影响也很突出。因此,许多小导师虽然已有多位教师进行指导,但仍需对应一位固定的成长导师。成长导师与其他教师的区别,类似于班主任与任课教师,只是在这里导师的职能有所区别,但其影响力不亚于我们的班主任。小导师的成长导师聘任,是在学生意愿的基础上进行双向选择,但一个学生只能选择一位成长导师,而一个成长导师麾下一般不超过5名小导师。学校鉴于学生的需求,也考虑许多校本特色选修课的需要,除去聘任的校内导师,也邀请了部分校外专家和教师担任外聘导师。

案例5-6:严州中学小导师的成长导师聘任以年级为单位展开,以高一年级为例,30多位教师中有19位成了小导师的成长导师,并且学校考虑到选修课程的需要外聘了技术员、职高教师、学生家长等共8人担任小导师的成长导师,对应小导师149名。具体罗列如下表所示。

小导师的成长导师分工表

序号	导师	培养人	序号	导师	培养人	序号	导师	培养人
1	徐慧芬	6人	10	方黎平	5人	19	陈瑞	6人
2	诸葛勐科	6人	11	何兆红	6人	20	姚佳	5人
3	陈琼琪	7人	12	陈颖	5人	21	关庆华	6人
4	张树红	5人	13	高燕	5人	22	陈坚	5人
5	徐建华	5人	14	汪曼	5人	23	方凯源	5人
6	夏征	7人	15	王叶帆	5人	24	邵琳萍	5人
7	王鹏飞	5人	16	吕娜	5人	25	雷海晖	7人
8	刘灵利	6人	17	徐卫民	6人	26	李华	6人
9	唐笑	5人	18	闻元龙	5人	27	徐佳	5人

2. 定制小导师的成长计划

为每个小导师的成长制订专门的计划,计划的制订由小导师本人、小导师的成长导师以及相关的老师共同完成,其中成长导师是计划制订的总负

责人。考虑到许多老师担负指导多名小导师的任务,商讨工作可以通过网络视频进行,或由导师单独联系相关教师听取意见。小导师的成长计划包含以下一些部分:成长周期,即小导师培养的时间起止;培养的方向,即对应的小导师类型,如批改小导师、导学小导师,通常一个学生不超过两个培养的成长标签;培养的内容,即涉及的学科,通常不超过三个,且注明学科属性(优势或者劣势,便于对接扶优或者补偏);最后是成长计划的细化,一般精确到周,且根据实际的成长状况不断更新。

案例5-7:以高一年级的小导师成长计划的制订为例。27位成长导师与各自的培养人深入交流,在听取小导师们本人的意愿、个人计划后,联系相关教师,从中协调和收集意见,确定小导师的培养类型、方向、内容等。小导师成长计划以精简的成长卡形式在学校各年级的宣传窗口进行展示,如图5-6所示。

学生小导师成长卡

姓名:吴同学　　培养周期:2018.12—2019.8

培养方向:批改小导师、实践小导师

培养内容:英语(扶优)、体育(扶优)、数学(补偏)

学生照片

学生小导师成长卡

姓名:郑同学　　培养周期:2018.12—2019.8

培养方向:批改小导师、课堂小导师

培养内容:数学(扶优)、英语(补偏)

学生照片

图5-6　学生小导师成长卡

3. 开展小导师的研讨交流

定期开展小导师的研讨交流,形式多样:可以是才艺的展示,如体育竞技的动作、舞蹈、朗诵;也可以是教学的比武、知识竞赛;还可以是相对轻松的茶话会、联谊活动。研讨交流的举措,比较有代表性的是高二年级的诸位导师合作，100余名小导师组成了三个研究团队。此外，许多导师合作形成了导师团、导师共同体，对于小导师们的指导更加系统和立体。

案例5-8：小导师在严州中学首届济宽学科文化节中发挥了积极的作用。小导师们成为各活动开展时教师们争抢的香饽饽，同时小导师团队、导师共同体在活动的开展方面发挥了积极的作用。历史学科组主推的依托校史的系列活动、英语学科组主创的依托中国传统文化结合西方语言特征的系列活动引起了最大关注。这些活动的主创都是学生，其中大部分都担任了小导师的相关工作，他们表示，"学科文化节的成功离不开平日里'小导师'活动的磨炼""感谢自己的身后有老师们的默默付出与帮助，十分惊叹自己身后还有如此强大的导师团队""谁说00后是没有奋斗的一代人，小导师的经历是我们人生之中难忘的、浓墨重彩的一笔"……

第六章
成长赋能:探索学教方式

　　成长赋能指为学生提供能力、能量,助力其成长的育人过程;学教方式指学习方式和教学方式。而学习方式指学生在完成学习任务时基本的行为和认知取向,包括关什么学、学什么、怎么学的问题;教学方式是指教学主体为达成教学目标而运用的措施和方法,是教学活动的动态方式和存在状态。学教方式变革的目的是最大限度地释放学习者内在的能量,让其掌握学习的方法,主动学习、学会学习,进而提高教学质量与效率。学教方式变革是实现育人方式改革的重要路径,严州中学在变革学教方式方面也进行了积极的探索:重视学情诊断、尝试学与教的变革、推进做中学、推进作业改革。严州中学学教方式的发展变革始终是紧扣时代发展脉搏、立足严州中学教学实践、坚持继承与创新并举,呈现出从关注教师到关注学生的转变、从单一应用到综合使用的转变。

第一节　重视学情诊断

严州中学学生基础薄弱、学习技能低下、学习情意缺失,导致课堂教学低效。严州中学加强了学情研究,基于"学情"实施教学,试从学情视角找到育人方式改革的突破口。重视学情的研究、学情的分析,确立新知识的教学观点和适用的教学策略,追求课堂教学的"量身定做",以此激发课堂活力,为学生成长赋能。

一、诊断基础:两诊两激·六问三解

严州中学为诊断学生基础而创设的两种预学案的设计与实施,"两诊两激"式预学案是适合文科类的预学案,"六问三解"式预学案是适合理科类的预学案。通过对学生学情的诊断,实现课堂教学目标的优化,教学环节的重组,从而达到丰富学生基础知识和增强基本学习能力的育人目标。

(一)两诊两激

1. 定义

"两诊两激"即诊基础知识、诊基本技能,激新知基础、激学习潜能。诊基础知识即通过由易到难的顺序检测学生已学知识;诊基本技能是通过设计练习检测学生运用已学知识的能力;激新知基础是引导学生阅读教材,理解新学知识中最基础的概念和内容;激学习潜能指学生在新知基础激活的基础上探究疑难、挖掘潜能。

2. 特点

两诊即唤醒旧知学习,两激则是激活新知学习,具有以下特点。基础性:预习学案的基础性体现在学案内容上。"两诊"部分主要是旧知回顾与复习,分为知识和技能两部分,主要检测学生是否掌握与新学知识相关的已学知识以及能否正确运用已学知识。"两激"部分主要是对新学知识的预习,但该预习侧重于简单的基础知识预习,以陈述性知识为主。衔接性:学案"两诊"部分的设计是联系旧知,其作用是复习与新学知识相关的基础知识,建立新旧知识之间的衔接关系,为"两激"部分做好知识铺垫。阶梯性:预习学案呈现出从"唤醒"到"激活"的阶梯式推进的特点。旧知复习从简单到复杂,从知识到技能递进。新知学习也从陈述性知识到程序性知识,从基础知识到基本技能层层推进。灵活性:预习学案的设计根据学生的不同层次提供多种选择,呈现出灵活性的特点。教师在布置预习任务的时候可以根据不同层次的学生进行删减,学生在预习的过程中也可以根据自身的学习状况进行选择。

3. 操作

"两诊两激"式预学案的编写方法分为定目标—备旧知—找关联—选方法—编学案五步。第一步定目标,即确定本节课的教学目标,具体呈现本节课学生所要达到的知识、技能、情感目标,明确重难点,为诊断提供依据,为激活提供内容。第二步备旧知,即准备已学知识,确定学生在本节课的新知学习时所需储备的已学知识与技能,确定诊断内容。第三步找关联,是指找到新学知识与已学知识之间的内部关联,了解知识递进过程中的思维过程,为诊断到激活的衔接方法提供依据。第四步选方法,是指选择诊断方法、激活方法以及诊断到激活之间的衔接方法。根据学生的学情和知识的难度,可以采用选择、填空、问答、活动等不同方式。第五步编学案,即在前四步分析与准备的基础上编写预习学案。预习学案的编写要做到指示明确——学生能清楚理解问题;层次清晰——各个环节排列有序;量化评价——预习结果可统计;精简精要——内容不重复不多余;联系书本——预学案与书本知识紧密联系;科学有效——符合学生的学习能力。

案例6-1：英语课M1U4定语从句预习学案案例

类型	语法	课题	M1U4定语从句	日期	2011.11.16

诊断设计	模式环节	特点	诊断结果
一、概念理解 1.定语:是用来修饰_____的,通常放在被修饰词的(前面/后面),中文翻译成"……的"。 e.g.He is a clever boy.这个句子中的定语是_____,用来修饰_____。 2.定语从句。 1)定义:e.g. He is a boy who is clever. 句子中的定语是_____,用来修饰_____。这个定语不是单词而是_____,因此这个句子称为定语从句。 2)概念: The boy(who is reading a book over there)is my friend. 主句是_____,定语从句是_____,定语从句修饰的名词是_____,被修饰的该名词叫先行词,who是关系词,指代_____,在从句中做_____。	诊基础知识(概念)	基础性 衔接性 基础性 阶梯性 基础性	(准确率)65% 67.2% 63.7% 52.1% 43.3%
二、句例分析 1.找出课文中的定语从句,圈出关系词。2.分析定语从句。 e.g. The boy((who) is reading a book over there) is my friend. **三、思考探究(选做)** 1.关系词怎样选取?关系代词的使用(符合条件打"√") | 关系代词	指人	指物	做主语	做宾语	做定语 | | which | | | | | | | that | | | | | | | who | | | | | | | whom | | | | | | | whose | | | | | | 2. 特殊情况(Yes or No? Why?)(选做) 　1)This is the book I bought yesterday.此话为什么没有关系词? 　2)Look at the boy and his dog that are coming this way. 可以把that改为which或who吗? 　3)Who is the boy that is standing there? That可改为who吗? 　Which is the photo that you took? That可以改为which吗?	诊基本技能(句子分析) 激新知基础 激学习潜能 激学习潜能	衔接性 阶梯性 灵活性 (一类、二类和基础较好的三类学生) 阶梯性 灵活性 (一类和基础较好的二类学生)	45.8% 33.9% 34.2% 45.1% 47.2% 48% 25% 20% 16% 15%

实施方法："两诊两激"式预学案的实施策略是"三学三定"。"三学"即自学、互学、求学,是预学案实施的步骤;"三定"即定时、定点、定人,是预学案实施的方法。具体实施过程如下:第一步自学阶段。新课前一天,学生在预学案的指导下进行预习,时间一般为20～30分钟。自学阶段时间自行安排,每位学生通过预习课本、复习笔记、查阅资料等方式独立完成预学案。将在预习过程中的疑惑问题标注在学案的相应地方。第二步互学阶段。个人自学完成之后,以学习小组的形式,讨论交流预习学案的各个问题。学习小组通常由6～8名学生组成,选出一名组长,负责确定讨论的时间、分配组员任务、组织讨论过程、总结讨论结果。小组讨论的时间一般为10～15分钟,学生通常安排在晚自修之前或者利用两到三个课间时间。主要内容是核对预学案上的练习,有不同意见的相互解释,形成小组一致意见;不能形成一致意见的,作为组内疑难问题填写在学案最后的"预习疑惑"一栏内。每组最后上交一份讨论之后的预习学案由老师进行批改。批改之后,组长统计本组各题的答题情况,填写学习正确率统计表。此外,组长还需上交一张组内预习作业完成情况登记表。第三步求学阶段。自学、互学之后,教师根据学生的预习情况组织课堂讨论和释疑。课堂讨论环节通常为:师问生答、生问生答和生问师答。师问生答是教师根据预习情况向学生提问错误率较高但难度教小的问题,由学生解答,以此诊断学生是否掌握了基本知识。生问生答是各小组呈现本小组无法解答的疑难问题,由其他小组解答释疑。当学生解答有误或不完整时,教师负责解惑。

(二)六问三解

1. 定义

"六问三解"是指学生在教师提供的认知策略、探究支架指导下,通过独立探究或合作探究,自主提出问题、自主解决问题、自主拓展问题、自主内化问题,掌握活的、充满智慧的知识和研究问题的思路与方法。"六问"分别是:一问总体基础;二问知识背景;三问获知过程;四问构知策略;五问学生需求;六问潜能差异。"三解"则是理解学科、理解学生、理解教学。

2. 特点

问题性:把问题作为探究动力和路标,以问题的"发现—提出—解决—

拓展"为主线组织教学；同时以问题为载体，"唤醒"和"激活"教学重点与难点。自主性：做什么？做到什么程度？听什么？听到什么程度？学生都拥有较高程度的自主权、选择权和决定权。指导性：教师不仅鼓励学生"能走则走，能跑则跑，能飞则飞"，而且帮助学生搭建自主"走、跑、飞"的平台，为他们排忧解难。探究性：学生有能力通过自主探究获得的知识尽可能由学生自己去获得，以最大限度地避免由于教师和书本的灌输而降低学习的效益与品质。优质性：学生的能力、思维和情感态度在探究与掌握充满智慧的知识的过程中得到很好的发展。

3. 操作

具体操作分四个环节。环节1：合理提出问题，激活概念基础。提供产生问题的情境与素材，激发学生探究兴趣和欲望，提供问题的策略与方法指导，通过搭设"脚手架"调控问题及其难度，使问题具体化、系列化、结构化，突破重难点，达成知识。环节2：合理解决问题，引导学生做好相关知识和技能的准备，指导探究的策略与方法，尤其是知识形成与重难点突破的策略和方法，帮助搭建支架，并释疑解难，激活新知基础，把握问题本质，感悟解决的思路与方法。环节3：及时巩固内化迁移，提供对概念或结论进行辨析的素材，提供变式训练材料，引导学生做到举一反三、触类旁通。环节4：合理拓展问题，为学生提供反思框架，明确反思目标，画龙点睛，梳理知识的联系与结构，指导解决后续问题的思路、策略与方法。"六问三解"操作图如图6-1所示。

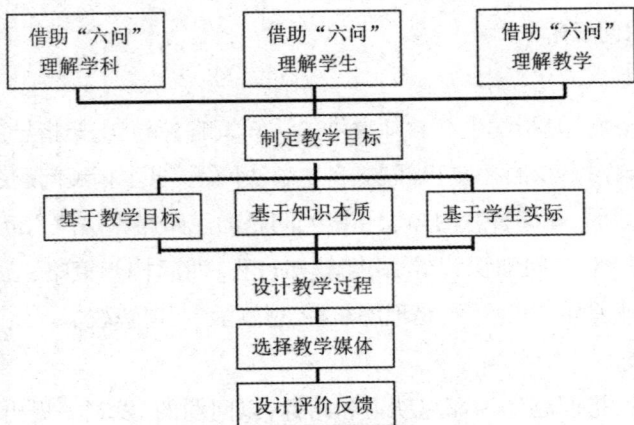

图6-1 "六问三解"操作图

案例6-2："基于'学情诊断'的普通高中课堂教学要素优化与实施"预习学案设计

类型	复习课	昊题	二面角的求法	日期	2013.4.25
诊断设计			模式环节	特点	诊断结果
一、概念理解 下列说法正确的是( ) ①二面角是两个平面相交所成旳图形 ②二面角是指角的边分别在两个平百内的角 ③角的两边分别在二面角的两个面内,则这个角是二面角的平面角 ④二面角的平面角所在的平面垂直于二面角的棱			合理提出问题 激活概念基础	提供产生问题的情境与素材,使问题具体化、系列化、结构化	(准确率) 40.3%
二、思维突破 若一个二面角的两个半平面分别平行另一个二面角的半平面,则这两个二面角的大小关系为( ) ①相等;②互补;③相等或互补;④无关			合理解决问题 激活新知基础	知识形成和重难点突破	31.6%
三、即时练习 在二面角内一点分别向二面角的两个半平面所在平面引垂线,则它们所成的角与二面角的大小关系为( ) ①相等;②互补;③相等或互补;④无关			及时巩固 内化迁移 激活学习潜能	把握问题本质,感悟解决的思路与方法	27.9%
四、类题分析 在正方体 $ABCD-A_1B_1C_1D_1$ 中, (1)求二面角 D_1-AB-D 的大小 (2)求二面角 A_1-AB-D 的大小			合理拓展问题 激活学习潜能	衔接性 阶梯性 寻找新的认知冲突,提出新的问题	19.5%

二、透视学能：直接观察·翻转分析

为了翔实地记录学生的学习情况,更具体地了解学生的学情,实施更有效的教学,在教学过程中,我们通过课堂学习记录卡记载学生的学习情况。为扫描细化、精确,课题组点面结合,设计了面向全班学生的模糊课堂学情记录卡和针对学生个人的精确课堂学情记录卡,分别由老师和学生记录,然后汇总合作分析。

(一)直接观察

1. 定义

教改考核小组成员"推门"听课并定位记录学生学习实况的形式。依据学生学情，考量教师课堂教学环节的有效性，反拨课堂环节设置的优化。

2. 操作

由听课评议组组长上课前5分钟抽取8名学生为观察对象，每小组两人。在被观察对象不知情的状态下由8位教师一一对应详细观察记录该生的课堂行为，记录针对学生个人的精确课堂学情。每位听课教师课后将记录卡交听课评议组，然后备课组长组织骨干教师分析"精确课堂学情记录卡"，形成分析报告提供给课题组，作为学生学情诊断的重要依据。精确课堂学情记录卡如表6-1所示。

表6-1　精确课堂学情记录卡

年级： 班级： 被测学生： 记载人： 周次： 时间：							
节次	学科	激趣环节	预学展示	导学释疑	知识拓展	反馈作业	评价反思
1.参与课堂活动							
2.回答问题							
3.提出疑问							
4.与人合作							
5.任务的完成							
6.无关的活动							
7.未完成的疑问							

现举一例精确课堂学情记录，即学生个体的跟踪式记录。

案例6-3：课堂学情记录

高二(4)班的钱同学是一名待进生，他后排的同学记录了他在一堂课题为《项脊轩志》的语文课上的表现：在激趣环节，钱同学没有认真、积极地听老师的提问和其他同学的发言，而是在随意翻看文言文翻译书。由于预习没有及时完成，他在预学展示环节成了最忙碌的"看客"，周围的同学都在交流探讨，他却在一旁奋笔疾书赶"作业"。在导学释疑环节，全班同学齐读课文，他竟将"呱呱（gūgū）而泣"念成了"呱呱（guāguā）而泣"，惹得身旁的几个女生笑了。接下来的知识拓展环节，他没有积极参与，也没有认真听；当堂的反馈作业，他似乎遇到了许多问题，其间有举手向老师求教，但没有及时巩固反思，课文还不会翻译，甚至本课中的"上、西、手、朝……"活用词语依然似懂非懂。

（二）翻转分析

1. 定义

通过翻转观看上课视频记录学生课堂行为、透视分析学生学能、考量教师课堂环节设置效度的方式。翻转分析式学生记录的灵感源于2007年美国化学教师乔纳森·伯尔曼（Jon Bergmann）和亚伦·萨姆斯（Aaron Sams）等发起的"翻转课堂"。在课堂教学改革考核小组成员的指导下，学生课后通过观看视频观察同学的课堂行为，并从学生视角捕捉记录其他同学的课堂行为细节。主要记录面向全班学生的模糊课堂学情。这种师生都不知情的原生态记录对学生学情分析和诊断最有效，因为它最真实。

2. 操作

由学生学习小组的学科组长或班级学习委员记录，因为学生能从自身的眼光、想法、理解、角度等观察同学的课堂行为会更细致、更客观。前面提及学生参与课堂观察的好处，但在课堂现场本班学生自己就是学习者，他们没有时间细致观察其他同学的课堂行为。为了解决这一矛盾，我们尝试了翻转分析式学生记录的方法。路径有两条：一是将录播教室上课的录像刻成光盘，组织相关学生看视频观察记录同学的课堂行为；二是在监控室截取某教师上课视频供班长和学习委员观看，由他们记录学生的课堂表现及不当的课堂行为。他们把完成的"模糊课堂学情记录卡"直接交给课题组长，供课题组分析诊断学生学情。模糊课堂学情记录卡如表6-2所示。

表6-2　模糊课堂学情记录卡

班级：	学科：	任课教师：	时间：
环节	学生课堂学习行为		
激趣环节			
预学展示			
导学释疑			
知识拓展			
反馈作业			
评价反思			

三、考量学效:分类拟卷·分层选题

(一)分类拟卷

1. 定义

将同一教学内容的课内反馈卷的纸稿按一、二、三类班级分别编制,形成每类班级分离式的反馈卷。其优点是便于教师分类收集分析结果,对学生而言,解题任务明确,行动统一。

2. 操作

反馈卷在课内完成。教师在每节课的后10分钟完成本堂课的教学反馈,不使用幻灯片等手段呈现,而是用纸质卷,要求学生在规定的时间内独立完成,教师即时核对、讲解。具体步骤:定目标(检测、巩固重难点)—定题型(选择题和材料问答题)—定时间(做题6~8分钟,点评讲解2~3分钟,总约10分钟)—定选题(学生选题,一般选择题必选)—定批改(邻座互批,批改者打分、修改并署名,课后任课教师统计)。

(二)分层选题

1.定义

分层选题是针对学生学习水平层次进行分类选择课内反馈卷的题目,

使不同层次学生的学习都能得到相应程度的提升,分层递进的选题方式适应了学生不同层次需求,激发了学生学习兴趣。

2.操作

对于三类班级的学生,应选择基础性的题目(以书本题目和省编作业本题目为主),让其经常体会成功的喜悦,建立能学好的信心,从而提高他们的学习成绩。对于二类班级的学生,除了掌握书本知识外,也要适当穿插一些稍有难度的题目,使其也能有所提高。对于一类班级的学生,在其掌握了书本内容的基础上,有针对性地选择一些有深度或综合性强的题目,充分挖掘其学习潜力,进一步发展其思维的深刻性和灵活性,提升其学习品质,增强其对学习的兴趣。

按一、二、三类班级分层,同卷编制同一教学内容反馈练习,便于不同层次的学生选题的课内反馈卷,有利于不同层次的学生有选择地做巩固练习。

案例6-4:以"中国古代的科学技术"设计的分层联体式课内反馈卷为例

班级	课内反馈卷	评价
三类班级	1.四大发明中促进欧洲采矿业和金属制造业发展的是(　　) A.造纸术　　　B.印刷术　　　C.火药　　　　　D.指南针 2.2008年是郑和首次下西洋603周年,郑和下西洋时采用的一项技术,与今天美国的GPS全球定位系统和中欧合作研制的"伽利略卫星导航系统"具有相似功能。这项技术是(　　) A.指南针的应用　　　　　　　B.造纸术的应用 C.火药的应用　　　　　　　　D.印刷术 3.材料一　英国哲学家培根指出:"……第一种是在学术方面,第二种是在战事方面,第三种是在航行方面。"(　　) 材料二　马克思评论:"……这是预告资产阶级社会到来的三大发明。火药……最强大的杠杆。" (1)请写出西汉时期的书写材料(至少列举三项) (2)根据材料并结合所学,指出四大发明对世界文明进程的影响	

严中样本：农村高中育人新视界

班级	课内反馈卷	评价
二类班级	1.(2009·浙江文综12)中国古代生产和科技在不断进步,中外交流也十分频繁。下列说法中错误的是( ) A.耕作技术大体经历了从"刀耕火种"到耦犁、一牛挽犁的发展过程 B.纺织原料使用的先后顺序是麻和葛、家蚕丝、棉花 C.指南针在明清时期经由海路传入阿拉伯 D.印刷术经由波斯传到西方 2.材料一 《韩非子·有度》载:"先王立司南以端朝夕。……为其不惑也。" 材料二 据《萍洲可谈》载:"北宋有人……阴晦观指南针。" 材料三 鲁迅在《电的利弊》中说:"外国用火药制造子弹御敌……中国却拿来当饭吃。" (1)根据材料一和材料二,指出司南和指南针主要被应用在哪些方面 (2)指南针在近代西欧和中国的不同用途说明了什么	
一类班级	1.(2011年江苏高考3题)据《与公肃甥书》记载:"忆昔时邸报,至(明)崇祯十一年方有活板(版),自此以前,并是写本。"对"活版"理解正确的是( ) A.活版技术从明代开始使用　　B.活版之前信息传递均用手抄 C.活版最早使用的是木活字　　D.活版在四大发明中出现最晚 2.(2010·全国Ⅱ卷文综15)宋人刑昺上疏称:"大臣时业儒,观学徒能具经疏者百不一二,盖传写不给。今(雕)板大备,士庶之家皆有之,斯乃儒者逢时之幸也。"这说明( ) A.藏书成为人们追求的时尚　　B.儒者地位迅速提高 C.技术进步推动了文化发展　　D.儒学得到广泛传播 3.材料一 英国学者威尔斯说:"……而中国文明却没能够在亚洲产生与其相似的现代科学。"( ) 材料二 下列是关于中国古代科技发明在世界所占地位变化的统计表	

年代	科技发明（件）	中国		世界其他国家	
		件	%	件	%
公元1—400年	45	28	62	17	38
公元401—1000年	42	32	71	13	29
公元1001—1500年	67	38	57	29	43
公元1501—1840年	472	19	4	453	96

(1)16世纪前,特别是隋唐时期和宋元时期,中国科技发展迅速,科技发展的主要原因和条件各是什么

(2)16世纪以后,中西方科技发展发生了逆转。结合所学知识,概括16世纪以后中国科技发展的状况。出现上述状况的主要历史原因有哪些

第二节 学与教的变革

　　教育的发展在于改革,教育的改革在于创新,实现育人方式的改革的关键在于实现课堂的改革,课堂教学改革的核心环节是师生教与学的方式的变革。严州中学在多年探索和实践中,形成了三种优化教学环节的策略和八种学习方式。

一、教的变革

　　教的变革指教学方法的改变,包括教学环节的优化、教学主体的突破、教学方法的改革,是提高教育教学质量的关键。

(一)教学流程——教学环节的优化

1. 教学目标优化

　　根据严州中学按一、二、三类班级分层授课特点,采用"加减乘除"策略,设计符合学生学情的分层教学目标。原则是:三类班级"重概念、低起步、多鼓励";二类班级"重归纳、多应用、促反思";一类班级"重探究、高密度、强拓展"。

　　(1)加:给三类班级设计课堂目标在大纲的基本要求下增加激发学生学习兴趣、培养学习信心的要求,对于这类学生而言,尤其在高一前半学期,教师教他们多少知识并不重要,重要的是让他们想学,因此教师要多考虑情意目标。在此基础上,增加知识铺垫目标,为学生搭好支架,使他们能衔接上新学知识。二类班级的目标要增加归纳和应用,一类班级主要增加探究和拓展目标。

　　案例6-5:高一物理"力的合成"——浙江省物理学科教学意见中提到的

教学目标

基本要求	1.理解合力和分力的概念,知道什么叫力的合成。 2.掌握力的平行四边形定则,会用作图法求合力。 3.知道合力不一定大于分力。 4.知道共点力概念,会计算在同一直线上的几个力的合力,会用直角三角形知识计算两个力的合力
发展要求	会定性判断合力大小与两个分力夹角之间的关系
说　明	不要求解两个分力成任意角度时的合力

为了设计一堂学生听得懂的物理课,教师结合本校学生各学科基础相对较薄弱、生源参差不齐的具体情况,对三类班级在基本要求中增加了"知道三角函数中的正弦、余弦、正切的定义及表达"——数学知识铺垫目标,以便数学基础较差的三类学生也能顺利听懂平行四边形定则的应用。对二类、一类班级在发展要求中增加了"理解合力与两分力在半个平行四边形(一个三角形)中的关系"——归纳与应用、探究与拓展目标,为后面的三角形定则及应用的学习埋下了伏笔。教学指导意见的说明部分虽然明确指出:"不要求解两个分力成任意角度时的合力",但对于基础较好的一类班级可增加此目标作为知识的拓展,以培养学生的拓展技能。

(2)减:在目标设计上,按一、二、三类班级分别减少基础与衔接、探究与拓展、归纳与应用等。

案例6-6:语文必修五《报任安书》

本课的教学目标为:1.理解本文的背景与司马迁的遭遇;2.理解本文的思路,认识司马迁的人生观、价值观及其意义;3.学习本文叙事、说理、抒情相结合的表现方法;4.掌握更多实词、虚词与句式,增强语感,提高对文言文的阅读能力。在教学过程中,针对一、二、三类班级,教学目标有一些减少:一类班级学生有较强的知识储备,尤其是对"司马迁"一类的名家掌握材料较多,可淡化对第一个目标的要求;二类班级学生有一定的基础积累,但文本的延伸、运用能力稍弱,对第三个目标要求做一些削减,由"学习……的表现手法"改为"了解并把握……的表现手法";三类班级学生更侧重基础的掌握,在课堂难点问题上应适当放宽要求,在降低第三个目标的前提下,在第四个目标中,将"掌握句式"等要求弱化为"了解一些句式"。

(3)乘:特别重视的课堂目标,体现在三类班级重视陈述性知识,搞清"是什么",掌握教材上的例子、例题及对应性的习题即可。二类班级重视程序性知识,明白"为什么""怎么做",培养学生的知识归纳和迁移能力,指导他们学会反思。一类班级重在拓展目标,理解拓展知识,培养拓展技能。

案例6-7:高一历史必修二"走向整体的世界"

据学科教育指导意见,教学目标如下:1.了解第二次工业革命的前提条件;2.知道第二次工业革命的主要成就;3.了解垄断组织的出现;4.探讨第二次工业革命对资本主义世界市场的影响。教师对三类班级注重第一、二两个目标并将目标细化为"了解第二次工业革命的前提条件,各条件之间的关系;列举第二次工业革命的重大发明、新兴产业,归纳第二次工业革命的特点"——基础知识夯实目标,以便基础差的学生也能在学习中找到成就感,听懂第二次工业革命对世界的影响;对二类班级在基本要求中侧重第三个目标并将其分解为"了解垄断组织出现的原因、表现形式、垄断组织的影响"——归纳与迁移目标,学生既了解了垄断组织是第二次工业革命的结果,又以此为切入点探讨第二次工业革命对世界市场的影响;对一类班级在学习中侧重第四个目标——探究与拓展目标,在梳理世界市场发展过程中辩证地看待世界整体化进程,树立正确的世界意识,基础好的学生也可以在课堂中不会感到知识过于简单,同时能力得到提升、拓展。

(4)除:删除一些不符合或不能满足学生需要的目标。对一类班级来说,陈述性知识要求较低,提前设计这个目标,将它放在学案导学设计的目标中,让学生课前完成,故在设计课堂教学目标中可将其删除。三类班级的目标要降低,将要求较高的知识拓展目标删除。二类班级的删除目标难以确定,他们需要探究,拓展性知识也不可缺少,主要删除拓展性技能。

案例6-8:英语必修4第5单元"Theme parks-fun and more than fun"阅读课

本课介绍了主题公园,第1自然段是关于主题公园的种类和特色的一般介绍,第2、3、4自然段分别介绍了三个不同特色的主题公园(Disneyland,

Dollywood，Camelot Park）来说明主题公园的多样性和丰富性。本课的基本目标是：1. 正确朗读并理解课文中的生词与表达。2. 提升阅读技能（略读与寻读），基本理解文章内容。3. 概括不同主题公园的特点和主题公园的功能。4. 分析文章与段落结构特点和语言表达特点，进行写作运用，提升写作技能。对于这四个基本目标，我们在具体课堂教学目标设置时，根据一、二、三类班级的学情，分别有不同程度的删除：一类班级自学能力强，词汇预习掌握较好，因而删去目标1；二类班级具有一定语言技能和分析能力，但表达能力有所欠缺，因此在第四个目标中，保留"分析文章与段落结构特点和语言表达特点"的目标，删去"进行写作运用，提升写作技能"的目标；三类班级语言基础弱，语言技能和分析运用技能低下，所以删去第四个目标。

2. 教学环节优化

因学情的差异，不同层次的班级课堂教学环节也不尽相同，严州中学制定并实施了基本的课堂教学环节：学案预学—交流展示—疑点分析—巩固反馈—探究拓展，并提供了建议环节：自学质疑、互动探究、知识拓展、知识铺垫等。教师可以根据不同层次的班级、不同的学科特点采用"留删换调"的方法优化课堂环节（见图6-2）。

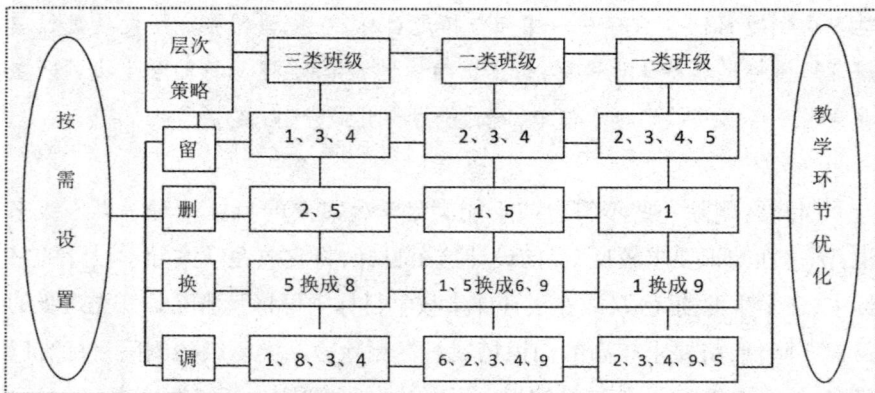

图6-2 教学环节优化实践

注：1. 学案预学；2. 交流展示；3. 疑点分析；4. 巩固反馈；5. 探究拓展；6. 自学质疑；7. 互动探究；8. 知识铺垫；9. 知识拓展。

（1）留：根据学生层次、学科特点及学生学情，在拟定的课堂教学环节中，保留相关环节。三类班级保留了"学案预学、疑点分析、巩固反馈"等环节；二类班级保留了"交流展示、疑点分析、巩固反馈"等环节；一类班级保留了"交流展示、疑点分析、巩固反馈、探究拓展"等环节。

（2）删：在基本课堂教学环节中，有些环节对相关班级并不适用或不重要，我们在教学环节优化过程中大胆地将其删除，由其他环节来替代。三类班级删除"交流展示、探究拓展"等环节，因为这两个环节对于基础较薄弱的三类班级来说要求太高；二类班级删除"学案预学、探究拓展"等环节，因为对基础中上的学生来说，他们能独立完成"学案预学"环节，而"探究拓展"对他们而言要求过高；对基础较好的一类班级，我们删除了"学案预学"环节，重点保证"探究拓展"环节。

案例6-9：高一历史必修一"辛亥革命"

教学中，传统教学环节是：1.学案导学——自主阅读，梳理教材；2.交流展示——自主学习辛亥革命过程；3.合作讨论——教师指导学习辛亥革命的背景、历史意义；4.探究拓展——自主探究辛亥革命与太平天国和新民主主义革命的区别；5.当堂检测——反馈学习效果。为设计一堂学生学得会的历史课，结合学校生源参差不齐的情况，对原教学环节进行了不同程度的删除：三类班级自学能力差、基础薄弱，因此删除第2、4个环节，用袁世凯、溥仪剪辫子的图片代替删除环节帮助学生探究辛亥革命发生的过程、结果；二类班级基础较好，但是历史思维能力不强，因此删除难度较大的第四个环节；一类班级基础较好，接受能力强，因此删除比较简单的第1个环节，侧重拓展环节中对辛亥革命特殊历史地位的探讨。

（3）换：把基本课堂教学环节中的有些环节用其他替换，如设计三类班级的课堂环节时，我们把"探究拓展"环节换成了"知识铺垫"环节，提供一些衔接知识，为学生搭好支架，向更高的发展区攀登；在二类班级，把"学案预学"换成"自学质疑"，把"探究拓展"换成"知识拓展"；在一类班级，把"学案预学"换成"知识拓展"。

案例6-10：英语选修6第4单元"Global Warming"的阅读课

本节课所设置的基本环节是学案导学、交流展示、互动探究、疑点分析、巩固反馈、探究拓展六个环节。上课教师在三个层次的班级中根据班级学生的学情特点对这些环节进行了替换。一类班级：学生学案导学部分的准确率在90%以上，而本课中出现两张图表，学生在预习过程中并未关注，所以课堂教学环节中教师用知识拓展环节（如何描述图表）来替代学案导学环节。二类班级：学生学案导学部分的准确率为85%，故该环节同样替换成知识拓展（如何描述图表）环节。另外，二类班级学生有一定自学和探究能力，但语言知识运用能力欠缺，故原本的探究拓展环节（当堂写作）难度太大，因而教师用自学质疑环节来替换。三类班级：此类学生基础薄弱，语言运用能力低下，语言理解上还存在较大困难，探究拓展环节无法进行，因此教师将其转换为相关基础知识的学习，即知识铺垫环节，主要学习说明文中一些简单的语言表达。

（4）调：依据课堂教学环节的"留、删、换"等方法，我们进行各环节的顺序优化，设计不同层次的班级不同的课堂环节，形成新的课堂教学模式。三类班级学案预学—知识铺垫—疑点分析—巩固反馈四环教学模式，减少了一个环节；二类班级自学质疑—交流展示—疑点分析—巩固反馈—知识拓展五环教学模式；一类班级交流展示—疑点分析—巩固反馈—知识拓展—探究拓展五环教学模式。

案例6-11：高一物理"自由落体运动"

教学过程中，为了尽可能让所有学生在课堂中都有所获，针对不同层次的班级，教师设计了不同的课堂教学环节。对于三类班级由于学生的整体基础较弱，教师将课堂的教学环节设置成：学案导学——引导学生课堂预习，初步了解本堂课的学习要点；知识铺垫——结合前面所学的匀变速直线运动规律，引导学生推导出自由落体运动的计算公式；疑点分析——引导学生解决自由落体运动的加速度特点；巩固反馈——运用自由落体运动的规律解决简单问题。在二类班级的教学中，因为学生的基础相对较好，教师先引导学生自学质疑；后将问题与疑点进行交流展示；接着组织学生互动探究分析疑点(自由落体运动规律的探究实验,自由落体运动加速度的特点等);然后进行巩固反馈(自由落体运动规律的应用);最后将所学知识进行拓展,分析、比较在解决初速度为零的匀加速直线运动和自由落体运动问题的方法与技巧上的共同之处。对于各方面能力都较强的一类班学生而言,教师一般让他们在课外进行自主预习,课堂上直接引导学生进行交流展示问题与疑点;然后与二类班级类似地围绕教学重点,结合学生的疑点组织学生进行互动探究、巩固反馈、知识拓展,最后还要让这些能力不错的学生攀向更高的发展区,增加了探究拓展环节——让学生体会在物理问题研究中科学实验方法的应用与重要意义(应用频闪照片分析、研究运动的基本原理及规律)。

在教学实践中,教师可以依据"留删换调"的原则灵活设置这些课堂环节,如赵老师创设的"非常6+1"高中数学课堂教学模式,她将课堂环节优化为:提出问题—组内讨论—不同组成果汇报比较—教师指导—课堂小结。"非常6+1"对话中心教学模式是一种开放性教学法,课堂教学的形式是开放的,教学内容也是开放的。最后10分钟,教师针对本节课的重点内容设计1~2道抢答题收题,检验本节课的学习效果。在这一模式中,学生充当话题主角,教师成为学习的指导者和促进者。在课堂上,不仅满足了学生的表现欲望,而且调动了学生的积极参与意识。

案例6-12：高一数学"非常6＋1"

组别	组内合作学习时提出的问题（每组提一问题，产生四道必做题）	组内解答结果（互助解题—可求助题）	组外解答结果（竞争解题—抢答题）
第一小组	已知函数 $f(x)=x^2-2\ln x$ 求函数 $f(x)$ 的极值	可求助题1.已知 $|\vec{a}|=2|\vec{b}|\neq 0$，且关于 x 的函数 $f(x)=\frac{1}{3}x^3+\frac{1}{2}|\vec{a}|x^2+\vec{a}\cdot\vec{b}x$ 在 R 上有极值，则 $\vec{a}$ 与 $\vec{b}$ 的夹角范围是_____	抢答题1.(2011高三调研卷21)已知实数 a 满足 $1<a\leq 2$，设函数 $f(x)=\frac{1}{3}x^2-\frac{a+1}{2}x^2+ax$ (1)当 $a=2$ 时，求 $f(x)$ 的极小值；(2)若函数 $g(x)=4x^3+3bx^2-6(b+2)x(x\in R)$ 的极小值与 $f(x)$ 的极小值点相同，求证：$g(x)$ 的极大值小于10
第二小组	已知函数 $f(x)=x^3+ax^2+bx+a^2$ 在 $x=1$ 处有极值10，则 $a=$_____，$b=$_____		
第三小组	已知函数 $f(x)$ 的导数 $f'(x)=a(x+1)(x-a)$，若 $f(x)$ 在 $x=a$ 处取得极大值，则实数 a 的取值范围是_____	可求助题2.(2009天津理改编)已知函数 $f(x)=(x^2+ax-2a^2+3a)e^x$，其中 $(x\in R)$. (1)若函数 $f(x)$ 存在极值，求实数 a 的取值范围. (2)当 $a\neq\frac{2}{3}$ 时，求函数 $f(x)$ 的极值	抢答题2.(2010浙江文科21)已知函数 $f(x)=(x-a)^2(x-b)(a,b\in R,a<b)$ (1)当 $a=1,b=2$ 时，求曲线 $y=f(x)$ 在点 $(2,f(2))$ 处的切线方程 (2)设 x_1,x_2 是 $f(x)$ 的两个极值点，x_3 是 $f(x)$ 的一个零点，且 $x_3\neq x_1,x_3\neq x_2$，证明：存在实数 x_4，使得 x_1,x_2,x_3,x_4 按某种顺序排理后成等差数列，并求 x_4
第四小组	设函数 $f(x)=\frac{3}{2}\ln\left(x+\frac{4}{3}\right)$ 有两个极值点 x_1,x_2，且 $x_1<x_2$，则实数 a 的取值范围是_____		
教师指导	变式：若函数 $f(x)=x^3+2x^2-ax+1$ 在区间 $(-1,1)$ 上恰有一个极值点，则实数 a 的取值范围是_____	课堂小结：	

3. 教学评价优化

轻：淡化结果评价。减少结果评价的时间，避免只盯"死分数"，减少对结果的定性评价，尤其是否定或负面结果的定性，目的在于激发学生参与过程的积极性。

重：注重过程评价。侧重学生学习思路、方法、技巧、习惯和规范等过程评价，鼓励学生自我反思，撰写自我报告或学习体会。评价形式有学生自我评价、学科组长评价和任课教师评价等。评价不但及时反馈给学生，而且放入学生学情档案袋（见表6-3）。

表6-3 英语课过程学习评价表

英语课过程学习评价表				备注
评价内容	学生自我评价	学科组长评价	任课教师评价	每项20分，总分为100分
Pronunciation				
Fluency				
Interesting				
Main plots				
Facial Expression				
总分				

缓：缓拍协约式评价，教师指出学生首次上交学习任务或作业错误后将之发还学生修改，待学生自行纠正后再做评价。缓拍过程是让学生自我反省、自主纠错，使学生获得知识的过程。每次学习任务准许一半的学生缓拍，上中下学生各占1/3。该评价有缓拍评价约定→首次作业指错→学生作业自纠→给予学生评价→缓拍评价感悟五个环节。

案例6-13：胡同学的作文

作文里有这么个句子：It is evident that people who are equipped with honesty, which is likely to win others' respect. 这是一个错句。老师为鼓励她，这样评价说，从 It is evident that——看，你能很熟练地运用所学的句型，这种学习过程和思维意识很好。老师没有马上打分，而是让她总结发现并改正。经过思考，她发现that people who are equipped with honesty中缺谓语，她把原句改为It is evident that people who are equipped with honesty are likely to win others' respect后，老师给了高分。

急：一种是对当堂反馈作业的评价要急。教师控制好学生练习的时间，留足反馈评价的时间。将典型性问题、共性问题分析清楚，对学生答题错因进行分析、探究，还原其错误思路，找准问题症结所在。另一种需要及时评价的作业是那些缓拍后的二次评价,因为这时的学生急于知道他们作业的结果以及老师给他们的定性评价。如果处理得当,将使缓拍式评价更有效。

(二)教学主体——导师组合的突破

导师组合是为提升农村普通高中课堂质量而创新的实施路径,根据不同课程的需要组建、运作。导师组合的有效运作与实施是课堂质量提升的有效保障,严州中学主要从功能取向、生成导向、关系指向三个角度探索了六种类型导师组合。

1. 功能取向的"首席型"和"对等型"导师组合运作

(1)首席型导师组合

首席型导师组合主要应对那些需要集中进行大量知识传授的课程,由掌握课程核心体系的教师导师或具有专业知识技能的技术导师担当首席角色,有利于课程教学设计的快速形成,有利于团队中各导师在课程实施中保持一致性。

其操作流程分为设计教学方案→确定首席导师→明确导师分工→准备教学活动→应用导师组合→总结教学成果六步。首先,由导师组合团队中的首席导师设计选修课程中的课时教学方案,明确课时教学活动的目标、内容及基本步骤、流程;其次,在课时教学方案的基础上,首席导师确定导师组合中各导师的任务、职责,并于课前集中或通过导师工作群分配各导师的工作任务;再次,各导师按照各自的任务进行教学活动的准备工作,以首席导师为核心,其他导师尽职尽责辅助其完成教学工作,特别是要在校外进行教学,需要联系并确定好教学地点、时间,确保教学活动有序进行;最后,在完成教学工作后,做好教学成果的总结和教后反思等工作,为下一次教学活动做好准备。

案例6-14:"模拟导游"之导游专业知识

本活动由具有导游实际工作经验的技术导师董翠香老师设计课时教学方案,以其为首席导师安排课时教学工作;教师导师刘骧老师在辅助董老师教学的同时,做好学生相关工作,学生导师王同学负责课堂活动记录与协调学生学习小组的相关工作……接着,因为是导游知识现场教学,董翠香老师在课前与七里扬帆景区联系,确定好教学的景点与时间;然后,在各导师配合董老师教学工作的同时,还有幸邀请到在景区工作的学生家长担任现场技术指导,教学活动十分成功。此次活动,王同学做了详细的记录,成了导师组合在该课程校外教学活动中实际应用的典型样板。

(2)对等型导师组合

对等型导师组合主要应对那些课型相对自由灵活、实践活动特别丰富、跨学科程度高的课程。对等型导师组合更容易调动团队中各导师的积极性,尤其是调动了学生导师的参与热情,甚至激活了所有参与学习的学生。

其操作流程分为讨论教学方案→完成教学设计→明确导师分工→准备教学活动→应用导师组合→总结教学成果六步。首先,由导师组合团队中的教学导师发起,所有导师通过集中讨论或网络讨论参与设计选修课程中的课时教学方案,明确课时教学活动的目标、内容及基本步骤、流程;其次,教师导师在完成课时教学设计的基础上,共同商议并确定各自的职责、任务;再次,各导师按照各自的任务进行教学活动的准备工作,视课程性质与地点确定导师中的协调员,做好其中的协调工作;最后,在教学活动中合理利用导师组合,以民主集中制为原则,学生导师共同参与,各司其职,保质保量地完成教学工作。

案例6-15:"五水共治中的科学与服务"现场实践教学活动

本活动由课程负责教师李华老师邀请所有参与现场实践教学活动的导师参与课时教学活动设计的讨论,学生导师、家长导师参与了现场讨论,技术导师通过网络进行了远程的讨论;在明确了活动的目标、内容与流程后,对实践教学活动的工作任务进行讨论、分配,由李华老师担任教学活动现场教学的主要指导,由技术导师陈嵘老师解决实践过程中的难题,并从本校邀请化学组叶老师、物理组张老师、地理组高老师担任技术指导,协助导师陈嵘老师,由学生导师沈同学负责活动记录及课堂小结环节的主持工作,由家长导师联系村民并协调实践日常工作;按照既定安排,导师组合工作有序进行,在课堂总结环节,学生导师沈同学表现优异,各学生小组都完成了学习报告与学习总结,小组总结发言现场氛围良好。

2. 生成导向的"预设型"和"即兴型"导师组合运作

（1）预设型导师组合

将教学内容和教学活动按导师自身的角色与特长进行精心设计，安排好每一个环节的内容与活动，让学生积极参与，期待使教学效率最大化。

其操作流程分为共同讨论教学内容→明确导师分工→分别设计教学活动→共同讨论教学设计→完成教学方案→应用导师组合→总结教学成果七步。首先，由导师组合团队成员进行集体备课，对教学内容进行分析讨论，明确课时教学活动的目标、内容及基本步骤、流程；其次，导师们根据自身的角色和特长，商议、协调各自的教学任务；再次，分别设计各自特色的教学活动，利用集中或工作群讨论的方式汇总各自的教学设计并进行调整或修改，设计活动之间的衔接，并由教师导师形成统一的教学方案；最后，在教学活动中合理利用导师组合。

案例6-16："模拟导游"第五篇"感严州教育"教学实施过程

第一步，共同讨论教学内容：从严州教育看严中教育的发展史。定好课时：3~4课时，其中两节课知识学习，两节现场模拟实践。第二步，明确导师分工。教师导师：讲授严州教育相关知识学习，模拟导游知识学习；将学生分组，3人一组。技术导师：现场指导示范，学生分场馆展示。第三步，分别设计教学活动。教师导师：理论知识收集、准备，让学生牢记。技术导师：设计现场学生指导方案。第四步，共同讨论教学设计：时间分配、学生分组、现场模拟注意事项。第五步，完成教学方案：各自准备自己任务。第六步，应用导师组合。第七步，总结教学成果。学生知识掌握记录、现场模拟记录、拍照摄影摄像，重新展示让学生改进，为下一次教学活动做好改进。

（2）即兴型导师组合

即兴型导师组合能充分利用教学过程中的瞬间资源，能让课堂突破原先的设计，让课堂内容与形式更灵活多变，推动课堂向更深层次发展，产生意想不到的高潮，超出预期的效果。

其操作流程分为导师们集体备课→完成教学方案→应用导师组合→捕捉到有利的教学资源→即时聘请导师→临时调整教学内容→即兴导师授

课→总结教学成果八步。由导师组合团队成员进行集体备课,根据自身的角色和特长,商议、协调各自的教学任务,设计各自特色的教学活动,形成统一的教学方案;在教学活动中合理利用导师组合;首席导师捕捉到教学实践中出现的"意外"资源;导师团短暂商议终止原教学设计,现场聘请新资源作为即兴导师;即兴导师实施教学活动;在完成课时教学工作后,做好教学成果的总结和教后反思等工作。

案例6-17:"新家规家训的学习、研究与服务"课程之孝德课

在"新家规家训的学习、研究与服务"课程的实施过程中,有一节孝德课。在教学实施过程中,村口经营小店的邵奶奶听说同学们要收集孝德故事,主动提出让同学们听听他们家的故事。教师导师唐老师了解情况后,组织导师团人员经过短暂交流后决定临时聘请她为技术导师,为学生详细地讲述故事,并让学生暂停其他的采访活动。邵奶奶以鲜活的经历讲述老百姓生活中的孝德故事,让学生耳目一新,感触颇深。邵奶奶这种临时担任的导师属于即兴型导师,往往是教学过程中即兴生产,能让课堂突破原先的设计,让课堂内容与形式更灵活多变,应对突发情况更及时有效,产生意想不到的高潮,超出预期的效果。

3. 关系指向的"合作型"和"竞争型"导师组合运作

合作型导师组合旨在营造团队氛围、融入度,是以合作形式构建一种优势互补的运作形式。竞争型导师组合则彰显时代感,旨在发掘学生潜力,是指同质异组导师以竞争的形式推进的运作形式。

在合作型导师组合的运作中,所有导师共同探讨教学方案并商讨明确教学分工,所有导师一同准备教学活动并进行合作教学。语文、英语、历史、地理等学科的学习中,有大量的知识、问题具有一定的主观性,需要设计一些探究活动,在运用导师组合时更侧重于合作的方式(见表6-4)。

表6-4 英语"Book3 Unit1 Festivals around the world"
中的导师组合运用

导师组合类型	以合作型为主(教师导师2名,英语、历史教师各1名,学生导师若干)	
课前	课中	课后
教师导师活动: 1.导师设计教学目标: ①了解本地文化常识与风俗习惯 ②收集并交流关于春节相关风俗活动的内容,促进学生的学习准备动手能力	环节一: 学生导师播放视频吸引学生的注意力,抓住学生的兴奋点,导入新课 学生导师谈体验感受,揭示学习主题	教师导师活动: 1.完成作业评价 2.有针对性地与学生交流学习感受
③通过课堂交流,提升学生英语的口头表达能力 2.导师分工:教师1(英语)负责整体资料查找和课件准备工作;教师2(历史)负责建德春节传统文化和风俗的收集 3.学生导师活动: 收集本地的春节相关风俗活动的内容,包括照片、录制短视频,并制作相关的课件或视频	环节二: 教师导师(历史)介绍建德春节的传统文化和风俗 环节三: 教师导师组织讨论。学生导师维持讨论秩序,关注讨论的有序性,记录讨论结果 教师导师指导学生讨论总结	学生导师活动: 1.检查同学作业完成和订正情况 2.协助教师进行作业评价

在竞争型导师组合的运作中,每位导师在形成共识的前提下明确教学目标,并引领学生完成分组工作,且原则上每组都有一名学生导师;相应导师分组落实准备工作并开展教学活动;各小组的所有导师需引领组间互动交流与激励;以学生导师为主进行各小组展示与教学成果评价总结。在掌握数学、物理、化学等学科的基本知识、问题分析能力的同时,需要通过一些竞争性教学活动来调动学生学习的积极性(见表6-5)。

表6-5　数学"对数与对数运算"中的导师组合运用

导师组合类型	以竞争型为主(以6名学生导师带领各组收集对数的数学史,分组展示成果,评选优秀组)	
课前	课中	课后
教师导师活动: 1.导师设计教学目标: ①通过对对数的历史资料查询,了解对数的由来及引入对数的作用与意义。 ②学会查找资料的方法,认识倾听、沟通与合作的重要性,培养学生自主学习能力	环节一: 各组派代表展示本组成果,阐述对数的由来,引入对数的作用与意义及对数与指数之间的关系。并分享在收集和整理资料过程中遇到的困难及获得的收获	教师导师活动: 1.由教师1编制课后的巩固练习; 2.教师2作业扫描纠错; 3.教师1和2共同探讨研究,完成二次题组推送; 4.教师1对部分掌握不到位的学生进行作业面批
③通过对数学史的了解,激发学生学习的兴趣和信心 2.导师分工:教师1负责联系机房和图书馆,做好资料查找的准备工作;教师2负责布置任务,并介绍资料查找和整理方法 3.确定6名学生导师 学生导师活动: ①给组员分配任务 ②带领组员查找资料 ③带领组员整理本组收集的资料,并做好PPT	环节二: 由教师评审组选出表现最优秀的组并做点评 环节三: 教师1对各组的汇报做总结性点评,梳理对数的由来、作用与意义以及对数与指数的关系,进而与学生一起学习教科书上对数的概念,并展开简单的指对数互化	学生导师活动: 1.检查本组组员作业完成和订正情况 2.协助教师汇总典型错题 3.帮助组员解决个性化错题(出错率低的少部分学生错题)

二、学的变革

学的变革指学习者学习方式或学习方法的改变,包括四种导向的学习:"情境迁移"导向学习、"学习任务"导向学习、"循序渐进"导向学习、"合作互助"导向学习。

(一)"情境迁移"导向学习

"情境迁移"导向学习指创设多种情况,调动学生各种感观进行学习的方式,包括先猜后学式和演视汇报式学习。

1. 先猜后学式

当新课标题或重要概念等呈现时,我们不急于去讲解,而是留下空白,给足时间让学生预猜,逐步养成先猜后学的学习方式。猜的行为其实就是由新课的某个触发点引起的调动以往经验参与的对新知识引发的情境预猜。有了猜的过程,之后的学就会出现与预猜相悖的结论,从而引起困惑,激发进一步探究的欲望和热情,为搭建新旧知识的桥梁做铺垫。其流程为引起困惑,激发欲望→观察猜测,积极探究→联想迁移,接通认知。

案例6-18:"电场线"教学片段实录

引起困惑,激发欲望

师:下面学习电场强度的形象表示。我们曾学过力、位移、速度等矢量,当时,我们是如何图示这些矢量大小和方向的?

生:用一条带箭头的线段表示,线段的长短表示大小,箭头表示方向。

师:电场强度也是矢量,请同学们画出正点电荷周围的电场强度这个矢量(教师板画正点电荷)。

(学生开始动手画)

师:从图中我们可以很方便地了解这些点的场强大小和方向。如每一点的场强都沿径向向外,离场源越远的点场强越小,矢量的线段就越短。但是,大家试试看,我们能否把每一点的场强矢量都画出来。

生:不能,因为有无穷多的点,没法画。

师:请大家想象,即使能画出来,相邻各点的矢量线段重重叠叠,组成的是一个"一塌糊涂"的图形,而不是一根根的有向线段。那么,如何改进,才能既简单又明了地表示出场强的分布呢?

在这里,教师充分挖掘出了"电场线"教学的智能意义,抓住学生的原有知识基础与现学知识目标的差距,即"用一根有向线段表示矢量"与"电场矢量在空间连续分布"的差距,设计用原来的有向线段图示法,难以描述连续区域内无限多点的场强分布的矛盾情境,引起学生的认知冲突及其探究的欲望,激发学习的热情。

观察猜测,积极探究

学生积极思考,有学生提出,画几条代表性的有方向的直线就可以了。

师:好吧,我们就把图中在同一条直线上的几个矢量分别改画成一条条有方向的直线。这些直线能反映出不同点的场强大小和方向吗?

(学生凝神静思后,有人回答)

生:能表示场强的方向,因为同一直线上的场强都向外,用一个向外的箭头表示就行了。但是,画成一条直线,没有了线段的长短,不能反映不同点的场强大小。

师:对呀!问题的关键就在这里,没有了线段的长短,场强的大小怎么表示呢?大家能不能从另外的角度,即从图像中找到一个隐含关系来反映场强的大小?

(学生对着图像静思,突然有学生叫了起来"我知道了")

师:好!请你讲一下吧。

生:很简单,离场源电荷近的地方场强大,线与线之间的间隔小,离场源电荷远的地方场强小,线与线之间的间隔小,直线之间的疏与密表示场强的小与大。

师:很好,的确如此。我们可以用这些矢量线之间的疏密来表示场强的大小,即电场线密的地方场强大、电场线疏的地方场强小。我们已经找到了能形象化地描述电场强度大小和方向的图示方法,这就是天才物理学家法拉第当年提出的电场线方法。刚才,许多同学也能成功地发现这一方法,只要大家不断努力,将来你们之中也许就有很多个法拉第。

这里,教师设计用原来的有向线段无法表示场强大小的困难情境,促使学生进行观察、猜测、论证的探究活动,变信息联结学习为思维运算探究学习,不仅使学生在愉快的学习氛围中获得了知识,更培养了思维能力。

联想迁移,接通认知

师:在这里,由于电场在空间的连续分布,我们把以前图示中用线段长短表示矢量大小改为用矢量线之间的疏密表示,这一改变,实际上就建立了

一种新的物理模型——"场线模型"，在以后磁场的学习中还会用到。一种新模型、新概念的建立，需要我们打破思维定式，进行灵活的科学创新。

师：在上述点电荷的电场中，从电荷向外的直线上，所有的电场方向都相同，所以电场线是直的。但是，在很多情况下，同一直线上不同点的场强方向是不同的，因此画出来的电场线是弯曲的，在弯曲的电场线上如何表示某一点的场强方向呢？

生：用电场线上该点的切线方向表示。

师：为什么切线方向就是电场方向？

（学生思考）

生：这跟曲线运动中的速度方向类似，当物体做曲线运动时，曲线上各点的切线方向就是该点的速度方向。

师：有没有别的更合理的解释？

（学生思考了些许时间后，有几位学生举手示意想发表意见）

生：把曲线分割为无限多的小段，每一个无限小的小段可看作直的，也就是跟它的切线是重合的，因此曲线上该点的场强方向可用切线方向表示。

师：两名同学回答得很好。前一名同学采用的是类比法，后一名同学采用的是微元法，而这两种方法都是物理学研究中重要的思想方法，希望大家在以后的学习中还要加以体会和应用。下面，我们再来研究几种典型的电场线的特征。

……

教师在这里设计对弯曲电场线方向表示法的质疑情境，诱发学生联想类比、微元分割等思维灵感的突现，并从中体验到成功探究的乐趣。这种学习方式既有学生的主动提问，又有学生的思考探索过程，更有学生自己探究得出的结论。完全符合课程目标要进一步提高学生的科学素养，从知识与技能、过程与方法、情感态度与价值观三个方面培养学生，为学生的终身发展奠定基础的理念。

在这短短的教学片段中，虽然没有实现实验的直观展示，却有学生对物理模型的创造想象和思维操作；虽然没有刻意追求用多媒体装点的动感情境,却有学生在心底自由激烈的思维驰骋;虽然没有超越前人的发明创造,却有学生独立探索灵感突现的思维闪光。在这里,没有学生的解题训练,更没有教师专门的解题指导,却使学生获得了知识的建构、能力的发展和情感的体验,整个过程熔知识、方法、情感教学于一炉,实现了新课程的三维教学目标。

2. 演视汇报式

表演分课前和课后两种:课前表演是预设与新课相关的情境,引发学生对新课学习的兴趣;课后表演是情境再现,如将教学内容改成校本剧搬上舞台,或将授课形式改成辩论会、演讲秀等方式,其目的是提升。2009年,严州中学学生自编自演的《沂水春风》便是很好的中学语文课程校本剧,它是这种学习方式的代表,该剧在建德市(县级)、杭州市(地级)多次成功演出。

案例6-19:课本剧《沂水春风》

课本剧解说:孔子是我国古代伟大的思想家和教育家。根据《论语》的记述,孔子的主要教学方式就是和学生谈话。在谈话中,阐述自己的主张;在谈话中,教导学生做人的道理;在谈话中,表达自己对世间百态的喜怒哀乐……《沂水春风》表现了孔子的礼乐治国的政治理想,也体现了孔子与弟子之间的平等和谐关系,在这里孔子为我们营造了一个宽松活泼的教学氛围,这种氛围成为后世教育者所追求的一种境界。在课堂上,孔子先"问志",随后,弟子"述志",最后,孔子"评志"。短短的三个环节,却表现了弟子的不同性格和他们的理想追求,孔子的评志也恰恰表现了孔子自己的理想追求。孔子以问答谈话的形式与学生探讨"志",对四个学生的"述志",孔子态度不同。子路回答问题时"率尔而对曰",孔子认为"治理国家要讲礼让,可是他说话一点也不谦让",所以笑子路。讲到冉有时,孔子认为"冉有这个人讲得也不谦虚呀,国不分大小,哪里见得六七十里或五六十里见方的地方就不是国家呢",孔子对冉有的回答也不十分满意。评到公西赤时,孔子认为公西赤也在实践礼乐之道,但"公西赤又有些谦虚过头了"。孔子认为,前三个人的治国方法都没有谈到根本上。他之所以只赞赏曾点的主张,就是因为曾点用形象的方法描绘了礼乐之治下的景象,体现了"仁"和"礼"的治国原则。

缘起：倘若在课堂上将"问志—述志—评志"三个简单的环节做一般的处理，课堂会显得单调无味；倘若把孔子的"仁""礼"用说教式的授课，学生的学习效果会大打折扣，更谈不上课堂生活品质了。于是，贾老师尝试了演视汇报式合作学习。

课前准备：课本剧的编排很少有范例，就《沂水春风》课本剧而言，也是严中首创。创意很独到，倒是音乐老师独创性地提出《沂水春风》课本剧的课堂教学处理法，得到了广大语文老师的肯定。杨大为老师根据课文翻译改编，对课文再创作。经备课组老师不断修改，形成初稿。

教室内简单的舞台布置：第一排老师一人，第二排弟子四人，第三排弟子八人，第四排弟子八人。主要对话在第一、二排之间，第三、四排为齐诵。在课堂上几乎没有道具(后来搬上舞台，道具有仿古小茶几、竹简、草席、香炉、汉服、笔、墨、纸、砚等若干)。

课堂演绎：课本剧的教育目的是让学生深入理解文章的内容和思想。而面对内容艰深的古文，学生往往理解不到位，多停留于表层，抑或不能对文本融会贯通。这样，让学生参与课本剧，让学生在实践中体会，当时的情景，体会人物的性格、情感和态度，就很容易让学生发现问题。问题也往往是复杂的、多样的，只有这些问题都一一解决了，文本才能真正地读懂。教学中，学生探讨问题的积极性很强，往往有理有据，但真理往往只有一个。探究真是通向真理的"康庄大道"。我们在编排课本剧的时候，先设定剧本的基本格式，让剧本保持原始性，即不能改变原意。其后，剧本交给学生，让学生背诵台词，润色台词。这个过程中，学生是独立思考的阶段，学生要有个性化的理解。理解文本的含义、理解作品的思想、理解作者的情感、理解角色的特征。同时，我们还要选取部分学生代表来组织演出。这是一个合作探究的过程，每个成员担任不同的角色，承担不同的任务。班长胡钟荣和团支书刘颖是组织者，他们还要负责演员调配和师生的联系。他们既是演员，又是组织者。每位演员，在排练过程中，可能要多次尝试不同的角色，揣摩自己是否融入了角色，但同时，每位演员也都是观众，他们也在审查着其他同学的演出效果。具体做法是：学生揣摩剧本，自选一个角色，然后分成5个小组，每个小组都有孔子、子路、曾点、冉有、公西赤等几个主要角色,学生演完一轮后,再换角色。五轮下来,每个学生都对文本中的人物有了自己的解读。但这种个性化的解读,需要通过探讨来纠错,最终达成共识,形成对文本的正确解读。这个过程非常重要,每个学生通过与他人的比较,同学之间的相互建议或评价,他们往往能够纠正自己认识上的误区。例如,子路的"率尔而对曰",表演中学生开始时是朗读课文,缺少激情。表演时刘颖先表现出子路的率真,她语气坚定、傲气十足,让许多男同学刮目相看。之后,饰演子路时,其他同学也都开始注意这个角色的特点。就连子路走路的姿势和速度,他们都进行了探讨。可以说,角色互换是"海选",也是初探,是纠错。

在上个阶段中,我们的剧本基本定型,学生在实际表演中,是不断汲取他人的经验而丰富自己的经验,他们"取人之长,补己之短"。他们从不同角色的尝试中,总结了自己的特色,最终选定了自己的角色。可以说,他们的合作探究是一种相得益彰的学习方式,是一种互补式学习方式。这种方式是有效的。比如,文本中孔子问志,几个弟子的回答是不同的,孔子的态度也不同。对子路,"夫子哂之",但是为什么"哂",学生理解不深,关键是没有把握孔子"仁"和"礼"的思想核心。在第二个阶段中,我们第六轮选择了几个表演比较到位的学生进行汇报表演。观看的学生注意到了几个细节:冉有、曾点、公西赤等人进退场时的动作,曹晨同学很注意行礼,动作优雅。于是,有同学就悟到了,孔子对周礼的崇尚。那么,夫子哂由,即是子路的率性和鲁莽导致夫子的不满,夫子批评子路不谦虚也就有了缘由。

这以后,其他演员在表演中也都注意到了行礼。这个环节中,观众与演员都有了收获,他们的收获是互补的、全赢的。

后续:由于课堂演绎效果很好,本剧经过加工、完善被选入严中经典舞台"五月花海"表演项目,并取得了不菲的成绩:"五月花海"中《沂水春风》的演出效果得到了观众们的认可,随后被教委推荐到"园丁杯"文艺晚会参演,其后,市委又邀请到本市参加"西湖狂欢节"与奥地利百年乐队同台演出,受到国际友人的欢迎。而后,我们又参加了杭州市萧山区的演出,普通话的推广演出,本市的"江畔纳凉晚会"演出。每场演出,我们都作为压轴戏,而我们也在不断地演出中总结自己、提升自己。可以说《沂水春风》课本剧获得了极大的成功。我们的成功是"求真务实",是创新的成功。

(二)"学习任务"导向学习

"学习任务"导向学习指以任务驱动为中心的学习方式,包括靶心定向式和履行协约式。

1. 靶心定向式

教师根据课堂教学内容和学生掌握知识的实际情况,特别是对每个小组成员的学习能力、心理特征、交往情况的深入了解,设计一个学习任务。这种全班共同解决的问题,我们称之为"靶心",这样的合作解决共同问题的学习方式叫"靶心定向式学习"。我们设计成这样的教学过程:师师互动,合理定题→组员合作,多维解题→代表汇报,详释答题→师生归纳,有效结题。

案例6-20:师师互动,合理定题

王桂影老师执教"洋流"时,探讨如何在新课引入中设计学生合作问题,她先设计了一个引入方式:视频播放"二战"期间,德军潜艇经常来去无踪地从地中海出入直布罗陀海峡,在大西洋袭击盟军。盟军用声呐监听多日,毫无声响。德国舰艇仍然来去自由,盟军损失惨重。(学生观看视频,产生疑问)教师启发:同学们有什么疑问吗? 请大家提出。德国舰艇能顺利通过直布罗陀海峡,自由往来于大西洋和地中海之间,原因是什么呢? 然而,同组教师认为学生对该话题不很熟悉,而同学们对电影《泰坦尼克号》却非常熟悉,于是经同人们探讨,将新课引入的学生合作任务确定为:在41.5°N,4月不容易出现冰山,那么撞击《泰坦尼克号》的"冰山"从何而来? 同学们有什么想法吗? 请大家提出。

组员合作,多维解题

解决辩论题可将组员分工:收集资料、查阅论据、组织成文等,很多类型的问题可多维度思考,一题多解,既完成合作学习的任务,更培养学生的发散性思维水平。

例如,有一次笔者要求学生用不同的词和句子结构翻译这个句子:"生于、长于一个小山村,Jack认得出很多植物。"学生给了多种答案。

从句式上看：

◎Jack was born and brought up in a small mountain village, and he knew many plants.

◎Jack knew lots of plants because he was born and brought up in a small mountain village.

◎Jack, who was born and brought up in a small mountain village, could distinguish many plants.

◎Born and brought up in a small mountain village, Jack was able to recognize large numbers of plants.

从词的运用来看："认得出"，同学们用了 know，distinguish，recognize 等；"很多"，同学们用了 many，a lot of，lots of，large numbers of 等，有的同学甚至误用了 a great deal of，a large amount of 等，这时，教师因势利导，学生对这些词的用法理解就更深刻了。

代表汇报，详释答题

在名词性从句复习中，笔者让学生合作的任务比较宽泛，请小组讨论并汇报"关于名词性从句，你们能解决的相关问题和尚待解决的问题"。小组代表将自主解决的问题及其方法进行汇报，也列出了不少问题。

questions solved	questions to be solved
1.宾语从句的引导词that可以省略 2.whether和if 引导宾语从句时的共同意义 3.用it做形式主语	1.如何识别主语从句、宾语从句、表语从句和同位语从句 2.如何甄别名词性从句的引导词 3.whether与if的区别

师生归纳，有效结题

对小组讨论中比较集中的问题进行相应的排序，鼓励学生积极思考，必要时，教师做适当的解释，以题释点，以点带面。

比如，复习状语从句时，有三个学习小组汇报了"未把握while用法"的问题，笔者列举了以下高考真题并适当解析。

真题展示	解析
①____I really don't like art, I find his work impressive. (2007山东) A. As　　B. Since　　C. If　　D. While	此处while做"尽管"解,引导让步状语从句
②____modeling business is by no means easy to get into, the good model will always be in demand.(2004浙江) A. While　　B. Since　　C. As　　D. If	
③I do every single bit of housework ____ my husband Bob just does the dishes now and then.(2004广西) A. since　　B. while　　C. when　　D. as	While为"而"之意,属并列连词,表对比、转折
④We thought there were 35 students in the dining hall, ____ in fact, there were 40.(2006全国Ⅱ) A. while　　B. whether　　C. what　　D. which	

教师对题目的句意做一定的解释,引导学生思考各句中while的含义,让学生通过分析、探究甚至猜测得出while的功能和含义,真正做到师生归纳,有效结题。

2. 履行协约式

履行协约式学习是指教师依据学生学习特点和学习任务的需要与学生协商约定,制定并分配相应的任务。具体来说,履行协约式学习可以分为两类。

口头约定式。在现实中常有学生差一两分就能考试及格,老师慷慨将这一两分"借出",下次考试从学生考分中"扣除"的实例,事实证明,这样的做法是比较有效的。

行为合同式。行为合同就是以口头或书面的形式规定师生双方的相互义务,指出学生在执行或未能执行合同要求的具体行为时,应得的奖励或惩罚。学生为了获得奖励或避免惩罚,不得不小心谨慎,对自己的行为负责。行为合同能满足学生的某些社会心理需要。

案例6-21:学科学习行为合同列举

攻治学科学习行为合同

订立合同的目的:培养良好的学习习惯,防范不良学习行为。

合同有效时间:在校学习期间。

学习义务及违责惩处:

(1)上课不瞌睡。违者站立上误,直到睡意消失,两次瞌睡则站立上完本课。

(2)做完整的课堂笔记。教师每周检查,如有缺陷者立即补充完善。

(3)按要求完成作业。拖延者须写一份500字以上的说明书。

合同订立者: (同学); (老师)

合同订立时间: 年 月 日

(三)"循序渐进"导向学习

"循序渐进"导向学习指在学习中按照指定的步骤逐渐深入式提高,包括拾级渐进式和结网认知式。

1. 拾级渐进式

拾级渐进式学习就是事先由教师在钻研教材的基础上根据学生的学习困惑,为了帮学生把复杂的学习任务加以分解而给学生搭建学习扶梯,学生则在教师的帮扶下把对知识的理解逐步引向深入。

案例6-22:《记念刘和珍君》的学习过程

学习步骤	学习内容	评价
学生提问确定难点	问题一:文章一开头就是有人请鲁迅写文章,实际又没写;想写又无从写,这是为什么? 问题二:鲁迅的感冒一会儿是痛彻心扉,一会儿是出离愤怒,作者到底想表达什么感情? ……	《记念刘和珍君》以其情感的真挚性、思想的深刻性、高超的艺术价值70多年来吸引着海内外读者,被誉为纪念性文章的典范。在高中教材中显然是块硬骨头。要把一篇各方面都称得上经典的优秀范文轻松地传授给初步具有理性思维的、刚刚升入高中的学生,并非易事。先让学生提问,了解学生在阅读中的困惑,是下一步搭建扶梯的前提

严中样本：农村高中育人新视界

学习步骤	学习内容	评价
寻找切入口搭建支架	教师根据学生的困惑，就主人公刘和珍的事迹提出以下三个问题： 1.既然文章是纪念刘和珍的，那么，刘和珍一定有很多特异的事迹。请找出这些事迹。 2.既然作者相当看重这篇文章，寄予了深厚的情感，那么除了刘和珍的平凡之外，还应当有他的伟大之处。请找出刘和珍不平凡的事迹。 3.既然这篇文章浓缩了作者真切的感情，那么，我们就有可能搞清楚这种情感是什么。请找出作者在文中寄予的深厚感情	如何以学生为主体，以教师为主导，把一篇难度较大的文章化繁为简，传输给学生，使他们既能感受到语言的能力训练，又能从中感受到文学作品的艺术魅力。这确实需要我们进行多方面的思考。在教学中，我们发现最好的办法就是从"建立在有感染力的真实事件或真实问题的基础上"入手。根据这一思路，我们很快找到了解决问题的切入口。也就是从组织刘和珍的信息入手，对相关材料进行有效的编码。因为学生对于人物的故事总是感兴趣的，而主人公刘和珍的事迹在文中是一个重点，又容易把握，而这样的结果比起我们单纯讲解课文，让学生接受要容易得多
支架铺垫建构新知	有了以上这些设计，学生理解课文就容易多了。作者的思想感情基调就一目了然，而文章的难点教学问题也迎刃而解。于是得出以下结论： 首先，是针对刘和珍及其他勇士的，既有惋惜又有敬重(文中这样的例句很多)。 其次，是针对段祺瑞政府及其反动帮闲文人的。既有愤恨，又有鞭挞(文中这样的例句也不少)。 最后，是针对革命者未来的热切希望而言的，在此倾吐了作者内心强烈的时代责任感和社会责任感。揭露了反动军阀的凶残卑劣及其走狗文人的阴险无耻，激励人们继续战斗(这是鲁迅先生一贯精神的表露)	在整个教学环节中，我们紧紧抓住学生中心这个环节，从学生的认知可能出发，把繁杂的问题降低梯度，使学生容易接受。学生普遍反映，这种方法既激发了他们的学习兴趣，又挖掘了他们的学习潜力

2. 结网认知式

结网认知式学习是指学生反复熟练教师教授的本学科知识体系，并借助这一体系将教材中零零碎碎的知识点进行主动的选择、加工和处理,通过新旧知识经验间反复的、双向的相互作用,从而主动地构建自己的知识网络。这种学习方式适用于文科,如地理学科利用地图这一网络记忆行政、物产、山脉、河流等内容,语文学科通过让学生画语文知识树来巩固积累语文基础知识。结网认知式复习有利于学生建立系统的知识体系,提高记忆效率。

案例6-23:潘同学学习方式改进

2010届高三(5)班潘同学,在高二分文理科时,他选择了文科。他当时认为学文科只要多读多记多背就可以了,但事实却令他很沮丧。尽管他读得很苦,背得很累,但成绩就是上不去,尤其是地理成绩很不理想。为此,他一度很自卑,学习情绪十分低落。他的地理老师盛老师见他学得苦却效果差,就对他进行了复习方法指导。盛老师用了一个星期时间,教会了他图文转换法,即无论是学习山脉、河流还是矿产、风情,全都放到地图上去记忆。无论学什么,心中随时都有一幅地图。经过盛老师的指导,该学生熟练掌握了这种方法。自从他运用图文转换法学习地理,成绩就突飞猛进,从原来的及格线上升到八九十分的高分,地理成绩提高后,其他学科成绩也随着提高。高二分班时他被分在树人班,经过一学期之后,他被分在了次崇德班,到了高三,他又被分到了致远班。

(四)"合作互助"导向学习

"合作互助"导向学习指以同伴合作、小组讨论为基础的学习活动,包括首席领雁式和自产自销式。

1. 首席领雁式

首席领雁式是对学习小组建设和学习小组成员学习有效性的研究。一般情况下,每个学习小组确定组长一人,领导或指导本组成员的学习。但我们认为,如果在同一小组内,可设常务组长一人,而合作学习时,每组可以根据各个成员的学科成绩或某一知识块的成绩来确定组长,即成绩最好的人任该学科或某一知识块的学习组长。这样,各成员的积极性会更高,责任心会更强,小组合作学习的效果会更好。我们将这种方式称为"首席领雁式"。

2. 自产自销式

学习过程中,组员将各自的问题在小组合作学习时提出来,成员间互相探讨,合作完成。将无法解决的问题重新提炼,提交全班讨论。在这个环节中,展示学生自行解决的问题和列举有待解决的问题很重要。展示学生自行解决的问题,可以让其他组的同学分享学习成果。列举有待解决的问题,便于师生共同协商,确立教学的主要难点和知识盲点。由于问题的产生、解决都在组内完成,我们称这种方式为"自产自销式"。其教学过程为:组员提问—组内消化—组间分享。

案例6-24:区域地理环境与人类活动

在湘教版高中地理必修三的第一章"区域地理环境与人类活动"第一节"区域的基本含义"这部分内容的学习中,我们在一定程度上采取了这种自产自销式学习。因为这部分涉及从不同角度划分的区域,而由于学生的基础不同,能够理解、记忆的知识也不同,所以,老师在课堂上引导学生采取这种方式学习。具体做法如下。

首先给出学生一个框架——说说你知道的区域,然后学生自己细化——区域的名称、划分依据、更突出于区域的哪方面的特征,学生组内交流6~8分钟之后,每个组派代表汇报自己的问题及组内解答的结果(见下表)。

小组汇报列表

组别	组内合作学习时提出的问题	组内解答结果	班内评价
第一小组	1.区域主要特征中提到区域界线有的模糊、有的明确,具体说说 2.季风区与非季风区的大体范围是怎样的 3.有没有其他的区域分界线也是以山脉为界的 4.是不是很多自然地理分界线都是山脉	1.比如中国和俄罗斯的边界,这类行政界线一定是明确的;季风气候区与非季风气候区的界线就是模糊的 2.季风区与非季风区的分界线我们初中讲过:大兴安岭—阴山—贺兰山—巴颜喀拉山—冈底斯山 3.有,比如我国地势三级阶梯的分界线 4.不一定,比如南北方的分界线是:秦岭—淮河一线,这里不仅有山脉,还有河流	本组的合作学习回忆了很多初中所学的知识,解决了对初中知识遗忘的问题

组别	组内合作学习时提出的问题	组内解答结果	班内评价
第二小组	1. 刚才老师上课时给我们那么多春联，体现不同的区域特色，我们可不可以归纳一下每个省份的特色？比如一说到这个特色我们就想到这个省份 2. 我觉得那个沃野是不是指黑土地	1. 苍松雪岭沃野龙江——黑龙江；雾凇垂挂——吉林；大草原乳飘香——内蒙古；有高山有雪莲——新疆；扎西德勒——西藏；盐湖钾肥——青海；大熊猫——四川；孔雀舞——云南；山水甲天下——广西；粤语——广东；超级女声——湖南；龙井茶——浙江；五岳独尊——山东 2. 是，主要指三江平原	通过区域特色的描述，复习了分省地理，而且大家也觉得很有兴趣。并且，这些省区的界线都是明确的
第三小组	1. 教材上有好几幅不同区域的图片都写了地区，但是如果没有写的话，我们能不能根据图片判断出地区 2. 可有一些原始森林也郁郁葱葱的呀 3. 感觉有很多区域的特色好像不光是书本上的描述，还有很多其他东西	1. 一片沙漠风光，肯定是沙漠，至于是热带还是温带，可能就不能直接判断了；植被高大、郁郁葱葱，又有大量的藤本植物应该就是热带雨林吧，系数高槽是典型的热带草原；云在身边流动肯定是高山或者高原 2. 所以这种情况只能说是热带雨林的特点，或者说作为判断的部分依据，又或者说是区域的特色 3. 所以大家关注区域特色的角度不同	着重关注区域特色。这也是区域的主要特征之一
第四小组	1. 我镇算不算一个区域 2. 我镇有什么特色 3. 我镇和其他区域有哪些联系 4. 我镇这个区域有什么优势	1. 算 2. 千年古镇、玉泉寺 3. 很多呀，比如去药店我们可以买到冬虫夏草，就说明我们与西藏联系，街上可以买到杧果，说明我们和海南这些南方地域联系 4. 历史上最大的优势就是三江口，那时候运输以水运为主，三江口多好的优势呀	关注乡土地理，本土文化

　　通过学生的分组合作:组员提问—组内消化—组间分享，既解决了学生的个别问题，又解决了老师课堂上不能带领学生把当初所学知识重新复习一遍的问题。

第三节　推进"做中学"

美国著名实用主义教育家杜威1900年提出了"教学合一"的教学理论基本原则。杜威认为：最好的教育就是"从生活中学习、从经验中学习"。"从做中学"也就是从活动中学、从经验中学，它使得学校里知识的获得与生活过程中的活动联系了起来。学生在"做中学"锻炼自己的动手能力，而教师在"做中教"不仅可以促进自身水平的提高，也可以在做中发现实际问题，而传统的纸上谈兵难以触及实际遇到的问题，即使有问题，也只是处于表象的状态，没有学生在实际动手中体现得那么具体，更能调动学生的学习热情和兴趣。推进"做中学"契合了新时代育人方式改革的要求，也是实现立德树人的重要方法。严州中学从知识贯通、学科融通、学做互通三个方面推进"做中学"。

一、知识贯通

知识贯通指融合多方面的知识，通过主题式整合和项目化构建的方法达到会学会用的目的。

（一）主题式整合

主题式与单元整合相似，就是在遵循科学的学科教学观下，依据学科阶段目标以及学生的身心发展特点，以教科书的基本单元为依托，结合相关整合策略，将课内与课外的学习资源进行重构、统整，达到有机的融合，体现教学的整体性与科学性，使课堂更加生动活泼，让学生在学习中进行比较、归纳、质疑、推断，进而提高学生的求同、比异、推论、整合、判断等能力以及培养学生的创新能力、问题求解能力、决策力和批判性思维等高阶思维能力。

1. 知识内联式整合

知识内联式整合是指在一个专题单元内找到知识点之间联系的点，由这个联系点纵向地将前后知识进行主题式的统整。

单元整合教学法充分利用统编教材单元编排特点，立足单元整体教学，突破教材单元编排顺序的限制，聚焦同质，通盘考虑，整体设计，深刻认识并合理运用同一主题下各部分内容之间的内在联系，让它们相互支持、互为资源，让每一部分内容的教学成为单元教学构成中的一个点，这个点在结构中既承前又启后，与系统中的其他点组合起来，发挥超越自身强大的整体力量。

案例6-25：政治"经济生活"第一单元

以"经济生活"第一单元为例。确定主题为"消费"，可以细分为"货币""价格""消费"三个小专题，确定主线"人民的生活水平"，通过问题情境的创设将专题知识串联起来。以猪肉价格上涨引入。问题一：菜市场上的猪肉是商品吗？作为商品的猪肉为何可以用于交换？以此引出学生对商品的两个基本属性的讨论。问题二：货币为什么能作为商品交换的媒介？引导学生思考货币的价值尺度和流通手段两个基本职能。问题三：猪肉为什么会上涨？物价上涨会影响人民的生活水平吗？可引导学生关注生活，了解时事。猪肉上涨是综合因素影响的结果，从经济生活方面来说，非洲猪瘟、猪周期、禁养令等因素造成生猪产能下降，市场供应紧张，引起猪肉价格上涨。物价是影响消费的重要因素之一，物价上涨会影响人们的购买力，从而影响人们的生活水平，不利于扩大内需。问题四：如何平抑猪肉价格？引导学生探讨得出：①价值决定价格，生产者提高劳动生产率，降低成本，从而降低物价；②供求影响价格，扩大生猪生产规模，增加供给，供过于求，物价降低。问题五：如何扩大内需，提高人们的生活水平？引导学生串联知识，影响消费水平的根本因素是经济发展水平，主要因素是居民收入，要提高居民消费水平就必须保持经济稳定增长，增加居民收入。通过问题的层层探究，将第一单元的三个小专题联系起来，避免知识碎片化和出现知识不能灵活准确运用的问题。

在教学中可以通过构建知识网络将这些知识落实，理解每个专题的内容不是彼此孤立的,而是有着内在的逻辑关系。本单元的知识体系的构建见下图。

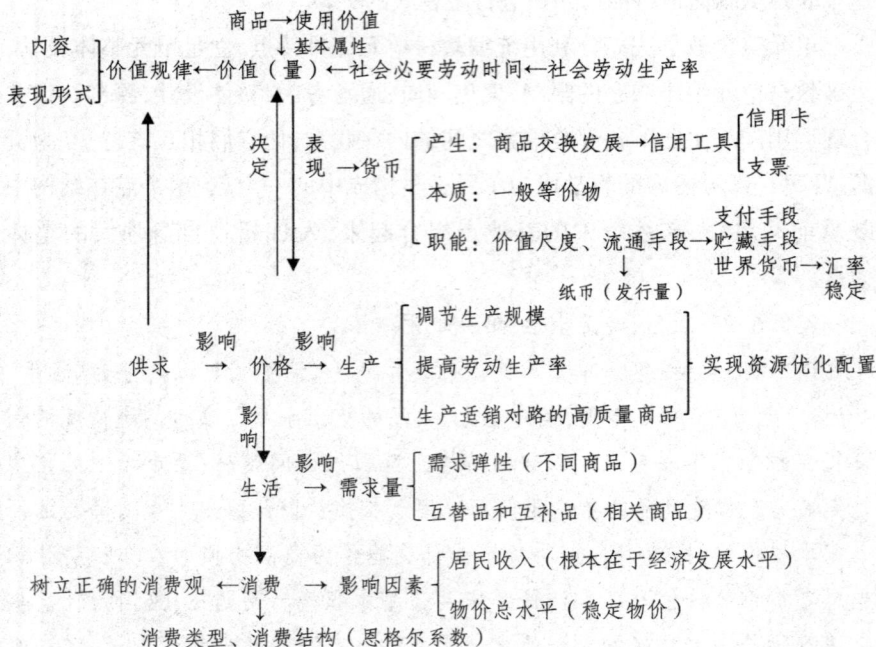

政治单元知识体系图

2. 知识外联式整合

知识外联式整合是指从知识的内外联系中找到联结点,由联结点对教材进行横向拓展,增强生活的联系。

以主题组织内容的编排方式不但有利于加强单元内部内容的勾连,便于充分利用教学资源,更为基础性、结构性教学内容与生发性教学内容的联结提供了可能。所以,我们还应根据教学需要,扩展主题内容,努力开发教学资源,加强主题内容与学生经验世界和现实生活的联系,真正实现在生活中、实践中学习。

案例6-26:皂化反应实验

一、情境引入,明确任务

第一届严州中学梅城校区学科文化节化学组老师给高一、高二学生安排的任务是独立完成皂化反应实验。

二、收集资料,制订方案

酯、油脂的内容在苏教版化学2课本第72～73页,高一学生还没学到。老师首先要求学生预习课本内容并完成学案。

雪娜内容:

1. 油脂

(1)高级脂肪酸

如硬脂酸的结构简式是$C_{17}H_{35}COOH$,甘油又称＿＿＿＿＿＿＿＿＿＿＿＿＿,结构简式为＿＿＿＿＿＿＿＿＿＿＿＿＿＿＿＿＿＿＿＿＿＿＿＿＿＿。

(2)油脂的组成

油脂属于＿＿＿＿＿＿＿＿＿＿＿＿＿＿＿＿＿＿＿＿ ,属于＿＿＿＿＿＿＿＿类。是热值最高的＿＿＿＿＿＿＿＿＿＿＿＿＿＿＿＿＿＿,也是一种重要的工业原料。

(3)油脂的结构

油脂的分子结构比较复杂,可以看成＿＿＿＿＿＿＿＿和＿＿＿＿＿＿＿＿＿发生酯化反应的产物。天然油脂的主要成分都是高级脂肪酸甘油酯。常见的硬脂酸甘油酯的结构简式:＿＿＿＿＿＿＿＿＿＿＿＿＿＿＿＿＿＿＿。

2. 皂化反应

(1)油脂在碱性条件下的水解——皂化反应

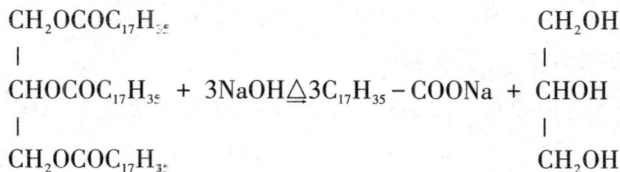

$$
\begin{array}{l}
CH_2OCOC_{17}H_{35} \\
| \\
CHOCOC_{17}H_{35} \ + \ 3NaOH \ \triangle \ 3C_{17}H_{35}-COONa \ + \\
| \\
CH_2OCOC_{17}H_{35}
\end{array}
\qquad
\begin{array}{l}
CH_2OH \\
| \\
CHOH \\
| \\
CH_2OH
\end{array}
$$

肥皂的主要成分＿＿＿＿＿＿＿＿＿＿＿＿＿＿＿＿＿＿＿＿＿＿＿。

(2)由油脂制备肥皂

①如何证明油脂已经水解完全?＿＿＿＿＿＿＿＿＿＿＿＿＿＿＿＿＿＿

②如何分离硬脂酸钠和甘油?＿＿＿＿＿＿＿＿＿＿＿＿＿＿＿＿＿＿＿

三、自主协作,具体实施

学生预习课本内容后,老师要求列出实验所需的仪器和药品,并设计实验方案。同学之间可讨论完成。

仪器：烧杯、玻璃棒、铁架台（带铁圈）、纱布、量筒（10ml、50ml）等

药品：油脂、95%乙醇、40%的 NaOH 溶液、饱和 NaCl 溶液

实验方案：

（1）在烧杯中加入 5ml 液态植物油、6ml95%的乙醇，微加热使植物油完全溶解。

（2）在（1）的反应液中加入 6ml40%氢氧化钠溶液，边搅拌边小心加热，直至反应液变成黏稠状。用玻璃棒蘸取反应液，滴入装有热水的烧杯中，振荡，若无油滴浮在液面上，说明反应液中的油脂已完全反应，否则要继续加热使反应完全。

（3）在（2）的反应液中加入 60ml 热的饱和食盐水，搅拌，观察浮在液面上的固体物质。用纱布将固体物质沥干，挤压成块。

学生实验：

学生两到三人为一小组，根据制订好的实验方案进行实验。实验要求小组内同学团结协作，安全第一。

四、点拨引导，过程检查

在学生实验过程中，老师巡视指导，实验规范操作。实验结果：少数同学未得到肥皂，有产品小组也是产量有多有少。教师引导学生从油脂的溶解、反应是否完全、盐析是否充分等进行分析。

五、展示成果，修正完善

反应得到的硬脂质酸钠用纱布过滤后挤压成块即为肥皂。这种实验条件下得到的肥皂，碱性较强，实际的工业生产中可以根据需要降低碱的浓度，并严格控制配料比，然后做成好看的形状；还可以添加不同的香料、药物，做成香皂、药皂等。

六、分析结果，完成报告

实验结束后要求学生完成实验报告。报告的内容有：实验名称、实验目的、实验原理、实验仪器和药品、实验步骤、实验结果及分析等内容。

本次实验结束后，学生都表示喜欢动手做，收获满满，希望还有机会再次参与。

(二)项目化构建

项目化构建指通过项目化学习的方式来达到知识的融会贯通,包括项目确立、项目规划、项目实施三个部分。

1. 项目确立

（1）项目基础

项目主题的确立基于课程标准、教学内容和学生经验。以教材某个章节知识为基础结合课程标准对相关知识的目标导向和学生相关生活经验的情况,确定贴近学生、贴近生活的学习项目。

（2）项目来源

项目主题来源于身边所要解决的问题以及当今社会的热点问题。真实性是进行项目活动的一大特征,项目越是真实的、有意义的,越贴近生活、贴近社会,就越能激发学生的兴趣和学习的欲望。

在项目活动中,通过情境问题的创设来引导学生进行问题的思考与讨论,学生可以通过小组间进行思考、探究,结合现实来讨论项目,并在过程中达到自主进行知识建构的目的,培养学生的综合能力。

2. 项目规划

（1）确定项目学习目标

项目学习目标是基于新课程标准进行设计的,项目目标设计要能够体现相应的学科核心素养,从而从目标出发来培养学生的学科核心素养。

（2）明确项目问题

项目的确立是基于课本内容与课程标准的,是教材中具体某章节内容,对该内容的学习主要是通过小组合作探究的方式在课堂上进行探究,主要以问题的形式来进行,那么就需要将项目进行拆解,确定项目的核心问题、驱动问题。

核心问题:核心问题就是与项目主题息息相关,基于课程标准与教学重点,能够激发学生学习探究兴趣的问题。核心问题一直贯穿于项目中,能够引起学生的深度思考,也是本次项目最终想要让学生达到的深度目的。

驱动问题:驱动是围绕为主题中某一个知识点设计的具有可操作性的

问题链。大多属于开放性问题、探究性问题。

3. 项目实施

(1)教学过程

围绕项目主题选取教学内容,通过情境的创设与问题的设计,让学生在掌握基本主题知识的基础上,对项目与人类活动的关系有一定的认识。驱动问题与核心问题,采用小组合作探究的方式来进行。最后要进行总结反思,每个小组选择一个人来汇报、展示自己小组的合作探究的成果,小组的其他人员进行补充、说明。在汇报、展示过程中,别的小组的成员可以对其进行提问和质疑,也可以进行补充。教师在小组展示过程中对学生进行中肯的评价,并对知识进行归纳总结。

(2)项目作品

在课堂上通过学习、小组合作探究完成项目主题的学习后,再以小组的形式来设计并制作能够体现项目主题的项目作品。形式不限,可以课上与课下相结合来完成。根据项目主题与项目的核心问题,每个小组在课下利用零散时间来设计其项目方案,利用一课时的时间向教师展示其方案并解决方案设计中存在的问题。教师可以给予学生一定的建议和关于项目作品的参考设计,例如,设计一幅知识网络图,或者写一篇关于项目主题的小论文,或者是小情景剧等。

二、学科融通

学科融通已成为当代科学研究的主流方向之一,有效提高了知识创新的速度,学科交叉、思维交叉是创新的动力和源泉,因此严州中学试从学科融通的层面探索育人的有效方式。学科融通可以分为浅层融通和深层融通。严州中学从学科融通上激发学生学习兴趣,提高学习主动性,培养多学科交叉融通的思维意识。

(一)浅层融通

浅层融通指的是学科的形式融通和知识融通。

1. 形式融通

形式融通指的是学科之间较为简单的组合式教法,各个学科元素尚处于彼此独立的状态,并没有形成深层次的融通。典型的有双语教学,如严州中学部分课堂采用导师组合形式,一节课中有多个学科老师同时教学,当课堂涉及相关学科知识的时候则由当科老师进行讲解。学科形式融通的特点是开始有意识地打破学科的界限,但还处于初级阶段,学科知识并没有围绕某一个主题进行整合。

2. 知识融通

知识融通是指从某一问题出发,对学科交叉知识进行整合。在中学教学中,知识融通教学可从如下几个方面展开。其一,文理科知识融通。找到文科知识内容与理科知识内容之间的契合点,实现人文与科学并重,为打造全面发展的综合性人才奠定基础。其二,发挥知识功能。在中学教学中,不必过于强调学科之间的界限,且各科教师也应认识到这一点,以发挥知识的功能为主要目标,引导学生不断地尝试和探索,自如地运用所学知识解决问题。其三,教师自身要强化对知识的积累。学科知识融通的前提是学生具备一定的知识基础,并且善于思考和解决问题。这就要求教师不仅要掌握本学科知识内容,也要对其他学科内容有所涉猎,这样在教学过程中才能为学生拓展知识创造有利条件。

案例6-27:学科融通教学之《琵琶行》教学案例

音乐艺术是听觉艺术,如何用文字把这看不见、摸不着的抽象艺术形象化地表达出来,最普遍采用的一种手法是比喻。

1. 诗的第二段连续用了八个比喻描写音乐,请同学重点研读第二段,找出这八个比喻句。

2. 八个比喻分别描摹了音乐的哪一项特征? 音乐的旋律有什么变化?

比喻	特征	变化
如急雨	粗重急骤	
如私语	轻微委婉	急促—愉悦
大珠小珠落玉盘	清脆圆润	
鸟语花底	婉转流畅	
泉流冰下	阻塞压抑	轻快—停顿
冰泉冷涩	清冷凝滞	

银瓶乍破	激越奔涌	
铁骑突出	高亢雄壮	爆发—高昂
如裂帛	短促急迫	戛然而止

3. 八个比喻有什么特点？

以声喻声，使用大家熟悉的、类似的声音作比喻，写出了音乐的五彩缤飞和疾徐抑扬的变化，使人有亲耳聆听之感。比喻是描摹音乐的一道美丽的风景线。善用比喻，能使我们领略音乐的无穷魅力。

诗中凭借形象的比喻，使读者仿佛听到了那或轻或重、或快或慢、或高亢激越或低回婉转的余音绕梁的乐声，同时也体会出各种不同音色中包含的思想感情。

(二)深层融通

深层融通指的是思维融通，主要是指基于不同学科的问题分析与解决经验来解决问题。在中学教学中，思维融通可从如下两个方面展开。其一，坚持感性与理性结合。不同学科对学生思维特质培养的侧重点有所差别，学科交叉学习有助于丰富学生的情感体验。例如，语文教学中有很多感性的知识内容，而理科教学会传递给学生更多的理性认识，将二者有效结合有助于引导学生建构新的思维模式。其二，以设计思维为理念开展学科教学实践。不论是核心素养导向还是基于现实社会对人才的需求，新一代学生未来将面临更多的新挑战和新问题。从思维层面来讲，学生需要打破固化的思维模式，敢于创造。以设计思维为理念开展教学活动，就是要为学生发散思维创造条件，启发学生换个角度思考问题，增强学生思维的灵活性。知识融通与思维融通不是相互割裂的，在实际教学过程中，二者相互统一，共同发挥作用。把握不同学科知识之间的联系，教师可结合某一知识模块，交叉渗透学科知识，增强学生知识学习的系统性。在这一过程中，学生的知识得到拓展，思维得到训练。

案例6-28："五水共治"中的科学与服务

污水处理是处理水污染的重要过程。采用物理、生物、化学的方法对工业废水和生活污水进行处理以分离水中的固体污染物，并降低水中的有机污染物和富营养物(主要为氮、磷化合物),从而减轻污水对环境的污染。处理污水的方法很多,一般可归纳为化学法、生物法和物理法。

一、化学法

污水化学处理法是通过化学反应和传质作用来分离、去除废水中呈溶解、胶体状态的污染物,或将其转化为无害物质的污水处理法。以投加药剂产生化学反应为基础的处理单元有混凝、中和、氧化还原等;以传质作用为基础的处理单元有萃取、气提、吹脱、吸附、离子交换以及电渗吸和反渗透等。有污水臭氧化处理法、污水电解处理法、污水化学沉淀处理法、污水混凝处理法、污水氧化处理法、污水中和处理法等。

二、生物法

生物处理是目前比较常用的污水处理方法,它是利用生物的新陈代谢把污水中存在的各种溶解态或胶体状态的有害污染物转化为无害化物质,该处理方法不需要高温高压,在通常的温度下和压力下经过酶催化就可以处理。因为微生物来源广泛、容易培养、繁殖快、适应性强,通过简单的工艺方法就能够实现大量处理,且成本低,无二次污染,因而被广泛应用于污水处理。

污水的生物处理工艺实际上就是人工模拟和强化自然界生物过程的结果。污水的生物处理涉及相当多的机制,其中最主要的是微生物对有机物的生物降解作用,其次还有吸附、沉淀、气提以及所伴随的某些简单或复杂的化学反应。按微生物降解的过程和产物的不同,微生物处理主要分为好氧处理、厌氧处理和兼氧处理。

三、物理法

污水物理处理法就是利用物理作用,分离污水中主要呈悬浮状态的污染物,在处理过程中不改变水的化学性质。物理法的处理技术有以下几种:沉淀(重力分离)、筛选(截流)、气浮、离心与旋流分离。

三、学做互通

学与做是互通的,二者是你中有我,我中有你,互相渗透,互为因果。一方面,可以以学带做,以学引做,以学导做,以学促做。学,出于前,在于先,

是做的引领者、带动者；另一方面，又能通过做，检验学，改进学，深化学，落实学。做，殿于后，归于终，是学的随行者、相伴者。严州中学从"做中知""做中智"两个方面推进"做中学"，以期达到学做互通的效果。

（一）做中知

"知"既包括动词知道、懂得、了解等的含义，也包含名词知识、学识等方面的含义。"从做中知"是学生在参与学科实践活动的过程中，既获得了对学科方面的体验、了解，同时又在深层次方面获得了对学科的感悟和认知。例如，学生在演唱某一民族的民歌时，给学生讲解这首民歌的地域特点、创作背景及音乐特点等；演奏某种乐器时，给学生讲解乐器的介绍、民族乐器的制作过程等方面的知识，让学生不单单掌握怎么去演唱和演奏，而是更深层次地了解歌曲和乐曲、乐器背后更深的文化内涵。

案例 6-29：探究活动"我是一名气象员"（邀请地理老师进行指导）

教师引导学生分析温度曲线图和降水量柱图，进而结合中国地图分析中国不同区域所属气候类型，并归纳其气候特点以及代表地方进行连线，如下图所示。

热带季风气候	呼伦贝尔草原	海拔高,终年低温
温带季风气候	吐鲁番	夏季高温多雨,冬季寒冷干燥
温带大陆性气候	武夷山	全年高温,分旱、雨两季
亚热带季风气候	海南	常年降雨少,昼夜温差较大
高原山地气候	青藏高原	夏季高温多雨,冬季温和少雨

气候类型

设计意图：教师结合中国地图以及分析温度曲线图和降水量柱图，引导学生知道中国不同地区的气候类型以及特点，为各群落类型的代表生物设计的下一个探究活动做铺垫。

(二)做中智

"做中智"指在做的过程中,人认识、理解客观事物并运用知识、经验等解决问题的能力,包括想象、思考、判断、推理等。包括在做的过程中知识和技能的应用、在做的过程中对所学知识的原理和思想的领悟等。

在学科融合过程中,注重把课堂所学的学科知识有效地运用于解决实际生活中和其他学科中的问题。方法有:围绕学科知识扩充知识和资源;教师选择从学科知识与生活实际联系紧密的事件设问和创设情境,帮助学生知识迁移;在研究性学习中,研究课题的选择要与学科相结合。可以通过开发与学科课程紧密相关的课题,学生在独立研究过程中主动获取知识、应用知识解决问题,从而发展创新能力。

案例6-30:探究活动"农场大丰收"

学生扮演农场主,准备椰子、哈密瓜、茶叶、青稞等经济作物,牦牛、啄木鸟、猿猴、野驴、蜥蜴等动物。事先准备好以上动物和植物的生长特性与形态特征,课堂呈现给各小组。设置问题,假设你是以上地区的农场主,请你给各农场挑选合适的作物和动物,并简单说明理由。根据以上农场主的选择,我们进行分类,它们分别属于什么群落类型。

请大家思考:从整个地球的气候、地形和其他环境条件分析群落的主要类型有哪些?

设计意图:该探究活动是本节课的重点环节,培养学生综合考虑地理和生物适应性等综合因素来解决分析问题的能力,从活动中体会到生物与环境相适应的关系,体现生物学科素养中的进化与适应观。

第四节　作业改革

　　作业是为了检验课堂教学效果，由教师布置并要求学生独立进行的学习活动。作业的基本作用是帮助学生消化、巩固所学知识，训练技能，培养学生的学习习惯和学习能力。在一定程度上讲，作业是教师围绕既定教育教学目标而进行的学习设计，是课堂教育教学的延续和有益补充。

　　2019年6月发布的《国务院办公厅关于新时代推进普通高中育人方式改革的指导意见》中指出，要全面提高普通高中教育质量，实现育人方式改革。树立新育人的思想，也需要树立新的作业观。2019年12月，教育部考试中心发布《中国高考评价体系》，主要由"一核""四层""四翼"三部分内容组成。新高考评价体系要求对作业进行重新整合和设计。提高作业设计质量，精心设计基础性作业，适当增加探究性、实践性、综合性作业。积极推广应用优秀教学成果，推进信息技术与教育教学深度融合，加强教学研究和指导。严州中学作业改革在遵循个性化原则、开放性原则、实践性原则的基础上，在探究性作业、实践性作业、综合性作业方面进行了有益探索。

一、作业改革原则

（一）个性化

　　个性化，简单来说，就是为每个学生设置私人定制式的作业。个体因遗传、环境、教育等因素的影响，导致不同的个体在智力和非智力上有差异，其认知方式、学习方式，理解力、接受力不同。在新课标里也提出"关注学生的个体差异和不同的学习要求"，因此在教学上应尽力因材施教。又因不同的个体智能结构不同，就是同一个体也有智能偏向。因此，在作业的设计上应照顾到不同层次的学生,让每个学生都尽其所能,有所收获,只有这样,才能满足素质教育面向全体学生、关注每个学生的个性发展的要求,才能激发每个学生的学习积极性,开发其潜能,让每个学生都能"跳一跳,摘到桃子",尝到成功的喜悦,树立学习的自信心,促进学生共同发展。

实行个性化的作业就要改变几十人一份的现象。个性化的作业才能让每个学生都有积极性,自己解答自己的练习,进而养成独立思考的习惯,养成自主学习的能力。只有学生自己独立思考,才能使学到的知识进行有效的消化,使新知识与原有的知识结构融为一体,构建出属于自己的新的知识结构,才能提出属于自己的观点、看法,"养成独立的人格、独立的价值立场,成为一个不依附、不屈从、不忍受的新人",成为一个全面发展的"真正的人"①。个性化作业是尊重学生的体现,也是落实学生为主体的体现,同时也是进行有效教学的手段。

(二)开放性

开放性是指由于解题方法和策略的不确定性,使得不同水平层次的学生可以从不同的角度提出合理的解决方案。学生的智力水平是不一样的,学习水平也有多种层次。现在很多的作业选材以课本为中心,较少关注作业与其他学科和生活的联系,很多作业都是课堂内容和书本知识的再现,条件简单,结论僵化,解法呆板,答案唯一,它虽然能短时间提高学生掌握知识的效率,适合考前突击,但却容易使学生形成狭隘封闭的知识观,阻碍学生思维、素质的发展,不利于培养学生的创新能力。开放性试题能够考查培养学习者的观察、联想、分析、类比、归纳、概括、演绎、综合等思维方法,由于问题的发散性,给解题者提供广阔的发挥空间,也给解题者创新能力的培养提供良好的机遇,通过探索多个解决问题的方法,创造新思想和新方法,选择多种途径并确定最佳解决方案,促进学生更快更好地发展。因此,新作业观认为应该在常规作业的基础上设置恰当的开放性作业,可以提供机会让学生学有所用,把在学校学习到的知识用来解决生产、生活和实验中的实际问题。

---

① 钟启泉.研究性学习理论基础[M].上海:上海教育出版社,2003.

（三）实践性

实践性是指在作业设计中倡导学生的亲身体验，把学到的知识融入实际操作中、实际生活中，让学生在活动中学习知识、检验知识。通过反复的实践操作、观察模拟等方式，对事物、规律进行验证，使学科理论得到补充、体验和证实，同时学生也掌握了学科技能，涵养了学科核心素养。实践性作业强调学生的亲身经历，学生在自我操作中发现和解决问题，体验和感受生活。实践性作业不必要求当天完成，可以给一周或更多的时间。在实践过程中，学生将很多学科知识运用其中，在操作过程中有时候还要综合运用各学科的知识，以培养学生的综合能力。这样的作业不仅使学生感受到学科的趣味和实际用处，而且培养了他们运用学科思维方式去解决日常生活问题的能力。但此种作业要注意让学生力所能及，培养学生的实践能力和创新能力。

二、作业类型

严州中学的作业改革主要包括探究性作业的设计与实施、实践性作业的设计与实施、综合性作业的设计与实施。

（一）探究性作业

探究性作业是探究性学习的一种变式，探究性作业是较简单的，可以在部分环节脱离教师指导的探究性学习。它是学生自主或在教师引导下确定探究主题，运用科学的方法，以个人或小组合作的方式解决问题的活动过程，学生需要通过一定的方式将探究过程和结果呈现出来，教师运用适当的方式评价并反馈给学生，由此完成一次探究性作业。

1. 探究性作业设计

探究性作业设计的一般程序包括确定作业目标、选择作业内容、设计作业形式、编写作业题目、编制作业答案五个程序。作业目标和作业内容的选择是相互影响、相互制约的关系，作业目标决定了作业的整体方向和评价标准，作业内容的选择影响着作业目标的实现，作业内容决定了作业的形式，不同的作业形式有不同的呈现方式和完成方式（见图6-3）。

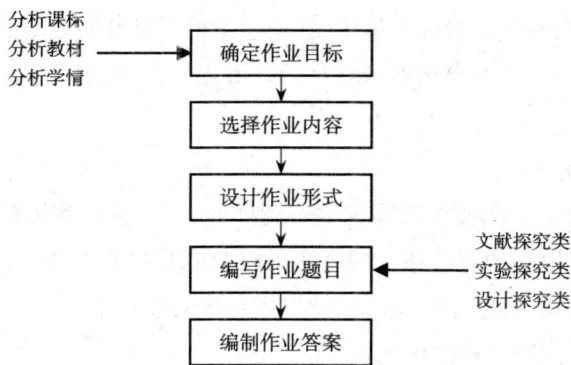

图 6-3 探究性作业设计框架

（1）学校生活资源开发

学生在学校的生活中，每天都发生着很多新鲜的事情，学习着不同的新知识与新技能，将学生的学校生活作为作业的资源之一，既可以养成他们留心观察、感受周围人和事的习惯，又能达到促进能力的发展目的。在学校中，各个学科的教师都有可能开展形式多样的学科生活，如数学测量、自然观察、实验操作、音乐欣赏、节目彩排等，语文教师可以密切关注学生的这些学科生活，使其成为语文作业的资源。比如美术课上学生发挥想象创造出的作品，其实是包含着他们各自的情感和内涵的，语文教师就可以设计作业让学生们用文字去诠释作品，使其同时成为语文与美术所共有的宝贵素材。

（2）家庭生活资源开发

家庭生活看似琐碎平淡，每天都重复着一些小事，其实每件小事都是一段经历，都是一种资源，都是一个素材，教师可以在布置作业时引导学生去观察、记录、思考，感悟生活，丰富头脑。

（3）社会生活资源开发

社会生活是比家庭生活更广阔的学习场所，教师应该充分认识到社会生活对学生的重要性。因此，教师要巧妙地利用这些社会资源，拓宽学生的学习空间，开展学习活动，让学生时时处处学习，体会作业的乐趣与价值。教师应该引导学生在作业过程中观察、体验、参观、访问当地的自然景观、风土民情、古迹文物和社会新闻、事件等，在广阔的社会生活中，加深他们对社会的深刻认识,对生活的深入体悟,在作业中提高其驾驭生活的能力。社会中还有很多资源,如时事焦点、热门话题、重要节日等,都可以引入生活化的作业设计中来。

2. 探究性作业实施

作业设计生活化要求教师也要做到处处留心,留心每天的新闻、事件、热点,从报纸、电视中寻找适合的生活材料变换形式引用到作业中去。作业中引入生活情境,让学生在熟悉的情境中完成对知识的学习与理解,便于学生将抽象的知识进行具体化理解。

案例6-31:设计旅游路线

西藏位于青藏高原的西部和南部,素有"世界屋脊"和"地球第三极"之称,是世界上海拔最高的地方。拥有日光之城拉萨、雄伟的珠穆朗玛峰、纯净的纳木错、大昭寺、林芝大峡谷等旅游景点,是我国重要的旅游胜地。假期快到了,老师想要组织一次全班的西藏七日自助式旅游,现向全班征集旅游路线图,老师将会选择看景多、花费少、旅游体验最好的路线图。小组分工合作设计一条西藏七日游的旅游路线,并对你所选择的旅游点做一个详细介绍,请考虑好行程安排、路线选择、食宿费用情况,以多看景、少花费为主要原则。最终作业呈现方式不限,可以手绘路线图、制作墙报、制作电脑课件或其他形式,由小组负责解说的同学向全班演视汇报。

(二)实践性作业

实践性作业是开放性作业的一种,是指学生在教师的指导下,结合学科知识,积极开展实践活动,用亲身感受来获取知识或加深对知识的理解,养成各种能力。它将对"结果"的唯一关注转化成对"过程"与"结果"的双重关注;是促进学生个体发展,实现学生终身学习的有效途径。

1. 实践性作业设计

实践性作业设计注重学生对学科知识的情感体验、注重学科与现实的联系、注重知识的应用。实践性作业设计的一般步骤是:确定目标,收集资料,设置情境,编制题目。实践性作业的设计要注意内容的整体意识,目标的科学意识。实践性作业设计旨在通过动手操作,主动获取知识,帮助学生掌握一定的知识原理等。通过实践活动了解到生活中含有很多的规律，培养学生用所学知识去研究分析生活现象和自然规律的兴趣与习惯，常用形式有实验型作业、应用型作业。

案例6-32：建德市岱头对水质调查和水质检测

根据所学知识，检测你周边的工业污染水，完成调查方案报告（见下表）。

水质调查报告

组别：　　　　　姓名：　　　　　　　　时间：

		源头水源	工业污水	处理后水
地点(水域名称)				
有无污水排到水里				
污水排放方式				
水中生活着什么生物				
水面上漂浮着什么杂物				
水质状况	颜色			
	气味			
	水温			
	pH			
	是否混浊			
	杂质			
其他				

2. 实践性作业实施

实践性作业内容的设置与生活密切相关，旨在让学生对所学的内容有切身的体会和了解，以调研为常用形式。调研作业就是让学生进行社会调查，用研究的眼光来分析调查所得的资料，再运用多种知识来解决生活中的实际问题。调研作业要以学生的直接生活经验为基础，密切联系学生的自身生活和社会生活，它一改传统作业单一的纸笔功夫，强调作业在生活中、实践中完成。

案例6-33：我家承包地的变化

农村的学生能较深刻地感受到农村和农业发展的方方面面,尤其是自己家里。如果你是农村的学生,可以尝试做一份《我家承包地的变化》调查报告。

调查活动:1.掌握简单的调查方法,学会撰写调查报告。

2.了解家庭联产承包制的意义及问题,科学分析出承包地变化的趋势及原因。

参考指导:我家承包地的变化

调查人_____;调查对象_____;调查详细地点_____时间_____。

1.承包初期的土地状况(最初承包时间_____,最初劳动力数量____人)

土地类型	面积(亩)	最初承包用途	产品用途产值	分布图(村委或卫星地图可查)

注:卫星地图标注承包地,可清晰显示地形、河流、交通、村落等分布关系,可分析承包地发展的自然及社会条件。

2. 1980—2020年承包地的变化状况及变化原因

土地类型	项目	1980年	1985年	1990年	1995年	2000年	2005年	2010年	2015年	2020年	变化原因
耕地	面积										
	经营方式										
	效益(元)										
菜地	面积										
	经营方式										
	效益(元)										
林地	面积										
	经营方式										
	效益(元)										

注:可以用图形(如饼状图、直方图)显示。

3. 根据调查数据给出调查结论

①变化的总体特征及趋势。

②变化的直接原因(从家庭角度)。

③变化的深层次原因(从地理学科知识、社会变化角度)。

④怎么办?(应对措施)

4. 调查实践体会及心得

①学到了什么?

②增强了什么?

(三)综合性作业

综合性作业指在设计作业时消除传统性作业的单一化,运用跨学科理论,增强各个学科之间的联系,汇聚其他学科知识与能力于作业中,锻炼学生综合运用各科知识解决问题的能力,促进学生以开放式的思维方式解决实际问题,提高学生的综合能力。让学生面对鲜活的社会生活、自然现象,去探索分析,提出自己的看法,从中悟出一些规律,初步掌握做学问的方法,培养科学精神。

1. 综合性作业设计

综合性作业设计的一般步骤是:根据题目内容范围,收集资料,征询意见,筛选资料,分析研究,得出结论,书面报告,展示成果,相互交流。其关键在于综合作业题目的设计和学生完成作业过程中的指导。题目的设计可分为两步:第一步是由教师设计,可为学生做出示范。第二步是由学生自行设计,教师可提供参考意见。命题的原则一般为:第一,能激发学生的兴趣,发挥情商的作用。第二,密切联系实际生活,联系现实生活中蕴藏的科学知识。第三,操作性强,便于查阅资料,调查研究,动手操作。第四,切入口要小,由小到大,由易到难。

2. 综合性作业实施

对于综合性作业的实施,要充分借助各个科目的不同学习方法、学习策略等,为学科综合性作业服务。如语文学科中常用到的辩证思维、批判思维、形象思维都可以融入出题思路;数学中学习者常用到的数形结合思维、特殊与一般化思维、类比思维、极限思维也可以迁移到融合作业的题目中,类似的迁移还有很多。对一般迁移的应用,充分让学生发展其思维能力,最终形成良好的发散性思维与创造性思维,同时灵活、流畅的思维对正向迁移起到积极的作用。

案例6-34:"三格式""三缸式"化粪池在"五水共治"建设中的使用

一、背景

农村生活污水处理是一个老大难问题,收集难,有些地方污水漏底、渗排、直排,导致污水横流、臭味弥漫,严重影响了农村环境卫生面貌。由于农村房屋分散,"三格式""三缸式"化粪池是农村生活污水治理中性价比最高的、使用最多的污水处理设施。这种污水处理设备虽然简单,但其中蕴含了众多物理知识。

二、活动目的和方法

本课题通过学生在已有物理、化学、生物知识的基础上,对基本结构进行观察和了解,查阅、收集与"三格式""三缸式"化粪池相关的资料和调查其实际使用情况,并且通过一系列的实验帮助验证一些所学过的物理知识,由此,对与生活息息相关的物理知识产生比较深入的了解。

三、活动人员、时间、地点

1.人员安排:分小组活动,每组4~6人;

2.时间:周末;

3.地点:每个小组自行选择同组同学的老家或自己了解的周边地方。

四、调查程序

1.制订计划;

2.实地考察;

3.写考察报告;

4.学生对"三格式""三缸式"化粪池在农村"五水共治"中的使用做出评价,如果未合理使用,请找出原因,并提出改造的建议。

五、调查内容。

"三格式""三缸式"化粪池在"五水共治"建设中的使用情况。

六、调查活动过程

1.分组活动:4~6人一组,选择自己了解的周边地方;

2.实地考察,在"我的调查报告"里做好记录;

3.根据记录,判断使用是否合理? 提出改进的建议;

4.写活动总结;

5.把活动过程月展板在学校展示。

七、总结与反思

我的调查报告

姓名: 时间:

	调查内容	"三格式""三缸式"化粪池在"五水共治"建设中的使用		
	调查地点			
	化粪池建造的位置			
	调查的化粪池处理哪些生活污水			
	化粪池的式样	A.三格式 B.三缸式 C.其他形式		
化粪池的一些具体数据		第一池	第二池	第三池
	总深度			
	入口高与管径	H= m D= m	H= m D= m	H= m D= m
	出口高与管径	H= m D= m	H= m D= m	H= m D= m
	池的外形与容积(不规则的可估算)			

思考并完成:

1.该化粪池的选址是否合理?

2.根据化粪池处理生活污水的来源、使用人口,应用流量的知识判断其容积及出入口管径大小是否合适。

3.入口、出口管的位置设计有何要求? 为什么要这么设计? 用到了物理学中的什么知识?

4.化粪池处理生活污水中还用到了哪些化学、生物、地理知识?

5.请对考察的化粪池在农村"五水共治"中的使用做出评价,如果未合理使用,请找出原因,并提出改造的建议。

第七章

成效与展望

　　育人方式改革的"严中样本"构建是农村普通高中落实《国务院办公厅关于新时代推进普通高中育人方式改革的指导意见》的实践探索。该样本重点阐述了课程开发、师资建设、关键能力培养三个农村普通高中育人方式改革基本路径，促成了"立德树人"根本任务的落实，进一步完善了德智体美劳全面培养体系。该样本还提炼了农村普通高中育人的四大样式：德育样式、教学样式、课程样式、美育样式。因此实现了教师教学行为和学生学习行为的转变，从而提高了教育教学实效，彰显了学校特色发展，如美丽学校建设、特色班创建、普职融通等方面。

　　面对愈演愈烈的技术与人才竞争，严州中学将继续因地因时优化相应的育人目标，完善校本育人新构架。在课程建设方面，提升原有课程品质，开发新的特色课程；在学生培养方面，提升学生创新思维和实践能力，并且注重学生综合素养的评价；最后从学校办学渠道的扩宽、教育改革内生力的优化、新劳动教育品质的提升三个方面进一步提升农村普通高中的育人样式。

第一节　　实践成效

严州中学顺势而动，凭借10年的探索在育人方式改革方面取得了一定的成效。育人方式的改变，不仅从根本上改变了学生的学习行为，强化了一些关键能力，更在精神层面陶冶了他们的道德情操。对教师来说，转变了教学行为的同时，提高了教育教学实效；对学校来说，"严中样本"提炼了新的德育样式、教学样式、课程样式和美育样式，构建了相对成熟、较有影响的普通高中育人改革的农村样本。严州中学也因此被评为2019年杭州市教育改革创新年度学校。

一、达成了德才兼备的育人目标

一直以来，我国强调落实"立德树人"根本任务的重要性和迫切性，要落实这一根本任务，必须明确"立什么德""树什么人""如何立德树人"三个问题的意义。"严中样本"的实践，不仅强调了"立德"，还强化了学生的一些关键能力，使学生真正成为德才兼备的时代新人。

（一）陶冶了学生的道德情操

通过"严中样本"的实践，学生的道德情操得到了培养，他们在爱国敬业、无私奉献、见义勇为等方面表现得尤为突出。

1. 升华了学生的家国情怀

家国情怀是主体对共同体的一种认同，并促使其发展的思想和理念，其实现路径是强调个人修养、重视亲情、心怀天下。校园便是学生的另一个家，在这个特殊的家园里，严州中学通过开展各种党团组织活动和主题教育、仪式教育、实践教育等活动以及开展主题班会、社团活动、社会实践、志愿服务等活动,引导学生热爱自己的校园,热爱自己的故乡,热爱自己的祖国。

家国情怀的培育需要责任心的培养,学生需要明确对自己、对家庭、对社会、对国家应担负的责任。严州中学一年一度的18岁成人礼成为学校一道亮丽的风景线,18岁,成人立事,责任在心,18岁的学生不仅要做一个追梦者,更要做一个圆梦者,圆自己的梦,圆家长的梦,圆学校、教师的梦,真正做到"一家人,一个梦,一起拼",更要圆一个中国梦。这样一个仪式感满满的活动带给学生的是高中时代美好的回忆,更是他们对同学、对教师、对学校那份真挚动人的情感。

家国情怀的升华需要依托于乡土情怀的培育,而乡土情怀作为一个人最为直接体验的精神感受,能够帮助中学生顺利确定自己的位置感,从而有助于他们对国家、民族、社会发展的认知。严州中学开展了"祝福祖国·爱我建德·品梅城千年韵味"主题征文活动,不管是土生土长的梅城学生,还是初中毕业之后来梅城求学的非梅城学生,都对梅城的风土人情如数家珍,乌龙山的巍峨、玉泉寺的清幽、双塔凌云的不凡等。通过此次征文活动,学生们对梅城有了更深的情感,对家乡建德有了更美好的情愫,对祖国美好的未来有了更多的期待。学生相互交流之后谈感受时纷纷表示,"归属感更强了""家乡的自豪感爆棚""人际关系更融洽了""对今后返乡工作更有信心和动力了";许多家长向学校反馈,"孩子比以前懂事了,更开朗了,甚至主动参与家务了";老师们也发现:学生对学校、对家乡的认同感有了很大变化。

2. 培养了学生的奉献精神

奉献精神是一种不求回报的爱和全身心的付出。严州中学通过开展爱心主题活动、乡村志愿服务等一系列活动,让学生看到了比自己弱小的人的生活,而不只是活在自己的世界里,只考虑自己的感受。

奉献精神是社会责任感的集中体现,方便了别人,提升了自己。同学们自觉将平时积累下来的旧报纸、废纸、塑料瓶捐献出来,由学校"爱心社"的同学负责收集整理,集中出售,近两年来严州中学爱心纸、爱心瓶收入共计2万余元;此外,学生会将高三同学在高考结束后捐献的学习资料进行归类

整理,集中时间向高一、高二同学出售,近两年义卖收入约1500元。以上所有收入存入学校"希望工程"账户,定期帮助家庭困难的同学。严州中学为推进精准扶贫工作,切实帮助困难地区的困难家庭,曾先后向贵州台江民族中学和新疆阿克苏沙雅县开展捐赠衣物活动,从刚开始的831件到后来的1956件,从数字中感受到的不仅仅是学生参与捐赠活动人数的增长,更是严州中学同学们的博大爱心。通过这些活动,学生在具体的真实的生活环境中去体验、去表达、去践行,在一定程度上做到知行合一,教导学生学会感恩,学会爱和给予,从而学会珍惜,学会生活。

奉献精神是在爱的感召下对他人和社会的感恩。当严州中学的同学们得知黄小欢的家庭困境之后,自发地为她开展献爱心活动。黄小欢的养父因脑梗3次入院,她的家庭本就是低保家庭,家中仅有他们父女两人,父亲丧失劳动能力之后举债较多。全校师生除了积极转发黄小欢父亲水滴筹的筹款链接,还为她在校内外积极筹集善款。学校团委与班主任第一时间去看望了黄小欢的父亲,并将爱心人士的善款和学校助学金转交到他的手上。这些活动不仅高三(5)班的学生看在眼里、记在心里,对于整个严州中学的学生来说,他们每一个人都献出了自己的一份爱心,黄小欢会带着这份满满的爱心去迎接高考,迎接生活的希望,也会将这份爱心传递下去。

3. 提升了学生的正义品质

正义品质指追求正义、伸张正义的道德意识和行为,强化个体正义感,形成强大的社会正义感氛围,看到正义的事就勇敢地去做。严州中学学生将志愿服务内化成自觉行为甚至是终身行动,一批批志愿者活跃在多种场所,尤其是乡村,他们时刻传递着正能量,赢得了社会的广泛赞誉。事例一:一场免费的支教。2007年毕业的校友江泓涛于2012年底辞去了在杭州的工作,去偏远的四川省木里藏族自治县白碉苗族自治乡阳山村药铺小学义务支教。来母校讲座时,他3次重复了"我曾经是学校的学生志愿服务小分队队长"。事例二:一次偶遇的援救。2014年7月5日杭州7路公交车发生了燃烧事件。2000届毕业生杨涛加入了救援行列。事后,学校小记者采访了他,问他为什么能冒着生命危险自发参加救援,他回答说,母校的乡村志愿服务一直牵动着他的心,感动着他,他也想成为一名母校的编外志愿服务者。这些见义勇为的事迹不仅有利于个人实现自我肯定、自我完善,获得更多的道德自由,而且有利于团结他人、维护正义原则、实现社会公正,促进社会稳定。

(二)培养了学生的关键能力

学生核心素养的发展离不开学生具备能够适应终身发展和社会需要的必备品格与关键能力,而关键能力包括认知能力、合作能力、实践能力和创新能力,"严中样本"的实践对于后三种能力的培养与提升起到不可估量的作用。

1. 培养了学生的合作能力

"严中样本"重在培养学生的合作能力,合作探究可以让学生形成对知识更全面、更深刻的理解,使学生的主动性、创造性得以发挥,并培养了他们的合作意识。

严州中学重视学生学习合作。2011年学校在新高一全年级推出了学习方式改革,借鉴杜郎口中学的成功经验,形成"首席领雁式互助学习"模式;通过合作学习还形成了"组员提问—组内消化—组间分享"的"自产自销式学习模式";学科文化节以及"乡村志愿者"为代表的特色选修课程中都有合作学习的影子。合作学习的理念和意识已经深深地在严州中学师生的心中扎根,"合作"已经成为严州中学学子学习常规的主旋律。

严州中学重视学生生活合作。在理念引导和常态管理的基础上,学校开展了一系列活动,如美化教室寝室、登顶乌龙山等。在创建美丽学校时,学校进行了美丽寝室的评比,学生克服了材料不足的困难,发挥了每个人的特长,在美化寝室的过程中,同学们积极参与、互帮互助,最后呈现出了非常精彩的结果。登顶乌龙山是一件非常考验毅力和团结协作的事,这是严州中学传统活动,一般一个年段以班级为单位,要求没有身体异常情况的每一个同学都能登顶乌龙山,过程中没有人会抱怨,男生帮助女生拿重物,快的人会适时等一等慢的人,争取在最快的时间内一起登顶乌龙山。

2. 增强了学生的实践能力

实践能力是学生的知识素养和生活、学习、工作等人生的关键能力,当

学生慢慢将书本知识、生活知识及社会经验融为一体,以此来解决生活实际问题的时候,学生的实践能力就得到了提升。如"五水共治中的科学与服务"课程除增加学生的理化生学科知识外,还拓展了他们生活知识的深度;"庭院设计"课程则丰富了学生未来工作的知识。实践育人方面,志愿服务活动成了亮点,正如《教育信息报》记者在《用课程联结乡村生活》中描写的,"在校内,一支支志愿活动小分队活跃在各个需要帮助的岗位;在校外,一个个乡村服务站活跃在各个有需要的自然村;更有一批学生为争当学生导师,默默地进行修品行、修技术的大比拼"。此外,学校通过为学生创新选修课实施载体和路径,还在创新实践过程中达成了育人目标,正如杭州市教科所所长评价:"学生学习的内容结合了村民的现实问题,在导师的引领下形成学习结果,通过志愿服务去体验和实践,这样的学习方式对于学生的成长无疑是最有效的。"

各种实践活动让学生成为学习的主人,自身学习能力明显增强。一方面,学生将课堂学习转化为日常生活实践应用的能力提升,以志愿服务活动为例,严州中学过去一年有近300名学生参与到服务家乡建设、美丽城镇创建的志愿者活动中。另一方面,导师组合路径下的选修课打开了学生跨界学习之窗,知识的综合运用与贯通能力显著增强,据不完全统计,担任学生导师的同学中,学业成绩保持持续上升趋势的占总人数的比例高达78.2%。学生在学习实践中已经不是单纯的知识的搬运工,而是逐渐演变成知识、技术的创造者。

3. 提升了学生的创新能力

创新能力是学生以现有的思维模式提出有别于常规或常人思路的见解为导向,利用现有的知识储备,在特定的环境中,本着理想化需要或为满足学习需求而改进或创造新的事物,并能获得一定有益效果的行为。严州中学不仅利用特色选修课程培养学生的创新能力,并且通过"济宽"学科文化节这一重要平台来培育学生的创新能力。其中包含调动学生的创新性思维和能力,进行特色中的独特学具的制作。例如,学生利用水晶泥、轻黏土等新型材料制作了地理学具;学生在教师的指导下,利用购买的电子元件设计简单的线路板式学具。

二、提高了教育教学实效

"严中样本"的实践从根本上转变了教师的教学行为,从而改变了学生的学习态度以及学习方式,使得学校的教育教学质量稳步提升。

(一)转变了教师的教学行为

教师的教学行为是提升教育教学质量的关键因素,"严中样本"的实践倒逼教师教学行为的转变。在教育技术的应用、学科融合的推进、教师团队的建设和五育并举的落实四个方面,教师的教学行为发生了根本的改变。

1. 应用教育技术

大力发展和应用现代教育技术是深化教育教学改革的突破口,是提高教育教学的重要保障,是教育与时俱进的体现。育人方式的改革需要教师熟练运用现代教育技术,严州中学一线教师100%能达到熟练运用多媒体技术的水平,80%的一线教师通过了全国计算机考试,尤其是致远班的教师都能熟练运用平板教学。2018年6月12日,严州中学主办了"平板课堂智慧教学的常见问题及对策"研讨会,来自全国4个省市20余个地区级学校同行参加了会议。这种智慧教学(平板)方式将现代教育技术充分应用到教学中,课堂上师生共同参与,学生的积极性提高了,上课效率提高了,为学生增加了课堂内容,同时还减轻了教师的负担,而且,课前课后学生拿着平板就可以看到教师布置的作业,提高了学生上课的效率,也提高了教师的教学效率。

2. 推进学科融合

新课程改革重视课程的开放性与综合性,它提倡不同学科的交叉渗透和跨学科课程资源的整合。学科融合指的是教学过程中以某一学科为中心,打破学科界限,融合各学科知识,有目的、有计划地进行教学设计和组织教学活动,编制综合知识和能力网络。严州中学的教师具备学科融合的意识和教学能力,他们针对这种教学方式进行了一定的探索和研究,语文、英语、地理、历史、生物等学科都进行了学科融合的教学。在设计教学内容时,具备跨学科知识融合的意识与能力;在设计教学环节时,会主动邀请其他学科的教师加入;在教学过程中,不同学科的教师出现在同一节课上,为学生

解决不同学科领域知识的疑难问题。基于此,严州中学开展了一系列的汇报课、研讨课,让不同学科的教师根据自己的学科设计学科融合的教学案例,并据此开设了公开课。这样的公开课,每个学科的教师每学期必须开设两节,上课前务必邀请相关学科的所有教师参加这堂课的听课与评课活动,一起探讨这样的教学活动的优势与不足并不断改进,最终形成了一些比较成熟的学科融合教学案例。

3. 建设教师团队

教师团队建设是为了提高教育教学质量与转变学生学习方式的团队优化行为,建设团队是一种合作、一种互补,更是一种资源共享。从一堂课来说,学校的导师组合制便是一种团队建设的方式;从学校层面来说,新老教师之间的合作,不同学科的教师之间的交流也是一种团队建设。团队建设不仅加深了教师之间的交流合作,让彼此之间更了解,同时还对教学质量的提高起到了不可估量的作用。

团队建设需要严州中学新老教师合作,学校为了提升青年教师团队教学水平,除了积极培养新锐教师外,还开设了菁华班,组织了多次模拟上课、说课等提高课堂教学能力的比赛,虽然菁华班聚集了不同学科的教师,但学校给这个班的每位成员都安排了学科师父和班主任师父,以此加强新老教师之间的合作交流。严州中学的特色班级致远班、崇德班也通过自荐与推荐的形式,层层筛选出了一支高水平、高素质、高业务能力的教师团队,而且这两个班的任教教师被安排在同一间办公室,以方便他们针对学生的学习情况交流,更有利于教学质量的提升。

4. 落实五育并举

"五育并举"是一个整体,德育教育是根本,智育教育是途径,体育教育至关重要,美育教育是增速器和润滑剂,劳动教育是"工匠精神"的具体运用。之前的"三好学生"主要通过"三育"体现,严州中学改变了特别强调德智体的育人途径,实现美育的载体有"五月花海"、崇德美术班等;重视劳动教育,如乡村志愿服务、劳动教育课程等。

"五育并举"要真正落地,就要培养新人,需要教育教学和管理方面的变革,包括评价方式也要做一些深度变革。我们的教育教学手段如何在线上线下融合的基础上达到全面育人,如何真正突破课堂、校园甚至学校教育的局限,将课内外、校内外以及现实状况与虚拟空间结合在一起,都是我们要深度考虑的。育人方式的不断变革,让"五育"得到更平衡的发展,同时也使"重智、轻德、弱体、抑美、缺劳"的状况得到好转。

(二)改变了学生的学习行为

新课改强调体验性学习,强调活动、操作、实践、考察等活动,重视学生的直接体验,尊重学生的个人感受和独特见解。通过改变学习方式,努力培养学生成为既具有独立性、批判性、创造性,又有合作精神、基础扎实的优秀学习者,成为未来社会历史实践的主人。

1. 批判与自主依存

自主学习是学习者对学习过程和内容的一种心理反应而形成的自主行为,而批判思维是我们通过主动思考,对所学知识进行个人判断而做出合理决策的思维认知过程。只有培养了批判思维,能客观地、冷静地审视自己的思维过程,及时修正自己的思维,才能更好地促进学生自主学习。

2. 独立与合作互补

合作学习是师生共同协作、共同参与、共同探究的学习方式,在合作学习中主要通过讨论、争辩、表达、倾听及参与实践等形式展开,学生的主动性、创造性得以发挥。以往学生的学习任务都是以个体形式完成的,教师垄断课堂学习而学生被动接受,虽然有小组讨论形式,但是往往只是假合作。真正的合作学习要在有限的课堂教学中做到提供学生独立思考的空间,发挥每个学生的主体能动性,而不是一个同学表达自己的看法,其他同学只是做听众。每个学生都参与其中,能进行独立的分析判断,不盲从别人的观点,有了独立思考的习惯和能力,接下来讨论、争辩等活动也顺势开展起来了。

3. 接受与探究共生

接受式学习尽管有在较短时间内获得基础知识的优势,但一味采用易使学生疲劳,降低学习效率。而具有实践性和创造性的探究学习,更能激起学生的学习热情。深度学习就是这样的一种学习方式,在教师的引领下,学生围绕具有挑战性的学习主题,全身心积极参与、体验成功、获得发展的有意义的学习过程。它是基于学科又超越学科的学习,是基于主题的跨学科综合学习和联系社会生活实际的学习。这种学习方式是主动的、深入的、全面的学习,要联结问题、联结生活、联结社会,让学生在实际生活中通过解决问题而学习,在解决问题中获得知识、发展能力,是一种超越了学科知识的综合性学习。

(三)提高了教育教学质量

严州中学近年来高考屡获佳绩,近5年来,年年被评为一类学校。以2020年高考为例,一段上线51人,创10年来历史新高。首届致远班一段上线18人(含体艺类7人),上线率达60%。其中,刘同学美术省统考成绩91分,位居全省第230名,综合分624分,位居全省第170名。全校共有6人报考影视表演类,6人均上一段线,上线率达100%。其中,高三(6)班方同学通过南艺校考,高三(9)班骆同学通过天津音乐学院校考。全校共有43人报考美术类,总体表现优异,省统考85分以上有14人,均分达到83.3分,综合分一段上线21人,上线率达48.8%。其中,高三(7)班周同学已通过国美校考,黄同学、梁同学已通过西安美术学院校考。高三(3)班孙同学舞蹈综合分502分,位居全省第230名,体艺类学生综合分排名在全省500名左右的共有5人(见表7-11)。

表7-1 2020届高三部分高考优秀学生名单

序号	姓名	录取院校	序号	姓名	录取院校
1	刘同学	北京交通大学	5	项同学	浙江农林大学
2	韩同学	首都师范大学	6	赵同学	浙江农林大学
3	何同学	浙江师范大学	7	邹同学	浙江海洋大学
4	汪同学	安徽中医药大学	8	邵同学	浙江海洋大学

高考成绩是学校每年关注的重点,同时每年的学考成绩也是重中之重,近年来,学考成绩不管是合格率还是优秀率都稳步提升。其中2022届高一化学学科,与2021届相比,在总人数基本不变的情况下,A等人数增加了10个,E等人数减少了6个,总体来说进步相当大。当然,这与学生的自身努力分不开,但也少不了教师的辛勤付出(见表7-2)。

表7-2　近3届学生部分科学考优秀率和合格率统计

2020届统计								
学科	人数	E等	E等率	合格率	学科	人数	A、B等	A、B等率
语文	469	12	2.56%	97.4%	语文	469	36	7.68%
数学	465	19	4.09%	95.9%	数学	465	79	16.99%
技术	465	28	6.02%	94.0%	技术	465	48	10.32%

2021届统计								
学科	人数	E等	E等率	合格率	学科	人数	A、B等	A、B等率
语文	373	23	6.17%	93.8%	语文	374	52	13.90%
数学	374	9	2.41%	97.6%	数学	375	71	18.93%
技术	374	6	1.60%	98.4%	技术	375	78	20.80%

2022届高一学考							
物理		化学		历史		生物	
等级	人数	等级	人数	等级	人数	等级	人数
A	19	A	14	A	7	A	0
B	69	B	52	B	72	B	0
C	124	C	129	C	100	C	19
D	167	D	183	D	166	D	10
E	10	E	11	E	15	E	0
总计	389	总计	389	总计	360	总计	29

2021届高一学考							
物理		化学		历史		生物	
等级	人数	等级	人数	等级	人数	等级	人数
A	9	A	4	A	10	A	未考
B	48	B	50	B	44	B	未考
C	102	C	99	C	103	C	未考
D	212	D	213	D	201	D	未考
E	12	E	17	E	25	E	未考
总计	383	总计	383	总计	383	总计	383

近几年,严州中学教师在课堂教学方面收获颇丰,不同学科的教师在解题、说课、模拟上课等课堂教学能力比拼中都获得了不错的成绩。例如2018年建德市中小学教师课堂教学能力大赛中学组,董翠香、邵建波、吴盼盼等几位老师表现优异;2019年建德市高中英语优质课评选中,英语组的邵建波老师获得了一等奖,方晨、王锋、任满仙、蒋莹冰、邱美芳等几位英语老师也获得了不错的奖项;2020年建德市高中数学高考部分题命题评比活动中,数学组的刘军锋、陈桂芬、徐君红、方静等几位老师获得了一、二等奖。

严州中学近10年课题、论文、课程等教科研成绩优异。课题成果更是喜人:有省基础教育教学成果二等奖一项、省科研成果一等奖一项、二等奖一项,杭州市基础教育成果一等奖两项、二等奖一项,杭州市教育科研成果一等奖四项。课题立项数量多、级别高。其中,国家级课题一项、省重点课题两项、省规划课题两项、杭州市重大课题一项、杭州市规划课题七项。论文方面,越来越多的教师乐于参与教科研,特别是一些年轻教师,敢于提出问题,勇于探索,寻求以新的教学模式解决这些问题,而课程方面几乎每年都能获得杭州市精品课程(见表7-3、表7-4、表7-5)。

表7-3 学校近10年教科研重大成果研究一览表(课题)

成果名称	主要参与人员		评审部门	时间	成果
	负责人	组员			
实践导向的普通高中学习方式的研究	何寿平	李祝勤、毛法生、徐大有、胡建根	浙江省人民政府	2012.6	浙江省第四届基础教育教学成果二等奖
基于"严实"校风的主题值周活动的设计与实施	蒋一平	毛法生、李祝勤、徐大有、胡建根	杭州市教育局	2012.11	省规划课题、杭州市第26届教科研成果三等奖
新家规家训的学习、研究与服务	唐利辉	李祝勤、胡建根、诸葛勐科、任满仙	全国妇联家庭和儿童工作部 中国家庭教育学会	2017.12	全国首批家庭教育科研课题立项

成果名称	主要参与人员		评审部门	时间	成果
	负责人	组员			
普通高中志愿服务型学习体系构建的实践研究	何寿平	李况勤(执笔)、童一飞、诸葛勐科、唐利辉	浙江省教育学会 杭州市教育局	2014.12 2014.11	浙江省2014年创新成果一等奖 杭州市第29届教科研成果二等奖
基于"志愿服务型学习"的普通高中特色选修课程群建设的实践研究	吴志芳	李况勤(执笔)、叶锡刚、诸葛勐科、唐利辉	浙江省教育学会	2015.12	浙江省2015年创新成果二等奖
基于"学情诊断"的普通高中课堂教学要素优化与实施	何寿平	李况勤(执笔)、叶锡刚、诸葛勐科、徐峥、雷海辉	杭州市人民教育基金会 杭州市教育局	2016.3	杭州市第五届基础教育教学成果一等奖
乡村志愿者:依托乡村服务站的普高特色课程群架构与实施(浙江省重点课题)	吴志芳	李况勤(执笔)、诸葛勐科、唐利辉、刘灵利	杭州市教育局浙江省教育科研规划办 浙江省教育学会	2016.11	杭州市第31届教科研成果一等奖、2015年度浙江省教科研优秀成果二等奖、浙江省2016年创新成果一等奖
朋辈介入:提升高一新生人际适应的实践研究	刘灵利	无	杭州市教育局	2016.11	杭州市教师小课题二等奖
基于"二维码技术"的普通高中作业评价效度提升的实践研究	杨大为	无	杭州市教育局	2017.9	杭州市现代教育技术成果一等奖 杭州市小课题一等奖

第七章 成效与展望

299

成果名称	主要参与人员		评审部门	时间	成果
	负责人	组员			
绿道模型：基于"严实"内涵的校本课程体系重构与实施	李祝勤	诸葛勐科(执笔)、吴志芳、唐利辉、刘灵利	杭州市教育局	2017.11	杭州市第32届教科研成果二等奖
依托"乡村服务站"的普通高中职业生涯教育路径创新	吴志芳	李祝勤(执笔)、董翠香、徐建华、诸葛勐科	浙江省教育学会	2017.11	浙江省2017年创新成果二等奖
四阶递进：高中英语读后续写指导策略研究	黄芳	无	杭州市教育局	2017.9	杭州市小课题二等奖
微探口述史：普通高中历史研究性学习设计与实施	刘灵利	王鹏飞	杭州市教育局	2018.6	杭州市小课题一等奖
乡村服务站+组合导师：农村普高提升选修课质量的新探索(浙江省重点课题)	吴志芳	李祝勤(执笔)、诸葛勐科、唐利辉、徐燕	浙江省教育科研规划办杭州市教育局	2019.11	浙江省教科研成果一等奖杭州市教科研成果一等奖
农村普高提升选修课质量的实践样式	吴志芳	李祝勤(执笔)、诸葛勐科、唐利辉、刘灵利、徐建华	杭州市人民教育基金会杭州市教育局	2020.6	杭州市第六届基础教育教学成果二等奖
理·行·评：基于"项目合作"的高中家校协同德育样式研究	李祝勤	唐利辉(执笔)、吴志芳、刘灵利、诸葛勐科	杭州市教育局	2020.9 2020.11	杭州市教科研成果二等奖杭州市德育论文一等奖

表7-4　学校近6年教科研主要成果研究一览表(论文)

论文标题	作者	评审部门	时间	成果
影视资源在高中语文小说教学中的应用	诸葛勍科	建德市教育局	2015.4	一等奖
高中数学合作性学习实践与探索	陈秀国	建德市教育局	2015.4	一等奖
模拟导游:高中英语选修课的实践研究	刘骧、徐慧芬	建德市教育局	2015.4	一等奖
高三历史二轮复习的"归"字诀	齐伟飞、胡建根	建德市教育局	2015.4	一等奖
普高住校生寝室自我暴露现状及其影响因素研究	穆晓忠	建德市教育局	2016.4	一等奖
以意境营造为目标的记叙类文体写作教学的实践研究	诸葛勍科	建德市教育局	2016.4	一等奖
巧用细节:记叙类古文阅读教学策略的优化	吴豪锋	建德市教育局	2017.4	一等奖
普通高中选修课程"微探口述史"的开发与实施策略	王鹏飞	建德市教育局	2018.4	一等奖
基于关键词"助推"情节发展的高中英语读后续写策略	蒋瑜	杭州市教育局	2018.11	二等奖
概要写作的支撑信息提炼策略探究	徐雯	建德市教育局	2019.3	二等奖

表7-5　学校近6年教科研主要成果研究一览表(课程)

课程名称	开发组成员	评审单位	时间	课程级别
生活中的化学	叶晓君、李祝勤	浙江省教研室	2015.1	浙江省精品课程
五水共治中的科学与服务	李华、叶晓君、邵红玉、李爱英、李祝勤	杭州市教育局	2015.12	杭州市精品课程
	李华、李祝勤、李爱英、陈笑、张书红	浙江省教研室	2016.12	省第七批网络课程
模拟导游	刘骧、徐慧芬、吴言芬、董翠香、龙志平	杭州市教育局	2016.4	杭州市精品课程

课程名称	开发组成员	评审单位	时间	课程级别
初探"口述史"	刘灵利、王鹏飞、李祝勤	杭州市教育局	2017.5	杭州市精品课程
一步一步,学写议论文	吴豪锋、安小妹、李祝勤	杭州市教育局	2017.11	杭州市精品课程
我的寝室,我的家	吴豪锋、李祝勤、吴志芳、胡建根、姚杰宏	杭州市教育局	2018.5	杭州市精品课程

三、提炼了农村普通高中育人的四大样式

普通高中教育是国民教育体系的重要组成部分,在人才培养中起着承上启下的关键作用。严州中学虽然是一所农村普通高中,但是在育人方式改革的进程中,积极探索,提炼了育人的四大样式,即德育样式、教学样式、课程样式和美育样式,为构建普通高中育人改革的农村样本奠定了坚实的基础。

(一)德育样式

德育样式是在一定的德育思想理论的指导下,经长期德育实践而定型的德育活动结构及其配套的实施策略。这个定义包含着理论指导、活动的结构与程序、实施原则、操作要领等诸因素统一结合构成的德育活动形式。严州中学的德育样式具体有自主管理样式、家校协同样式、校史育人样式等。

1. 自主管理样式

学生自主管理是学生在教师积极引导下自行发现自我价值、发掘自身潜力、确立自我发展目标、形成适应社会发展和推动个体与社会发展的意识和能力的一种教育管理模式。学生自主管理是一个比较好的教育过程,是一个社会实践过程,也是学校励志教育的一种体现。

浙江省严州中学自九中时期开始就有着学生自治会的光荣传统,自主管理有效地锻炼学生的能力,加强了细节管理,促成严实校风的形成。2018年8月,学校成立了学生自主管理委员会,简称"自管会"。学生自管会是隶

属学校学生处下的学生自主管理机构,接受学生处、年级部和相关老师的领导与指导,以自主管理的方式增强学生自我管理的意识,提高了相关能力(见表7-6、图7-1)。

表7-6 自管会分组及职责

组别	成员	职责	检查内容	检查时间
检查组	各班班长	检查各班卫生	1.地面、墙面 2.门窗、走廊 3.讲台、黑板 4.书桌、书柜 5.卫生角:卫生工具和爱心纸箱	1.早上1次(6:50) 2.午静校1次(12:25) 3.晚静校1次(18:10)
		检查各班纪律	1.考勤:缺课和迟到 2.仪容仪表:校服、化妆 3.食品 4.静校、午睡和自修是否安静 5.其他事项,如节能安全等	1.2.3.同上 4.晚三(8:50)
联络组	各班团支书	主要职责:联络班主任,汇报检查结果 联络检查组:协商有关纠纷 联络年级部:申诉有关处置		

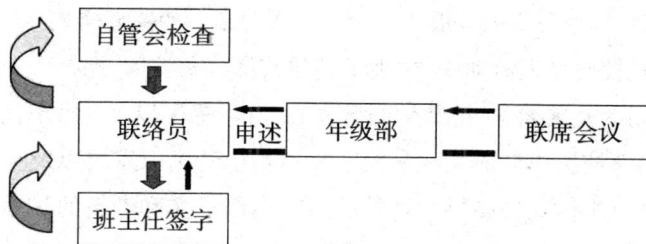

图7-1 自管会运作图

任何同学都必须自觉服从自管会的管理,如对扣分有申诉要求的,由各班联络员(团支书)向年级部汇报具体情况,经同意后填写申诉表,并将申诉表交自管会办公室统一存放,在周日自管会的联席会议上统一裁决。

从学校学生自主管理方案的提出到现在,学生自主管理经过全校师生

共同努力取得了良好的成绩。通过每周日晚上分年级小结，既小结上周的成绩和不足，又布置下周的工作要点，学校各项工作有条不紊地进行，学生自主管理的同时理解了学校管理的初衷和目标，充分调动与发挥了学生的主动性、积极性和创造性，培养和提高了学生自主学习、自我发展的能力，营造出了和谐的校园氛围，同时也提升了严州中学的管理水平。

2. 家校协同样式

家校协同样式是以项目为协同的联结点，以"理·行·评"为路径的家校协同德育样式。其中，"理"是项目梳理，通过求同式、孵化式、补白式等方法研制出家校协同的德育项目；"行"是实践运行，通过观摩式、劳作式、展示式等实践操作提升学生道德素养，达成德育目标；"评"是通过保障式、改进式、立模式等方式对家校协同德育的质量综评。

严州中学研制出了三大主题八类20多个协同德育项目，形成了家校协同持续的共同的德育内容，拓宽了学校德育阵地，提高了学生的德育实效，获得了广泛的社会认可和关注，助力了良好社会风气的形成。

3. 校史育人样式

校史育人样式是指基于校史资源的育人样式，严州中学通过梳理校史资源，挖掘校史的育人价值，将学生学习校史内容和感知活动、探究活动、展示活动等相结合，把德育行为浸润在学校文化中，创造性地提出了感悟式校史育人、探究式校史育人及展示式校史育人等全新的德育样式。

感悟式校史育人活动中，学生了解学校历史和校情，把朴素的爱校之情上升为崇高的爱国之志，把师生的自尊心、自豪感逐步上升为现代公民责任感，从关注学校历史转而关注学校发展历程中的国家发展以及全人类的历史命运，进一步树立崇高科学精神，坚定求真、求实和创新的科学态度。探究式校史育人活动中，学生通过拓校史碑文、寻访学校古迹以及重走当年校友的求学古道，为学校前辈先贤和办学底蕴深感自豪，也在思考自己如何传承严州精神、有意义地度过高中生活。展示式校史育人活动中，学校把校史教育渗透到学科、课程，以历史影响人，以故事感染人。学校邀请知名校友、退休教师回校讲学，还鼓励在校教师和学生走上大讲堂，对学生而言，通过聆听讲座，精神上会受到激励和感召，进一步增强爱校之情。严州中学历年

"五月花海"文艺晚会的固定节目——演史剧,严州中学学科文化建设的一次集中的盛会——学科节,涵盖了所有学科,是彰显具有严州中学特色的教育教学资源的大荟萃,其中不乏校史资源的进一步开拓。

(二)教学样式

育人方式的改革离不开教学样式的探索,教师必须寻找能最大限度地激发学生学习潜能的教学样式,课堂决策的过程就是寻找最适合学习情境和学习对象的教学样式的过程。好的教学样式是适合学习情境,更适合学习对象的,育什么样的人、怎么样育人,这些都是教学样式能解决的。严州中学结合学生学情以及已有的教学资源,尝试了以下三种不同的教学样式:三优八式样式、导师组合样式、学生小导师样式。这些教学样式不仅增强了课堂教学的灵活性,还提升了学生学习的自主性,大大提高了学生的学习效率。

1. 三优八式样式

三优八式样式指三个主要课堂教学要素的优化以及四导向八种学习方式,即课堂"教学目标、教学环节和教学评价"的优化,四导向为"情境迁移""任务中心""循序渐进"和"合作互助",再将四导向分解为八种学习方式:"先猜后学式、演视汇报式、靶心定向式、履行协约式、拾级渐进式、结网认知式、首席领雁式和自产自销式"。我们采取"直接观察"和"翻转分析"等方法,会诊学生学习方式转变的症结。学习方式的转变对于育人是有积极作用的,采用课改指导小组联系班级制,到班跟踪指导八种学习方式,方式的多样化,适合不同的学习对象。学校以此为指导,开展了功能导向的课例研究,开设了达标课和示范课,旨在提升教师基于课堂要素优化的教改能力和学法指导水平,在此基础上平选了学校"课改之星"。

2. 导师组合样式

导师组合样式指为满足不同课程及乡村服务站活动的需要,由具有一定理论知识和实践经验的学生、老师、家长与技术人员等成立导师小组并共同实施课程教学的创新形式。导师组合制的有效运作与实施是选修课质量提升的有效保障,主要从功能取向、生成导向、关系指向三个角度分别阐述导师组合的具体运作。它的意义在于两点:一是增强课程教学的灵活性,二

是提升学生学习的自主性。其实践价值在于普通高中选修课程实施路径的创新,逐步形成选修课程教学的新样式,填补导师组合在普通高中选修课中实施的空白,同时在育人的方式上也进行了新的探索。

3. 学生小导师样式

学生小导师样式指适应不同课程与实践的需要,由具有一定理论知识、实践经验、较强学习能力和应变能力的学生分担部分课堂教学与实践环节、内容的一种创新育人方式。

(三)课程样式

新课程改革已经如火如荼地展开,"重实践、重创造、生活化"已成为新课程改革的主题词,陶行知先生早在几十年前就提出使学生得到六大解放,有了这六大解放,创造力才可以尽量发挥出来,而解放思想的核心就在于把自主权还给学生,在动中学、手脑并用,在实践中开启创造的门扉,改变了之前的育人目标,养成不以现成知识为满足,不以固有技能为唯一的习惯,培养学生创新意识和综合实践能力。而严州中学的课程样式便是培养创新思维和强调综合实践,通过志愿服务活动和劳动实践课程培养学生的社会责任感、劳动意识与劳动技能等素养。这样的育人方式有创新,更有务实,创新在于走出课堂,走出学校,走向社会,务实在于重体验、重实践、重操作。该样式主要有"乡村志愿者"课程样式和"新劳动实践"课程样式。

1. "乡村志愿者"课程样式

"乡村志愿者"课程样式既指严州中学参与乡村志愿服务的学生,也指以此命名的乡村志愿者培养指向的特色选修课程群,以"美化乡村、助力'三农'、传播文明"为组块的课程群落。"乡村志愿者"样式通过参与志愿服务活动,让学生不仅了解了很多课本上无法学到的知识和社会现状,还思考了怎么才能通过这些活动使更多的人有效地爱护环境、关注社会,在奉献中肯定自我价值,在服务中了解社会、了解人与人之间的交往,学生通过亲身体验磨炼自己的意志品格、完善自己的心理素质。乡村服务站是创新了特色课程群"实践导向"的校本架构样式,也是创新了校本课程的实施载体,它是严州中学"美化乡村、助力'三农'、传播文明"三大主课程运作的平台,实现了跨班、跨年级、跨区域的"大走班"教学,促成了学习方式的改变,学生从单一的知识学习转向复合的从服务中学习,践行了"教学做合一"的理论。

2."新劳动实践"课程样式

劳动和劳动技术教育是中小学教育不可或缺的重要组成部分,是全面贯彻落实教育方针、实施素质教育、提高学生总体素质的基本途径。严州中学的新劳动教育实践课程紧紧围绕"一核""二级""三模""四组""五园"的技术路线建设。

严州中学的课程样式倡导的是实践体验的综合课程样式,旨在通过实践体验培养学生的社会责任感、劳动意识和技能等素养。经过缜密筹备,2020年4月23日,严州中学正式实施新劳动实践课程,推出了多项新颖、有趣、实用的劳动教育实践活动,培养学生们积极劳动的热情,养成爱劳动的好习惯,从而引领学生用自己的方式唱起劳动的赞歌,弘扬劳动精神,传承中华美德。

(四)美育样式

美育是指培养学生认识美、爱好美和创造美的能力的教育,也称"美感教育"或"审美教育",是全面发展教育不可或缺的组成部分。通过美育育人可以促进学生德、智、体的发展,这样的育人方式不是单一的,而是将德智体美劳融合在一起,相互作用、相互促进。它可以提高学生思想,发展学生道德情操;它可以丰富学生知识,发展学生智力;它可以增进人们的身心健康,提高体育运动的质量;它可以鼓舞学生热爱劳动、热爱劳动人民,并进行创造性的劳动。严州中学美育载体有"五月花海"大型文艺会演、崇德美术班等。

1."五月花海"

严州中学梅城校区"五月花海"文艺会演始于2008年,迄今已举办9届,历届文艺会演的主题为:阳光灿烂、放飞梦想、流金岁月、奋斗圆梦、激情严中、严中光影、美丽严中、舞动青春和印象严中。"五月花海"以活跃校园艺术氛围为创办初衷,展现百年老校的文化底蕴,提供师生一个交流互动的平台。它已经成为学生展示自我、挥洒青春、放飞梦想的舞台,助推了严州中学校史馆的建设与宣传,展示了严州中学百年辉煌成果,是严州中学又一张金名片,也是对学校师生弘扬"严实"校风的一次大检阅。例如,主题为"印象严中"的第九届"五月花海"，从学堂成立说开去，唱响严中校歌，倾听老教师和知名校友的母校情怀，重温百年学府的历史沧桑。翻开严中档案，有英勇的革命烈士童祖恺和童润蕉，也有声名远播的"三严"校长严济宽，在主持人声情并茂的介绍中，在座的严州学子和观众们回顾了先烈与前辈们的精神事迹，感受了严州中学所经历的峥嵘岁月。严中情怀让严州学子热血沸腾，晚会的歌舞节目异彩纷呈。

2. 崇德美术班

严州中学充分利用好内外部资源，创建美术教育特色，培养学生认识美、爱好美和创造美的能力，推进学校内涵发展。崇德美术班设立于2019学年，班级以"崇德"为名，具有双重含义：一是追怀寿崇德先生。寿崇德（1927—2015），诸暨人，1949年被派到浙江省严州中学做美术教师，后在严州师范学校退休，1979年12月，寿崇德被授予全国特级美术教师，成为我国第一个特级美术教师，曾担任浙江美术教育研究会会长。二是落实"立德树人"的办学要求。寓意美术班学子学习寿崇德老师的学术修养和道德品质，争做德才兼备的时代新人。

严州中学制定了专业的美术班三年教学大纲、严格的美术班培养管理计划，旨在通过师生共同努力，让更多学子进入中国美院、清华美院等全国一流名校，将学校创办成浙西地区一流的美术特色学校，创办成中国美术学院优质生源基地。崇德美术班的学生多次开展为梅城添色彩主题写生活动，在活动中，他们除了为古城墙绘修补美化外，还进行古城写生，不仅为美丽城镇的建设与验收贡献了自己的一份力量，同时还检验了自己的专业能力。

四、形成了学校发展特色

学校是育人机构，校园文化是实施教育功能的重要载体，学校的文化特色是一所学校核心价值观的体现，是学校的灵魂。有了这个核心的引领，就能凝聚全体教职工的力量，向着更高目标不断前行。一个学校的特色便是在办学过程中形成富有个性的、有所创新的、比较稳定的教育整体特征，严州中学主要是在特色学校的创建以及学校特色治理方面做出了一些探索。

（一）创建特色校园

严州中学在工作中表现出积极的与众不同的地方，获得了"美丽学校""教育改革创新年度学校""劳动教育示范学校"和"体育特色学校等荣誉称号"。

1. 美丽学校

严州中学自参加"杭州市美丽学校"创建活动以来，结合学校以往开展活动的成果和经验，根据学校的实际情况，将美丽学校的"美丽校园、美丽教师、美丽课堂、美丽班级、美丽学生"五美创建活动内化为"美景·美境·美育·美心"的四美行动措施，最后获得了杭州市首批"美丽学校"荣誉称号。

围绕四美行动措施，学校创建"美丽学校"的理念是依托"严实"校风，紧扣"培养具有严州品性和时代精神的优秀人才"的培养目标（培养具有严州品性"崇文好学，重义尚礼，敬业务实"和时代精神"阳光自信，谋事自觉，担当自立"的优秀人才），以人为本，以促进人的发展作为美丽学校创建的最高目标。其内涵为创建校园环境优美，师生持续发展的"景美人美"的学校。

学校还专门设计了创建"杭州市美丽学校"的logo（见图7-2），它的设计思路是依托杭州市美丽学校的创建平台，在人本的理念下，以美景行动（以"一史两亭"为切入点，美化学校环境，创建美丽校园）、美境行动（以"四室一堂"为抓手，美化活动阵地，营造美丽场所）、美育行动（以"三优八式"为指导，美化学教行为，构建美丽课堂）为支柱，撑起美心行动（以"两培双评"为载体，美化发展路径，培育美丽师生）的大梁，整个图形形似一个"合"字，寓意为齐心合力采取四大行动创建美丽学校，助力学校发展。

图7-2 杭州市美丽学校的logo

2. 教育改革创新年度学校

严州中学被评为教育改革创新2019年年度学校，这是学校治理的创新点。专著《区域推进学校课程多样化的新范式》多处引用严州中学的样式作为农村范式，"新时代农村普通高中人才培养的范式研究"被确立为杭州市第三届重大课题。学校多次承办杭州市级教科研活动：2017年3月2—3日，承办"区域视角下推进学校课程多样化建设的杭州范式"项目首次研讨会；2018年6月12日，主办平板课堂智慧教学的常见问题及对策研讨会，来自全国4个省市20余个地区级学校同行参加了会议；2019年4月17—18日，承办了杭州市农村中小学校课程改革研究联盟成立大会暨学校课程建设培训活动，学校做了"双轮驱动：课程改革和课题研究促进育人方式的变革"经验介绍；2019年5月7日，协办了2019年杭州市普通高中选修课骨干教师培训活动，分享了"导师组合"的选修课程实施路径的创新。学校2015年、2017年连续承担省重点课题研究，"乡村志愿者：依托乡村服务站的普高特色课程群架构与实施"获省教科研成果二等奖、"乡村服务站＋导师组合：农村普高提升选修课质量的新探索"获2019年杭州市教科研成果一等奖。学校的办学在社会上形成了一定的影响，《教育信息报》《钱江晚报》多次报道学校的教育教学创新实践。

3. 劳动教育示范学校

2020年3月20日，中共中央、国务院印发了《关于全面加强新时代大中小学劳动教育的意见》，就加强新时代大中小学劳动教育提出了意见。基于此，严州中学在课程方案的基础上，特制订了契合"劳动教育"目标、内容、实施与评价方式的实践课程方案，构建了符合学校实际的德智体美劳全面培养的教育课程体系。因此，严州中学被授予"建德市劳动教育示范学校"的荣誉称号。

4. 体育特色学校

习近平总书记提出"培养德智体美劳全面发展的社会主义建设者和接班人"。"德智体美劳"全面发展，坚持"五育并举"，尤其是体育，遵循人体的身心发展规律，以身体练习为基本手段，达到增强体质，提高运动技术水平的育人目标。严州中学多年来，坚持阳光跑操活动，让学生拥有了更健康的体魄,还提升了学生坚持不放弃的意志品质。严州中学于2017年被评为杭州市足球特色学校,学生在田径方面也达到国家二级运动员水平,这些都是严州中学突出"五育并举"、提高学生综合素质全面发展取得的一些成绩。

(二)开拓了学校的特色治理

严州中学高度重视文化建设,建设了省内一流的校史馆,成为省社会科学普及基地、建德市首批中小学生研学基地、"德文化"示范基地。建设了"严实"文化广场,开辟了"严实"文化大讲堂。创新了实践导向的"特色课程群、乡村服务站、导师组合、质量评审团"四位一体的选修课质量提升的实践样式,促进了育人方式的变革。学校近几年还开拓了新的特色治理体系,如创办助教助学的教育基金会,开设特色班教学,研究序列化课题,进行普职融通教育。

1. 教育基金会

浙江省严州中学教育发展基金会于2017年1月由浙江省民政厅批准成立,是建德市第一家由社会资本捐赠成立的公益性慈善基金会,是符合《中华人民共和国慈善法》的慈善机构,是拥有公益性捐赠税前扣除资格的公益性社会组织。浙江省严州中学教育发展基金会旨在奖学奖教,力行尊师重教,立足严中教育发展目标,支持严州中学教育发展,是严州中学和历届校友、社会各界广泛联系与合作的重要平台。基金会通过成立各类专项基金,加大对教育改革与发展中成绩显著的优秀教育工作者和品行优良、成绩优秀的严中学子的奖励力度,以此来推动严州中学教育事业可持续发展,振兴严中教育。

浙江省严州中学教育发展基金会理事会(以下简称"理事会")依据基金会章程(以下简称"章程")制定本议事规则,旨在确定理事会的内部分工、工作程序和工作方法。理事会在其日常运作过程中,应当充分发扬民主精神,集思广益,充分沟通,平等协商,自觉接受监督。基金会项目财务管理的主要任务是通过项目资金的管理和运用,对机构的经济活动进行综合管理。具体包括:管理各项收入,降低成本费用,合理安排和使用各项资金;加强经济核算,提高资金使用效益;加强财务监督、检查;维护机构财产完好,充分发挥财产物资效益;开展财务分析,参与项目经济决策,规范财务信息披露,促进项目建设和事业发展。

基金会的项目财务管理实行统一领导、归口管理的原则。基金会财产主要用于：奖励做出突出贡献的品学兼优的在校学生，资助在校贫困学生；用于按照捐赠者意愿设立的资助项目的支出；资助优秀在校学生和教师进行国内外交流及召开国际学术会议；支持教学、科学及技术研究项目、专著出版以及科研设施建设；支持人才引进，包括聘请国际知名学者来校讲学及任教；根据理事会决议支出的款项；维持基金会正常运行的必要开支和相应的筹款经费；其他符合基金会章程的款项。

2. 特色班教学

2003年本市高中教育格局变化导致严州中学生源质量急剧下滑，每年近3000名学生升入普高，严州中学600名新生几乎半数在2000名之后，他们虽然努力过，但是进步不明显，往往因受挫而失去学习信心，学习情况不断恶化，教师的教学热情也受到影响，为改变现状，也为重现百年名校的新颜，学校相继创办了致远班和崇德美术班。

严州中学创建于1901年，如今已走过119个春秋，经过一个多世纪的砥砺前行，逐渐形成"严实"校风，万千学子在她的怀抱中求知探索、奋进扬帆，为祖国建设做出了积极贡献。为帮助更多品学兼优的学生实现理想抱负，助力有志青年学生成长，在严中校友的鼎力支持下，经教育局同意，浙江省严州中学梅城校区从2017学年开始设立致远班。致远班，"致远"一词出自诸葛亮《诫子书》中的名句"非淡泊无以明志，非宁静无以致远"。"致远"意为"树立远大理想，成就家国抱负"。严州中学校友将在奖学、助学、生涯规划等方面与致远班同学进行全面的爱心对接，希望致远班的学子在足够优秀的师资保障和资源配备的情况下，有了强大的导师团队护航，经过3年的努力都能取得优异的成绩。

3. 课题序列化

课题研究序列化，构建"一轴两翼"的学校课题研究序列，形成以"育人方式改革"为核心，以"课堂教学和课程建设为轴心，生本德育和师本培养为两翼"的"一轴两翼"研究序列："新时代农村普通高中人才培养的范式研究""乡村服务站＋导师组合：农村普高提升选修课质量的新探索""乡村志愿者:普通高中特色选修课程群建设的实践研究""导师组合课堂教学新探索"等为轴心课题;"理·行·评:基于'项目合作'的高中家校协同德育样式研究""依托'乡村服务站'的普通高中职业生涯教育路径创新""七一工程:青年教师培养的路径研究"等为两翼课题。

4. 普职融通教育

随着对职业教育的深化,2019年建德市实行了普职融通的教育办学模式,严州中学和建德市新安江职业学校合作,双方共同设计课程、互派师资,实行学分互认、学籍互转的一种崭新的育人模式。两校实现资源共享,全面实施素质教育,着力提高学生的学习能力、实践能力和创新能力,促进学生主动适应社会,培养创新型、实用型、复合型人才。

严州中学利用这样的平台把两校的师资与其他教学资源进行了合理配置,通过开展一系列的研学、社团活动等,增强了学生的职业素养,提高了学生的职业能力,如严州中学的美厨帮手课程就是在新安江职业学校实训基地开展的,体验做蛋糕的乐趣的同时,也理解了每份职业的重要性和意义。严州中学还邀请了新安江职业学校的教师来学校走进课堂教授专业知识,培养专业技能,如计算机教师除了教授平时的基本知识外,还教授学生如何实际操作运用计算机来服务我们的生活。

第二节　研究展望

2019年，国务院办公厅印发《国务院办公厅关于新时代推进普通高中育人方式改革的指导意见》，对基础教育改革进行了系统设计和全面部署，对教育质量提升和育人方式提出了总体要求。

党中央、国务院印发的《中国教育现代化2035》也提道："到2035年，总体实现教育现代化，迈入教育强国行列，推进我国成为学习大国、人力资源强国和人才强国。"这决定了今后要多方位提高师生素质，重点将落在健全学校家庭社会协同育人机制层面，德智体美劳"五育并举"，因地因校制宜，突出创新精神和实践能力培养目标，并且能最大限度体现学校课程设置的独特性与时代性，依据学生特点，为学生打造具有生命力与发展性的课程体系，促进学生自主化、个别化学习，最终形成有效的育人方式，努力汇聚起教育系统和社会各方的更大合力。

一、挑战与使命："钱学森之问"再思考

高等院校的选拔以传授知识为主业、以知识多寡为标准而一考定终身，所以普通高中目前的教育模式就像生产工业产品一样，标准统一，基本上把施教的对象看成有待加工的产品，学校类同于工厂。普通高中应该努力改变现状，让学生在实践中打开眼界，去体验感受，从而激发他们的创新精神和能力。作为农村普通高中更应该改革育人方式，开展个性化、适应性教学，做好学校自身定位，充分利用现有资源，努力培养创新科技人才。

（一）挑战

放眼当下，技术与人才的竞争愈演愈烈。过去的一年多里，在高端技

术领域,美国针对华为的禁令,涉及软件产品、硬件产品、制造、供应链、知识产权、贸易、法律、政治等多个方面,被列入管制"实体名单",带给华为的不只是政策上的限制,同时还使很多公司终止与华为的合作。这对华为或许是一个空前的挑战,但从另一角度来说,对华为或许是好事,尤其是对中国企业的发展意义更大——倒逼中国企业自主研发。自主研发恰好是中国企业现阶段的短板。例如,作为制笔大国,我国有3000多家企业,年产量已达400多亿支,笔头的"匾珠"却掌握在瑞士和日本等国手里。我国作为世界制造大国,却无法完全自主研发和生产这么小小的东西。"拿来主义"从表面上看很精明,但是"借鸡生蛋"的策略,生的"蛋"能轻易地变成"鸡"吗?这是国家当前面临的挑战,也是我国教育面临的挑战,还是当前育人方式面临的挑战。接下来,更多领域的技术研发与人才培养将会不断被提上日程,在教育上,人才培养理念会不断升级,教育模式、育人方式等也需要不断转变提升。

(二)使命

培养什么人、怎样培养人、为谁培养人是教育的首要问题。"钱学森之问"言犹在耳,习近平总书记的"时代之问、未来之问"振聋发聩。科技兴国、人才强国,这是对"钱学森之问"再思考得出的结论。要注重高端技术人才的培养,即培养创新人才,各国工业化进程和世界科学技术中心转移的轨迹表明:科技创新成为发展的主导力量,优秀人才高度集聚,大学由边缘进入社会中心;创新驱动实质是人才驱动,根本在制度创新,关键在协同创新;抓住创新关键,我们就能保持战略定力,将挑战变机遇,育新机、开新局。

培养创新人才需要高素质创新型教师队伍。"要以最优秀的人培养更优秀的人。"这是华为公司创始人任正非作为一个企业家的远见。教师承担着培养创新人才的重任,建设高素质专业化创新型教师队伍,是培养创新人才的根本保证。要重塑师道尊严,不断提高教师职业的吸引力;要为教师潜心学术干事创业提供平台,发挥大项目、大平台和创新团队集聚人才的优势,吸引和汇聚优秀人才从教;建立高标准的教师教育体系和质量保障体系,实施最严格的教师职业准入制度;全面深化教师队伍建设改革,强化激励机制,完善发展保障机制,形成具有国际竞争力的引才用才机制。

（三）农村普通高中应有的作为

农村普通高中为贯彻落实党中央、国务院文件精神，促进核心素养转化落地，推动学校教育教学管理以及育人方式的变革，探索更加完善有效的创新人才培养路径、教育改革方法。对创新人才的需求是国家不断发展和前进的必然，而积极落实人才的培养是每一位从事教育的工作者应有的担当，作为农村普通高中，在当前的大背景下应当有自己的作为。

首先，重构新时代农村普通高中育人目标，培养既有专业技术又有实践能力，既能扎实基础理论知识又能熟练操作技能、踏实肯干、适应性强的人才。在综合素质培养方面，积极拓宽综合实践渠道，科学认真地开展综合素质评价，和农村的风土人情相契合。其次，架构适合农村普通高中校本课程体系，加强学校特色课程建设，积极开展校园体育、艺术、阅读、科技创新等社团活动，也开展当地特有的乡村特色学习研究活动。接着，探索适合农村普通高中教学形式，更新教学观念，创新教学方法和教学形式，实施线上线下融合教学，利用农村现有的丰富资源开展大讲堂，提高教学效率，培养学生核心素养。最后，构建农村普通高中特色育人样本，坚持"五育并举"，全面发展素质教育。

二、聚焦与深化：完善校本育人新构架

课程是教育的核心，而学生是课程的核心。有什么样的课程就有什么样的学校，而课程究其本源是为学生成长服务的。当下学校教育所需要的是多向的、开放的、重过程的课程，它更尊重学生的个体差异，更强调学生的自由选择。这种尊重和强调是课程走进生命的基本前提。转变育人模式，实现教育的生命价值转向，指向学生核心素养的培育，业已成为严州中学教育深层次变革的自觉追求。严州中学结合自己学校的特色来创办相关的体系，实现"立德树人"的目标，深化以学生为中心的课程，强化创新思维和实践能力的培养，最后完善校本化的综合素质评价体系。

（一）构建"立德树人"校本化新体系

实现"立德树人"目标的校本化落地是要深入挖掘严州中学育人的传统资源，坚持"五育并举"关注"五育"之间关系密切、彼此共存的状态，努力探

索和学校"以人为本"的办学理念相契合的新的育人方式。

"五育并举"的灵魂是育人。从本质上说,"五育并举"是一个整体,没有单独的德育,没有单独的智育,教育本身就是整体发生的,并且"五育并举"的关键在于融合,达到相互贯通和融通的状态,甚至要达到"五育"互育的状态。这就需要更多体验、实践和项目式的学习,基于问题的学习,只有育人方式的不断变革,才能真正将"五育并举"、融合、互育落实。

(二)深化以学生为中心课程新内涵

课程是教育最重要的载体,因此在课程多样化改革的大背景下,学校进行课程建设成为一种办学的必然选择。学校课程开发必须充分考虑学生需求,因为学生的需要是根本,只有这样,才能促进学生的个性化发展。基于这种考虑,严州中学计划从提升原有课程和开发新课程两个方面深化课程新内涵。

严州中学目前有的课程也逐渐开始重视学生的创新精神和实践能力,如劳动教育实践课程,提升学生基本技能,包括劳动工具的使用、生活用品的组装与维修。与此同时,通过参与生产性劳动课程与服务性劳动课程学习外的智慧性劳动课程的研修,提升他们的创新能力,使学生的劳动教育课程学习内容与其他必修、选修课程的内容有效对接。

新课程的教学强调知识的建构性,强调教学向生活开放和回归,同时强调师生依托教材对课程进行"二次开发",应该充分彰显课程与人、课程与文化、课程与社会、课程与国家、课程与课程等诸矛盾之间良性互动的关系,把课程真正建基于人性的深刻洞察、文化的全面领悟、社会的和谐发展、国家的文明进步以及课程本身的动态平衡等之上。形成个性化、特色化的学校课程体系,让统一的国家课程更富有生命的活力,让承载地方知识和地方文化基因的地方课程获得更好的发展空间,让师生的生活经验以及许多理论知识转化为师生的生活智慧,从而促进学校走上特色化发展的道路。

(三)突出创新思维与实践能力培养新目标

对于学生而言,创新能力不仅表现在对知识学习的选择、处理和运用上,也不仅反映在对新思想、新事物、新技术的发现发明上,还表现在有没有怀疑的精神、求变的态度和综合选择的能力,有没有探索创新的心理愿望和性格特征。而实践能力不光是指动手操作和社会实践的能力，还包含以下内容，如获取信息的能力、处理资料的能力、生活自理的能力、与人交往的能力等。

之前严州中学以学科文化节为蓝本，打造各学科的探究性学习和创新性学习活动。学科文化节相当于一次全面的德育活动，通过文化节，对学生进行思想教育，让学生的人生观、价值观、世界观得到升华，激发学生学习兴趣和热情。这是社会科普知识的一次大普及，也是杭州市重大课题的一次大融合，更是学校办学品位的一次大提升。

项目化教学是严州中学教学变革新的尝试与探索，项目的确立是基于课本内容与课程标准的，可以是教材中具体某章节内容，对该内容的学习主要是通过小组合作探究的方式在课堂上进行探究，主要是以问题的形式来进行，那么就需要将项目进行拆解，确定项目的核心问题、驱动问题。核心问题就是与项目主题息息相关，基于课程标准与教学重点，能够激发学生的学习探究兴趣的问题，它一直贯穿于项目中，能够引起学生的深度思考，也是本次项目最终想让学生达到的深度目的。

（四）完善校本综合素养评价新框架

在落实浙江省学生综合素质评价的基础上，严州中学在学生综合素质的评定上采用了具有特色的评价方法：在培养学生志愿者上，采用了考评颁证的方式；在选修课程教学上，引入了评审团；进行展示性评价活动，如学科文化节、艺术节（"五月花海"）等。

下一阶段要让更多校本化的综合素质评价方式落地，并形成相对完备的评价体系。新的评价体系要强调基于事实进行评价，满足客观性的需要；基于学生高中的全过程的实时记录，如班级日志、班级作业登记表、课堂学习记载卡等，满足纪实性的需求；基于中学生全面发展、健康成长和个性培养的各个方面，满足完整性的需求。评价程序规定写实记录、整理遴选、公示审核、形成档案、材料使用五个操作环节，每个环节的责任主体及具体要求都非常清楚和明确。其中，在"形成档案"环节提出了避免面面俱到、千人一面的要求，这体现了综合素质评价对于学生个体特长、个性差异的关注。在评价程序的设定上，明显感受到了程序的规范性、严谨性和递进性。

综合素质档案的形成必须经过一定的公示审核程序,如每学期评选的三好学生、文明学生等,能够满足真实性的要求;综合素质评价必须有一套完善的监督和追责机制,才能满足诚信性的要求。只要我们建立一套完善的监督、公示、质疑和审核机制,就可以杜绝弄虚作假的行为,确保记录的真实客观性。例如,思想品德这个模块主要记录学生在爱党爱国、理想信念、诚实守信、仁爱友善、责任义务、遵法守纪等方面的表现,具体落地的时候应该着重记录学生党团活动、志愿服务、劳动实践和社团活动等,这样可以从学生的日常行为中反映出学生的价值观、人生观和理想信念等。由于综合素质评价是一个持续三年的过程,学校、教师和学生都要参与其中,所以评价体系必须简单易用,不能过多地增加负担,只有这样,才能满足适用性的需求。

三、拓展与超越:提升农村高中办学活力

在教育发展日趋多元化的时代,每所学校都可能从某种特色建设入手,形成一种教育优势,影响、带动学校全面发展并最终成为品牌学校。严州中学近几年借新一轮课程改革的契机,在上级部门的正确领导和全校教职工的不懈努力下,紧密围绕学校发展和教育教学中心,树立“以人为本”的办学理念,坚持务本求实、创新求真,在抓好学校常规管理的基础上,不断更新观念、拓宽视野、创造条件,开展学校特色工作创建活动。

(一)进一步拓宽学校的办学渠道

严州中学有效地利用了周边区域的教育资源,通过与社区合作实现了方圆百余平方公里区域内教育资源的有效整合和有效流通,如设立乡村服务站;通过与他校合作提升了学生的自理能力、创新精神和实践能力,如研学活动;通过与企业合作让学生将学到的理论知识和实践相结合,不再仅仅停留在课堂中、课本上,实现学校与企业资源、信息共享的“双赢”模式,如与杭州睦山农实业投资有限公司合作开发的劳动实践基地——果乐园。

1. 与社区合作,提升个人品德修养

与社区合作,积极开发利用社区资源,全方位、多渠道对学生产生影响,最大限度地提升个人品德修养。严州中学可以尝试在社区组织开展一些公

益活动,如社区服务、文化艺术活动等,由此体现学生组织助人为乐的高贵品质和关心公益事业、勇于承担社会责任、为社会无私奉献的精神风貌。

2. 与他校合作,助力教学跨域发展

现代学校的发展应重视校际合作交流,实现学校间的资源互通、共享,走合作、共赢之路,校际间的合作交流是现代教育中推进学校成长的一种理想途径。进一步提升校际合作,打破时空界限的空中教学研讨互动课堂,可以使两地教育教学互动外延,为两地教师搭建了一个畅想教学思想、交流教学设计和展示教学风格的平台,无论是对执教者还是听课者,都受益匪浅,使优势教学资源快捷输送到另一所学校,实现了教育资源共享和互补,增加了两校之间的友谊和师生之间的交流,最大限度地实现互惠双赢。

3. 与企业合作,搭建专业建设平台

学校将行业企业专家视为促进学校建设和发展的重要资源,浙江省新高考改革"七选三"让学生更早地了解自己擅长的学科以及未来自己可能从事的职业,这就需要学生了解学科相对应的专业。学校可与企业联系,建立相应的专业指导委员会,让行业企业参与学校人才的培养,与学校共同承担培养工作,并能推进教学与课程改革,极大地促进专业发展。在教学上实现"教学做"一体化,为学生提供真实的工作环境和各项技能培训,让学生在悟中学习理论,在实践中掌握技能。

(二)进一步优化教育改革内生力

新高考给学校带来的不仅是课程设置的改变,而且在教育理念、教学组织与管理、育人方式等各方面都会带来深刻的变革。我们在选课走班学习的实践基础上继续多措并举,深化实践探索。新一轮高考综合改革改变了千校一面的教育生态,赋予普通高中特色多样化发展的动力,也必然引导普通高中育人方式的变革。我们应充分利用这一契机,推动学校教育教学管理以及育人方式的变革,积极探索更加完善有效的创新人才培养路径。

1. 把握优质教育资源下沉契机

严州中学与杭州师范大学附属中学的互助协作办学,助推城乡教育一体化,实现优质教育资源的共建共享,携手推动梅城乃至建德教育事业高质量发展,加快推动杭州优质教育资源向城镇延伸,推进新名校集团化战略,着力建设美好教育。通过这种市县联动、跨域合作，进一步加强统筹协调，全面推进新名校集团化战略落地落实，最大限度地促进市域范围内优质资源的共建共享，带动城乡教育一体化发展；进一步加强城乡结对，积极打造城乡教育共同体，杭州城区学校与建德学校结对帮扶、组建紧密型教育集团合作办学，将优质基础教育资源辐射到建德；进一步加强师资融通，加强乡村名师工作室建设，把政策用好、资源用足、教师用活，最大限度地引领梅城镇教师专业化发展，全力打造美丽城镇（梅城）"美好教育"样本区。

"美好教育"样本区的打造，丰富了严州中学的教育资源，实现城区优质资源下沉到严州中学，对于严州中学的育人方式变革形成助力：共享课堂的开辟，犹如打开了一个魔盒，丰富了严州中学的课程资源，让严州中学师生的视界更加开阔；有更多的名师来校讲学和一批名师工作室的加入，使严州中学师资力量的培养进一步加速。严州中学将一如既往地加强两校之间的交流与合作，继续推进"美好教育"活动，把活动常态化，把效果落到实处，发挥名师辐射、示范、带动作用，努力提升名师工作室成员对教学工作的管理、策划、实施能力，搭建城乡美好教育联系的桥梁，实现城乡教育资源互补，增进城乡教师的相互学习，以促进教育高效、公平发展，把杭州市委、市政府及市教育局"美好教育"的精神贯彻落实到位。

为进一步加强学校互动共同体的合作，促进学校办学健康有序发展，扩大优质教育资源，共建共享"品质教育"，学习杭师大附中在学校日常管理、校园文化建设等方面已有的优势和经验；两所学校领导班子共聚一堂，就校区间的学生交流、合作途径的拓展、集团化办学的机构设置、集团共同愿景和理念等内容展开坦诚而热烈的交流，并取得共识；行政团队之间良好的沟通交流为"美好教育"的共建奠定了良好的基础。严州中学教师作为学员，走进名师课堂，一睹名师风采，现场观摩学习，聆听名师教诲；学员走进学校图书馆，品味书香之气；走进学校体育馆，体验运动之美；走进学校新疆部，体悟风俗之韵。

与杭师大附中的互助协作办学，使严州中学师生获得了新的自我提升平台与育人载体。通过示范课、专题讲座、资源共享等形式，开阔了严州中学梅城校区教师的视野，带来了新的教学理念、教学模式、科学的教学方法，提升了教师素质,提高了教育教学质量。老师们在研究与交流中共同提升教研水平,促进学校间文化相互交流、相互学习和共同进步。两所学校互派教师组织了近百场的相关活动,共有近4000名学生参加了内容丰富、寓教于乐、精彩纷呈的各项活动。这些活动拓宽了学习视野,发展了学习兴趣,提升了学习品质,凝聚广大智慧力量,追逐"美好教育"的梦想,使教学水平更加精进,使学校教育更具魅力。

2. 注重改革中的团队建设

提高教学团队建设,实现备课组、教研组的合力,如严州中学的集体备课制度,众所周知,集体备课是集中大家的智慧,引导教师加深对教材的理解、优化教学设计、提高课堂教学效益的一条重要途径,有利于充分发挥骨干教师的作用,带动和提高新教师的教学设计水平,集体备课的本质是"研究",核心环节是集体研讨,前提条件是教师个人的思考分析,除设计教学过程方法外,教材的解读、学情的分析、习题的设计、试卷的编制等应该作为集体备课的重要内容。为发挥严州中学教师团体合作精神,集思广益,共同研究,切实提高备课实效,体现"资源共享,备出个性",促进有效教学,严州中学结合学校实际情况制定相关的集体备课制度。

新课程改革更多地强调学生自主学习的能力,自主学习不是让每个学生各学各的,而是要激发全体学生的学习兴趣,使每个学生都积极主动地去探索、去学习,并加强合作交流,少走弯路。自主学习能力可以说是学生学会求知、学会学习的核心,它是一种在教师的科学指导下学生制订有效的学习计划和学习策略、调节和控制各种任务行为的创造性学习活动。在教学活动中充分发挥学生的主体作用,利用集体智慧挖掘集体合作的力量,培养学生在学习活动中的自觉性、主动性、独立性、创造性;掌握科学的学习方法和与人合作的技巧,使学生的自主学习能力、与人合作的精神得到加强,使学生从被动、封闭、沉闷的课堂中解放出来,实现合作抱团学习。

(三)进一步提升"新劳动"教育品质

严州中学的新劳动教育已经得到了公众的广泛认可,而其品质的提升将是进一步努力的方向,提升具体包括三个方面:一是变零碎的劳动为系统的劳动;二是变机械性劳动为智慧性劳动;三是变低级的劳动为高级的劳动。

1. 变零碎的劳动为系统的劳动

严州中学的劳动教育课程以实践为核心,分选修和必修两个层级,实现了"三核"联动:生产性劳动、服务性劳动和智慧性劳动三个维度共同发展;学习与活动相结合,使学生热爱劳动、对劳动的价值与意义了然于胸。

但是,目前劳动教育课程尚未形成一个紧密的系统,课程的各个学习项目之间的联系还不紧密,更多地呈现为零碎的、孤立的、相互割裂的独立状态。提升劳动教育的品质必须要形成一个互相联系、特色鲜明、有明显延续性的劳动课程学习与实践的融合体。

变零碎为系统主要有几种方式:一是搭建不同学习项目、劳动实践活动之间的联系,让某些劳动教育项目成为课程的增长点,萌生出一些新的项目再继续推进;二是在原先的劳动教育课程的项目分类基础上,进一步研究与归纳,形成多个生产性劳动学习项目之间的天然联系,如生产性劳动标签的"蓝莓精灵""西红花种植""草莓培育"等,归纳为地方特色种植产业劳动;三是在不同的学习项目模块之间搭建互相影响、助力的阶梯,让一些生产性劳动学习项目在服务性劳动学习项目中滋生,如处于生产性劳动层面的电器(插座)生产装配向服务性的电器安装与维修的方向发展。

2. 变机械性劳动为智慧性劳动

机械可以理解为批量的、不变的。智慧性劳动相比机械性劳动而言,对于学生动手能力的要求并没有减弱,相反,对于学生的创造力、创新思维能力有了更高的要求。

一方面,机械性劳动学习项目常出现于和劳动教育配套的劳动实践基地建设的初期。比如,农耕园、果乐园建设之初的开荒地、除杂草,基本的播种、施肥等。而随着劳动教育课程的实践不断向前迈进,机械性劳动在整个劳动教育课程中的占比会变得越来越小。另一方面,从学校的劳动教育课程的开发来说,机械性劳动课程的开发难度较低,但内容也相对难以丰富,难以彰显特色,当然可以参考借鉴的学习和教学的内容、经验也较多。而智慧性劳动学习内容对于教师的创新能力提出了高要求,接下来,智慧性劳动学习项目会在整个劳动课程中占据越来越大的比重。再一方面,课程的学习项目可以延续和拓展，生成性劳动学习项目可以向智慧性学习项目转化，如土木园中的"人行道铺设"可以向更具智慧性的"人行道美化设计"方向转型。

3. 变低级的劳动为高级的劳动

低级与高级是相对的概念，变低级的劳动为高级的劳动强调劳动教育的自我进化与升级。正如前文所述，许多劳动教育的学习和实践项目的发展与成熟的过程必然经历了由简单的、机械的向复杂的、智慧的转变，这实质就是一种劳动学习的低级向高级的转化过程。同时，劳动教育的各个组成部分不再显得零碎、孤立，而作为个体，它们共同表现为一种整体性、系统性的状态。同时也意味着原本并不在一个平面的劳动学习项目实现了整合，它们之间都形成了转化与升级。例如，以"蓝莓精灵"为代表的种植类的劳动教育学习项目可以升格并转变为"产品的深加工"的学习项目，以"单车维修"为代表的社区服务类的劳动教育学习项目可以转型为"绿道骑行的公益服务与技术维护"的学习项目。

参考文献

[1]钟启泉.一纲多本：教育民主的诉求——我国教科书政策述评[J].教育发展研究,2019(4).

[2]杨九诠.1978—2008年:中国课程改革当代史[M].中国教育改革大系·学科教学卷.武汉:湖北教育出版社,2016.

[3]苏渭昌,雷克啸,章炳良.中国教育通史·中华人民共和国卷(下)[M].北京:北京师范大学出版社,2013.

[4]江泽民.江泽民文选(第二卷)[M].北京:人民出版社,2006.

[5]胡锦涛.高举中国特色社会主义伟大旗帜 为夺取全面建设小康社会新胜利而奋斗——在中国共产党第十七次全国代表大会上的报告[M].北京:人民出版社,2007.

[6]李孔珍,贺千红.育人导向的普通高中过程性评价[J].首都师范大学学报(社会科学版),2017(4):157-163.

[7]王伟.以文化人,立德树人——农村高中"内生式"发展刍议[J].文教资料,2019(28):135-136.

[8]朱卓君.以"四新"推进普通高中育人方式改革[J].江苏教育,2019(58):1.

[9]夏美玲.校本课程中的乡土文化对学生的影响研究[D].重庆:西南大学,2016.

[10]王丽艳.普通高中育人方式改革路径的探索与实践[J].牡丹江教育学院学报,2019(12):70-74.

[11]张军奎.农村高中创建省级示范校中师资队伍的建设[J].文学教

育,2014(12):132-133.

[12]康敏,奚建武.论农村大学生落户城市与支持家乡建设[J].山东理工大学学报,2014(1):32-35.

[13]李为华.关注师生共同发展,打造师生学习平台——对校本课程开发价值的思考[J].大众文艺,2009(3):145-146.

[14]陈丹旭,许茂勇.多样化特色办学助推中学生核心素养的培养[J].亚太教育,2016(8):38-39.

[15]孙杰.大概念引领下的整体教学——立德树人背景下普通高中育人方式改革的可能路径[J].中小学德育,2019(10):22-26.

[16]丁玮鞾.变革方式育新人——通州中专育人方式创新实践研究报告[J].职业教育,2014(7):39-42.

[17]孙广勇.从杜威看实践在教育理论创新中的作用[J].山西师范大学学报(社会科学版),2006(1):137-140.

[18]吴志芳,李祝勤.乡村志愿者:依托乡村服务站的普高特色课程群架构与实施[R].2016.

[19]吴志芳,李祝勤.导师组合:普高选修课程实施路径新探索[J].教育家,2017(27):80-80.

[20]吴志芳,李祝勤.乡村服务站＋导师组合:农村普高提升选修课质量的新探索[R].2019.

[21]何寿平,李祝勤.基于"学情诊断"的普通高中课堂教学要素优化与实施[R].2016.

[22]何寿平,李祝勤.实践导向的普通高中学习方式的研究[R].2012.

[23]浙江省关于进一步加强普通高中选修课程建设提升选修课程质量的指导意见[Z].浙教办基〔2016〕11号,2016.02.

[24]张玲燕.项目为载体的创新团队"学研产"联合培养模式探究[D].重庆:西南大学,2013.

[25]黄晓玲.普通高中学校特色课程建设的实践路径[J].教学与管理,2012(10):37-40.

[26]赵希斌,邹泓.美国服务学习实践及研究综述[J].比较教育研究,

2001(8):35-39.

[27]李昌祖,郑苏法.高校校史校情的德育资源及其开发[J].思想教育研究,2010(6):86-89.

[28]褚宏启,张咏梅,田一.我国学生的核心素养及其培育[J].中小学管理,2015(9):27-31.

[29]朱宁波,薛猛,石杰 等.以人为本的发展观与学校校本课程体系的构建[J].教育探索,2005(11):20-21.

[30]赵其刚.多层次校本选修课程体系的重构与实践[J].中小学校长,2011(4):14-17.

[31]石鑫.重构学校课程体系的实践与思考[N].江苏教育报,2015-05-13(3).

[32]夏迪.家校协同视角下学生品德教育实施的研究[J].青年时代,2020(1):88-89.

[33]刘庆,曾辉军.场理论视阈下的家校协同德育研究[J].教育科学论坛,2017(8).

[34]王薇.构建家校协同机制的实证研究[J].上海教育科研,2015(2):72-76.

[35]颜新春.寄宿制高中家校协同育人实践探索[J].中小学班主任,2019(3).

[36]潘慧群."任务单"驱动下的新劳动教育校本实践[J].新课程,2020(42):69-71.

[37]陈倩倩.巧用活动助力新劳动教育落地生根[J].基础教育参考,2020(9):60-61.

[38]张飞.行动力:走向"新劳动教育"的"立新"实践[J].家长,2020(24):144-146.

[39]许梦宇.新时代劳动教育的理论探索与思考[J].法制与社会,2020(17):247-248.

[40]周晓光,方宁.朱熹与严州理学的发展[J].安徽师范大学学报(人文社会科学版),2012,40(4):494-499.DOI:10.3969/j.issn.1001-2435.2012.04.016.

参考文献

[41]严州文化研究会.严州古今文丛[M].北京:中国文史出版社,2015.

[42]李勇,赵静宇,史辰羲.高考评价体系的基本内涵与主要特征[J].中国考试,2019(12).

[43]邵朝友.评价范式视角下的核心素养评价[J].教育发展研究,2017(4):48-53.

[44]张玉荣.跨界课堂教学分析与思考——以"跨学科思维下的理化问题分析"为例[J].教学月刊中学版(教学参考),2018.

[45]平文语."五育"并举,全面发展素质教育[J].读写月报(语文教育版),2019.

[46]代蕊华."五育"并举与学校管理变革[N].中国教师报,2020-11-11(12).

后　记

　　浙江省严州中学是一所根植农村的百年老校，其前身是省立第九中学。自2001年新课程改革以来，严中人秉承"严以修身，实于做事"的校训，紧跟国家育人方式改革的步伐，在探索农村普通高中育人方式改革的道路上不断前行。

　　严州中学育人方式改革大致经历了三个阶段。第一阶段是育人方式改革要素点状阶段（2008年至2012年底）。从2008年开始，学校着手研究普通高中学习方式，培养了学生自主、合作、探究的学习能力，为学生终身学习打下了坚实的基础。2011年8月，学校着手研究主题值周，学生通过自主选择值周主题、设计值周活动、深入值周实践，实现了"自德育"的育人目标。2018年8月，学校在主题值周的基础上成立了学生自主管理委员会，学生人人参与自主管理、从自主走向自立自强。为提升师生的文化素养，学校还着力校园"三味书屋"的设计与实施，实现文化育人的目标。第二阶段是育人方式改革要素线状阶段（2013年至2017年底）。学校从"课程、课堂和评价"一体化实施着手，切实推进农村普通高中育人方式改革。课程是育人的核心力量。学校在国家课程框架下，以国家课程为蓝本，构建了"绿道模型"课程体系，由"立德课程""明智课程""进业课程"三类课程群落组成。通过国家课程校本化建设和综合实践校本课程建设为育人方式改革打造优良的载体。综合实践课程"乡村志愿者"和"新劳动实践"是学校特色课程，这些课程注重体验愉悦、获得技能、丰盈精神、完善人格，让学生在志愿服务和劳动实践中学习、成长。课堂是育人的核心阵地。学校从三个方面探索符合育人方式改革的课堂构建。首先是践行"大课堂"理念。强调课堂形式的灵活多变,校外实践课堂、"校内大走班"课堂是其中的亮点。注重课堂中的学习平台搭建,有效运用校内外成熟的平台载体,如学科教室、学科文化节、严中大讲堂、严中校史馆、乡村服务站等。其次是优化课堂环节。增加项目化、生活化等探究型教学环节,增加农村人才培养教学环节,强化涉农知识和技能培养的环节。最后是创新教学组织形式,即"导师组合制"。评价是育人的核心导向。学校以"一核、四层、四翼"的《中国高考评价体系》和"五育并举"目标为指导,创建由教师、学生、家长、专业人员参与的教育质量评价综合团队——质量评审团,对于育人方式改革实践进行全方位的观察与评价。第三阶段是育人改革的严中样本提炼阶段(2018年至2020年)。2018年6月,"新时代农村普通高中人才培养的范式研究"被确立为杭州市第三届重大课题,学校研究育人方式的农村样本进入实质性阶段,通过学校课程体系重构、"大课堂"教学研究、创新型师资基本盘的铸造、成长赋能的学教方式探索和教学评价的改革等方面系统化地研究育人方式改革。学校经过10年的努力,提炼了育人方式改革的农村样本,即以"四个导向"为定位、以"四个组合"为核心、以"两大突破"为驱动的育人方式改革样式。

学校在育人方式改革历程中,在吴志芳等历任校长的主持下,由教科室主任李祝勤具体策划和落实,开展一系列课题研究并取得了丰硕的成果。"实践导向的普通高中学习方式的实践研究"荣获浙江省第四届基础教育教学成果二等奖、"普通高中志愿服务型学习体系构建的实践研究"荣获杭州市第29届教科研成果二等奖、"基于'学情诊断'的普通高中课堂教学要素优化与实施"获杭州市第五届基础教育教学成果一等奖、"乡村志愿者:依托乡村服务站的普高特色课程群架构与实施"获2015年度浙江省教科研优秀成果二等奖、"乡村服务站＋导师组合:农村普高提升选修课质量的新探索"获2018年度浙江省教科研成果一等奖。这些成果的获得为本书的撰写积累了丰富的理论和实践经验。

2019年10月本书撰写工作启动。编写组成员在没有撰写专著经验且教学工作繁重的双重压力下,不畏艰辛,五易其稿,终于成书。本书由校长吴志芳和教科室主任李祝勤合著。李祝勤负责全书框架设计、撰写工作的具体安排。各章参与编写人员如下:第一章刘灵利,第二章诸葛勐科,第三章唐利辉，第四章唐利辉、王清华，第五章诸葛勐科、李爱英，第六章刘灵利，第七章朱玫芳。徐燕参与了第七章编写的前期工作。全书由李祝勤统稿和修改定稿。

在长达10年的研究过程中，我们得到了许多专家的指导和同行的支持，他们是：本专著首席指导专家、浙江大学博士生导师、原浙江省教育科学研究院院长方展画教授，浙江省教育科学研究院副院长王健敏博士，杭州市教育科学研究所原所长施光明老师，杭州市教育科学研究院俞晓东院长，杭州市教育科学研究院沈美华和金卫国副院长，杭州市教育科学研究院黄津成老师，杭州市富阳区教育发展研究中心刘金虎副主任，建德市教育局教科室谢建萍主任等。上述专家或对课题研究提出宝贵的指导意见，或对本书撰写提出建议。在此表示衷心的感谢！同时也要感谢本校各学科组组长和成员，他们或参与课题的前期研究工作，或为本书的撰写提供案例，或为本书案例撰写提供原始素材。

由于作者学识水平有限，书中纰漏和谬误一定不少，恳请读者批评指正。育人方式改革是一项长期的、系统的工程，我们将不断探索、完善和深化普通高中育人方式的农村样本。

作　者

2020年11月于新安江畔

图书在版编目（ＣＩＰ）数据

严中样本：农村高中育人新视界 / 吴志芳, 李祝勤
编著. -- 北京 : 现代出版社, 2021.4
ISBN 978-7-5143-9176-3

Ⅰ. ①严… Ⅱ. ①吴… ②李… Ⅲ. ①乡村教育 - 教
学研究 - 高中 Ⅳ. ①G632.0

中国版本图书馆CIP数据核字(2021)第069263号

作　　者:吴志芳　李祝勤
责任编辑:窦艳秋
出版发行:现代出版社
通讯地址:北京市安定门外安华里504号
邮政编码:100011
电　　话:010-64267325　64245264(传真)
网　　址:www.xdcbs.com
电子邮箱:xiandai@cnpitc.com.cn
印　　刷:杭州万星印务有限公司
开　　本:710mm×1000mm　1/16
字　　数:330千字
印　　张:21.25
版　　次:2021年4月第1版　　2021年4月第1次印刷
书　　号:978-7-5143-9176-3
定　　价:45.00元